"十三五"普通高等教育
金融学科规划系列教材

国际金融学

GUOJI JINRONGXUE

贺瑛　张晖／主编

立信会计出版社
LIXIN ACCOUNTING PUBLISHING HOUSE

图书在版编目(CIP)数据

国际金融学 / 贺瑛，张晖主编. —上海：立信会计出版社，2019.2(2022.8 重印)
“十三五”普通高等教育金融学科规划系列教材
ISBN 978-7-5429-5962-1

Ⅰ. ①国… Ⅱ. ①贺… ②张… Ⅲ. ①国际金融学—高等学校—教材 Ⅳ. ①F831

中国版本图书馆 CIP 数据核字(2018)第 236024 号

责任编辑　王斯龙
封面设计　南房间

国际金融学

GUOJI JINRONGXUE

出版发行	立信会计出版社		
地　　址	上海市中山西路 2230 号	邮政编码	200235
电　　话	(021)64411389	传　　真	(021)64411325
网　　址	www.lixinaph.com	电子邮箱	lixinaph2019@126.com
网上书店	http://lixin.jd.com		http://lxkjcbs.tmall.com
经　　销	各地新华书店		
印　　刷	苏州市古得堡数码印刷有限公司		
开　　本	787 毫米×1092 毫米	1/16	
印　　张	16.75		
字　　数	375 千字		
版　　次	2019 年 2 月第 1 版		
印　　次	2022 年 8 月第 4 次		
书　　号	ISBN 978-7-5429-5962-1/F		
定　　价	45.00 元		

如有印订差错，请与本社联系调换

编写委员会

顾　　问 唐海燕　贺　瑛　窦瀚修

总 主 编 许文新

副总主编 刘晓明

编委会成员（按姓氏拼音顺序排列）

曹　雷　褚红素　储　峥

黄　波　黄　鑫　李光洲

刘玉平　欧阳莹　苏立峰

王东明　姚迪克　张　红

张　晖　章　劼　张　云

总　序

自20世纪50年代诞生以来，以投资学和公司金融为主要内容，以资产定价、风险管理和时间价值为核心的现代金融学，取得了长足的发展。不少金融学研究者获得了若干诺贝尔经济学奖。例如，现代货币主义理论的创始者米尔顿·弗里德曼(1976)，金融经济学的集大成者詹姆士·托宾(1981)，创立MM定理的弗兰克·莫迪利阿尼(1985)和默顿·米勒(1990)，现代资产组合理论之父哈里·马科维茨(1990)，现代公司金融理论大师、资本资产定价模型的创立者威廉·夏普(1990)，被称为现代金融学理论领域的牛顿、共建B-S-M期权定价模型的罗伯特·默顿(1997)和现代期权理论之父迈伦·斯科尔斯(1997)，欧元之父罗伯特·蒙代尔(1999)，因对资产价格的实证分析而获奖的尤金·法马、拉尔斯·彼得·汉森和罗伯特·席勒(2013)，行为金融学奠基者理查德·塞勒(2017)等，都对金融学的发展作出了突出贡献。这些诺贝尔奖获得者及其成果在货币需求、企业融资、投资组合、市场有效性、资产定价、市场理性等宏观、微观领域进行了分析，不断创新金融学学科体系，扩展研究边界，深化学术内涵，创新研究方法，显示了金融学在社会科学中的独特地位，对金融学的发展起到了巨大的促进作用，也激励着一代代学者在金融学领域不断探索。高山仰止，正本清源，追根问底，知其所然，这些诺贝尔奖级的成果，必将成为金融学科发展过程中的一座座丰碑，引导后来者去追攀金融学科的高峰，也必然对金融学科体系的构建、金融学系列教材的编写和金融专业人才培养具有重要的指导意义。

上海立信会计金融学院金融学院，具有67年的悠久办学历史，培养了一大批活跃在各大金融机构的高素质人才，被誉为“未来金融家的摇篮”。其金融学、国际金融专业均为全国最早创设的专业之一。1994年，国际金融专业被命名为“中国人民银行总行重点专业”；2001年，国际金融专业被命名为“教育部教改示范专业”；2005年，国际金融保险学院成为“上海金融保险教育高地重点建设单位”；2008年，金融学科成为“上海市教委重点学科(第五期)建设学科”，金融学成为“国家级特色专业”“上海市教育高地”，国际金融教学团队被评为“上海市优秀教学团队”；2010年，金融理财实验教学团队被评为“上海市优秀教学团队”；2012年，金融学成为“上海市综合改革试点专业”，以金融学为核心的应用经济学成为“上海市高校一流学科培育学科”；2015年，金融学成为首批上海市属高校应用型本科试点专业；2018年，“服务上海国际金融中心的金融学一流本科专业群建设”入选首批上海高等学校一流本科建设引领计划建设项目，“新金融及其风险管理”入选上海市高原学科II类。这些学科、专业、团队、平台的建设成就，对于提升金融学院的海内外声誉，促进其金融学科各专业的可持续发展，起到了重要作用。

为了进一步全面落实2018年全国教育大会精神，以立德树人为宗旨，坚持以本为本，促进“四个回归”，为上海建设“五个中心”（特别是国际金融中心）、打造“四大品牌”培养高水平、应用型金融人才，我们组织编写了“十三五”普通高等教育金融学科规划系列教材。该套教材在金融学、国际金融学、金融市场学、信用管理学、公司金融、金融伦理、商业银行经营、金融合规与反洗钱、金融投资分析、大宗商品价格分析、金融实验等领域试图系统、集中地体现金融学科发展趋势，结合专业课程开发、知识模块构建和能力素质塑造，将学生培养成为应用型、创新型、复合型、国际化的高层次金融人才。通过此套教材，试图让学生具备以下能力和素质：

(1) 掌握金融学原理与基础知识，熟悉金融业运作规律，涉猎商业银行学、国际金融学、金融市场学、投资学、公司金融、信用管理学等金融学主要领域，培养金融学基本素养，构建金融学知识框架体系。

(2) 掌握投资分析、信用分析、财务分析、金融创新、风险管理、合规监管、反洗钱、银行管理等实践手段与分析技能，实现知识的吸收转化与融合创新。

(3) 追踪金融学前沿、动态的知识演进轨迹，客观看待现实世界中经济金融事件的货币运行特征与信用活动规律，掌握经济金融的内在逻辑与本质特征。

(4) 形成良好的职业道德和素养，具有良好的业务素质和品德规范。

为达到以上目的，该套教材具有以下几方面特点。

1. 体现了最新的金融业发展趋势

互联网、信息技术、大数据、区块链、人工智能等新兴技术，促进了金融业的技术革新与飞速发展，科技金融、普惠金融、绿色金融等，赋予了金融业新的业务模式与服务内涵；金融创新、混业经营、宏观审慎监管、人民币国际化、金融风险防范、金融业改革与开放等，为金融业发展带来新的机遇与挑战；中国作为世界第二大经济体，改革开放进入深水区，金融业发展受到各种外来冲击，金融产品有待开发，金融机构尚不发达，金融市场亟需完善，金融体制机制尚未理顺，金融制度建设仍显滞后，金融人才结构性缺口巨大，这些都为金融学科发展提出了新的命题，也为金融理论发展提供了千载难逢的试验、锤炼、验证和创新的机会。出版本套教材，有利于系统总结金融领域发展的最新成果，为系统构建金融知识体系、创新金融知识内涵、总结金融发展规律提供可能。

2. 反映了金融学科发展的必然要求

金融学科是整个社会科学中的热门学科，被誉为社会科学皇冠上的钻石，学科体系庞大，涉及面广，发展速度快，理论和应用成果丰硕，对金融业及经济发展具有非常重要的指导意义。特别是近年来，有关资产管理、审慎监管、风险管理、危机预警、金融科技、金融创新、现代支付、普惠金融、绿色金融、科技金融、行为金融、大数据征信等相关问题的研究，深化了金融学科内涵，促进了学科的不断发展。因此，在此丛书中，必然要体现金融学科的发展趋势，面向金融业发展的现状和未来提供有价值的学术引领和知识规范。

3. 体现了应用型、创新型、复合型、国际化金融人才培养的需要

教材是育人之本，其根本目的是通过知识的系统梳理与更新，实现高标准、全方位育人。一本好的教材使学生受益终身。本套教材以立德树人为宗旨，以培养应用型、创新型、复合型、国际化的高层次金融人才为根本任务，力求简洁高效、深入浅出，通过对金融学基本原理、方法、体系的介绍，以及基本能力素质的培养，使学生系统掌握金融学基础知识、分析方法和运用能力。同时在教材中贯穿课程思政的内容，加强职业道德修养的培养，体现课程育人、思想育人、文化育人的本质内涵。

4. 是长期一线教学经验、资源与信息的积淀与升华

该套教材的各位主编、副主编和参编人员均为金融学院骨干教师，长期从事本科一线教学，绝大部分为名校博士毕业，有着丰富的教学经验，深谙金融人才培养之道，也积累了大量的教学资源、案例和素材，许多作者曾在金融实务部门工作，或多年承担专业建设、课程开发、人才培养方案制定、教学管理等任务。编撰此套教材，是学院骨干教师教学经验、资源和信息积淀的集中反映与系统升华，对于夯实课程基础、理顺知识结构、促进专业建设、创新人才培养具有重要意义。

5. 反映了高水平、应用型高校开展专业建设与学科发展的需要

按照上海市教委的统一部署，上海立信会计金融学院正全力开展高水平、应用型地方高校试点建设，并取得了初步成效。金融学作为学校的核心专业，理应在专业建设和学科发展中起到主导作用。人才培养是高校的第一使命，也是高水平、应用型高校最核心的功能。人才培养的基础是课程与教材建设。一套为高水平、应用型财经类高校金融学类专业精心打磨、量身定做的好教材，能使学生深受其益。

6. 集中体现了高校课程建设与教学改革的需要

课程建设是高校人才培养的重要基础。教学改革是高校人才培养的不竭动力。这套教材既是课程建设的成果升华与集中体现，又是为师为学者授业传道的载体工具。教材中的新内容，反映了教学改革重思想引领、重学科逻辑、重知识模块、重消化吸收、重产教结合、重教学相长的特点，适应了人才培养的根本需要，适应了高水平、应用型财经类高校教学改革的基本趋势。

这套教材的编写，是众多主编、副主编和参编人员辛勤付出的结果，得到了上海立信会计金融学院校领导的亲切指导，得到了立信会计出版社窦瀚修社长、戎其玉副社长、王斯龙编辑等人员的大力支持。在此深表谢意！

许文新　刘晓明

2019 年 2 月

前 言

21 世纪以来，世界经济不断在危机和复苏之间切换，且这种切换的频率不断加快、幅度不断加大。全球经济仿佛刚刚从 20 世纪末的东南亚金融危机中复苏，却又发生了美国次贷危机，这场危机将世界经济带入了金融海啸之中。当金融危机尚未退去之时，2009 年“诞生”了危机的衍生品——希腊主权债务危机，继而扩展为欧洲债务危机；欧债危机尚未完全退去，2016 年，英国宣布脱欧，逆全球化思潮开始抬头……局部贸易战时有发生，而贸易战背后的金融战也呈一触即发之势。国际金融面临前所未有的新情况、新问题，需要我们用新视角去诠释、去解读。

而与此同时，中国经济日益发展，改革开放的步伐日益加快。中国在 2012 年提出成立金砖国家新开发银行，致力于建设一体化大市场、金融大通道，基础设施互联互通，人文大交流，建立更紧密的经济伙伴关系；在 2013 年提出“一带一路”倡议；2015 年，中国主导的亚洲基础设施投资银行成立，从发起时的 20 多国加入，到如今已有 80 多国加入；2016 年，人民币正式纳入 SDR；成功举办主题为“构建创新、活力、联动、包容的世界经济”的 G20 杭州峰会。中国在国际金融事务中的作用与贡献日益显现，中国对世界经济的作用与贡献日益加大，中国参与全球金融治理的能力日益加强，这些新形势、新举措需要我们用新思维去思考、去品味。

而国际金融学正是以各国间的货币金融事务为研究对象，研究在开放经济下，如何实现一国的内部均衡和外部均衡。因此，本教材从国际金融基本定义入手，首先全面介绍国际金融体系的概况；其次详细介绍国际金融体系的核心要件——国际收支、汇率与汇率制度、国际储备；最后讨论了国际金融事务中的两大重要内容，即国际资本流动、国际金融机构与全球化问题。

本教材的创新之处主要在于教材不仅对国际金融的相关传统理论进行了叙述，对现代国际金融理论的发展进行了梳理，而且结合国际金融市场实际，将一些重大的国际金融事件以“延伸阅读”“脚注”或者案例的方式融入教材。这既是对理论叙述的解读与扩展，也是对理论知识的应用，从而使教材更具有时代特色、思政特色。

本教材是集体合作的产物，由贺瑛、张晖共同担任主编。具体编写分工如下：第一章，贺瑛；第二章，张晖；第三章，焦武；第四章，稽惠娟；第五章，张晖、吴君；第六章，梁炜；第七章，徐笑丁；第八章，李峰。

教材编写过程中，我们认真探讨，追求完美，但在完稿之际还是觉得有一些不足，如一些"延伸阅读"的繁简程度、理论叙述的难易程度有待进一步优化。这些不足，一方面，将通过教学实践予以弥补；另一方面，将继续学习，收集资料，在未来的教材中予以完善。在此，也恳请各位专家、同行、读者批评指正，共同为"应用型、国际化"金融人才的培养尽力。

编　者

2022年8月修订

目 录

第一章 导 论

国际金融学是研究国际货币金融关系的一门学科。作为一门古老而又新兴的学科，近年来，国际金融学的内涵与外延发生了深刻的变化。

本章将从国际金融基本定义入手，引出国际金融学研究对象。通过对国际金融学的历史演绎，勾勒出本教材的框架体系，从而使读者对于本教材的逻辑体系、勾稽关系有个全面的了解。

案例导入

麦道夫骗局

伯纳德·麦道夫是美国华尔街的传奇人物，曾任纳斯达克股票市场公司董事会主席。多年来，他一直是华尔街最炙手可热的“投资专家”之一。他以高额资金回报为诱饵，吸引大量投资者不断注资，以新获得的收入偿付之前的投资利息，形成资金流。这个骗局维持多年，直到2008年次贷危机爆发，他面临高达70亿美元资金赎回压力，无法再撑下去，于是一场可能是美国历史上金额最大的欺诈案才暴露在世人眼前。

次贷危机让华尔街颜面扫地，而500亿美元的麦道夫骗局更是给了日显颓唐的华尔街一记响亮的耳光。在麦道夫骗局中，诸多知名机构被击中，其中有西班牙金融业巨头桑坦德银行、法国巴黎银行、欧洲银行巨头汇丰银行、日本野村证券等。麦道夫到底有什么超级魔法呢？

其实，“麦式骗局”模式是抄袭典型的“庞氏骗局”，手法并不新鲜，即用高额回报引诱投资者，同时用后来的投资者资金偿付前期投资者。“庞氏骗局”这种模式一般只能维持两三年，而麦道夫竟然运用如此简单的骗局行骗长达20年、数额高达500亿美元，愚弄了华尔街的诸多投资家，欺骗了一大批具有丰富专业经验的受害者，实在让人唏嘘不已！

不难看出，麦道夫骗局被光鲜夺目的外壳包裹着，华尔街的所谓部分投资专家也迷信这些鲜艳的外壳。

首先，麦道夫善于用美丽的外壳包裹自己。信任他，你就会得到每月1%～2%的稳定回报。麦道夫本人追求完美无瑕的从业记录，致力于公平交易，并保有高尚的道德标准，这些都是华尔街熟知的麦道夫公司标志。

麦道夫为自己的骗局营造了极好的个人魅力光晕。骗局揭穿之前，麦道夫口碑很好，喜欢捐助。在佛罗里达以及纽约的犹太人社区里，麦道夫被很多人视为投资方面的“上帝”，称他的基金为“犹太人T-NOTES”，意指同财政部发的短期国债一样牢靠。

其次，麦道夫还会用神秘投资技术产生的神秘感包裹自己。麦道夫的吸引投资的苛刻条件是，如果你想投资于麦道夫，那么请你不要问他关于投资的任何问题。至于为什么在别人不赚钱的岁月里，他可以赚钱，麦道夫则用几个字简单作了解释：内部消息。很多精明无比的对冲基金管理者、专业投资人士，竟也被“内部消息”这几个字轻而易举征服了。

在熠熠生辉的外壳下，很多的蛛丝马迹暴露出来，高傲的华尔街却视而不见。

从运作上来看，利用不知名的会计师事务所进行日常审计。负责麦道夫公司10多亿美元资产审计的会计师事务所，居然只有3名员工：合伙人、秘书以及一名会计师。

违反隔离的控制原则。麦道夫公司的所有交易均为麦道夫一人独断，他管理资产，并同时汇报资产的情况，公司的资产管理和托管并未分开。

麦道夫对公司财务状况一直秘而不宣，而投资顾问业务的所有账目、文件都被麦道夫“锁在保险箱里”。

麦道夫宣称自己采取名为“分裂转换”的投资策略，这几乎没有人可以解释清楚究竟为何物。

麦道夫骗局映衬了华尔街监管的脆弱。麦道夫骗局的包装复杂，但投资操作简单明了，漏洞极易被识破。然而，这长达20年、高达500亿美元的投资骗局却在麦道夫儿子履行了监管者的职责之后，才曝光于天下，这是对华尔街监管者的极大讽刺。

资料来源：百度互动百科。

第一节 国际金融概述

一、国际金融基本定义

国际金融(international finance)是指由于经济、政治、文化等各种活动而产生的货币资金在不同的国家间,以及不同的国家和地区之间的周转和运动。它是一国(或地区)货币资金活动在国际范围内的延伸。

许多学者从不同的视角对国际金融进行了解析,作出了定义。比较具有代表性的有以有"南陈北钱"之称的国内国际金融领域泰斗人物陈彪如和钱荣堃的论断。陈彪如(1982)认为,国际金融揭示了各国间货币金融关系,阐述了各国间货币及借贷资本运动规律。钱荣堃(1993)认为,国际金融是各国间货币关系和金融活动的总和。他们高度一致地将国际金融定义为关系的揭示——各国间货币金融关系;规律的探究——各国间资本运动规律。

二、国际金融研究对象

关于国际金融的研究对象,源于定义的不同,产生了不同的研究对象。惠特克(Whitaker)认为,国际金融即为外汇,故国际金融的研究对象就是外汇。海宁(C.N. Henning)在惠特克的基础上,将国际金融的研究对象作了有限的拓展,即除外汇以外还涵盖对外贸易过程中的资金融通。瓦索尔曼(M.Wasserman)与雅格尔(L.B.Yeager)则将国际金融研究对象定位于国际货币问题及国际货币关系。王国乡(1992)认为,国际货币金融关系是国际金融的研究对象,这种关系包括国际货币流通与国际资金融通两个方面。徐静波(1993)则将国际金融研究对象聚焦于国际资本与国际货币之上,因为国际资本运动是国际金融活动的核心,而国际货币则是国际金融活动的具体表现形态。姜波克、杨长江(2002)将国际金融研究置身于开放经济框架之中,并从货币金融角度研究开放经济内外均衡关系、内外均衡标准、内外均衡条件、内外均衡政策、内外均衡协调。陈彪如(1982)从宏观、微观两个层面对国际金融研究对象作了梳理、概括、总结。基于宏观层面的国际金融研究对象为全球性国际收支平衡问题、国际资本流动问题、国际金融体系问题、各国间货币、金融政策协调问题。基于微观层面的国际金融主要分析国际货币金融关系的各种形式,如商品劳务交易和金融资产交易、外汇汇率、外汇市场、国际储备、国际借贷、国际债务等。

第二节 国际金融学逻辑框架

一、国际金融学的产生与发展

国际金融学是门既古老又新兴的学科,说其古老是因为作为其他学科的一个分支存在已有六七百年；说其新兴是由于作为一门独立的学科而得以存在的历史并不悠久。

早期的国际金融学可追溯到13世纪至14世纪。随着西欧中世纪城市经济的兴起和集市贸易的发展，1355年的英国就有了外贸统计；随着金融活动或国际金融活动的开展，产生了有关货币兑换和融资的论述，1360年在法国学者尼科尔·奥雷司姆《论货币的最初发明》一书中依稀可见国际金融的理论起源。

17世纪至19世纪是国际金融理论的初步形成阶段。1720年伊萨克·杰瓦伊斯(Issac Gervaise)首次提出了国际收支的一般均衡分析；1752年英国的大卫·休谟(David. Hume)在《论贸易差额》一文中论证了著名的"价格——铸币流动机制"；1861年英国经济学家葛逊(G. L. Goschen)在《外汇理论》一书中系统提出了"国际借贷学说"；1922年瑞典经济学家卡塞尔(G. Cassel)在其出版的著作《1914年以后的货币与外汇》中提出了汇率理论——购买力平价学说；1923年凯恩斯(J. M. Keynes)在《货币改革论》中提出了古典利率平价理论。

第二次世界大战后是国际金融理论快速形成并逐渐成熟的时期。1944年布雷顿森林体系的建立，既是国际金融学实践的结果，又推进了国际金融学科的发展。一大批以国际金融为研究对象的学术专著问世，一系列国际金融理论随之诞生。20世纪70年代以来，世界经济的迅猛发展和巨大变化，使国际金融问题显得愈发重要起来，国际金融作为一门独立的学科也日益引起人们的高度重视和关注。

2008年，席卷全球的金融海啸让我们见识了"国际金融的力量"。历经10年，我们远没有完全从这场危机中走出来，世界经济步入了"新平庸"，灰犀牛、黑天鹅随处可见。因此，目前的我们并未处于"危机后时代"，而我们步入的是"后危机时代"。这场危机让我们对国际金融有了更深刻的理解，对国际金融理论有了更好的实践，对国际金融学科的发展有了更好的引领。国际金融体系改革、国际监管通力合作、国际金融政策协调、全球金融治理问题等主题，也将以更多的视角、更深的内涵、更广的外延被纳入国际金融学范畴，供我们研究、探讨，形成理论并指导实践。

二、国际金融学逻辑框架

国际金融学从产生到发展的脉络为我们展示了一幅全景的国际金融学逻辑框架图。此处我们所述的国际金融学逻辑框架，仅指基于本教材的逻辑框架。

如同其他教材一样，本教材的开篇就对国际金融的基本定义、研究对象、学科发展进行了描述，以便读者对于所学内容有个概述性的了解。随后本教材将以总、分结合的方式布局谋篇，如第二章介绍了国际货币体系，通过对不同本位制度的历史发展演绎，引出国际货币体系改革。既然国际货币体系是指世界各国共同或有组织地对国际收支及其调节、汇率决定及其变动、汇率制度及其选择、国际储备及其构成等问题所作出的安排或决定，后续章节则以分述的形式将相关内容逐一阐述。于是就有了第三章的国际收支，第四章的外汇市场和外汇交易，第五章的汇率的决定与汇率制度，第六章的国际储备。上述章节重点围绕国际金融三大支柱：国际收支、外汇汇率、国际储备而展开。一切的国际金融活动均离不开国际资本的运动，第七章安排了国际资本流动的内容。国际金融发展到今天，我们经历了区域化、一体化、全球化，而全球化需要全球金融治理的理念。因此，本教材最后以金融全球化及其治理收官。本教材的逻辑框架图如图 1-1 所示。

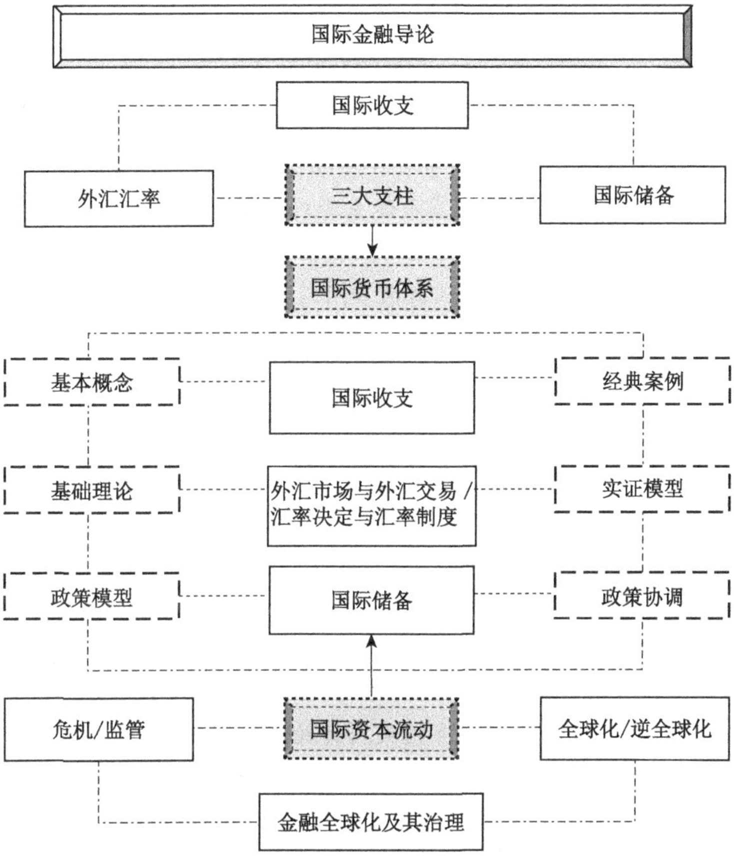

图 1-1 本教材的逻辑框架图

延伸阅读 1-1

论国际金融学科体系

近年来，世界经济一体化的飞速发展正在对各国的经济结构和决策产生日益深刻的影响，其中特别是国际金融领域中的新问题层出不穷，引起了国际范围内越来越多的关注，国际金融学成了整个经济学的前沿领域。在我国，国际金融学科也在广大研究者的共同努力下，取得了大量有价值的成果。例如，陈彪如先生所著的《国际金融概论》(华东师范大学出版社，1992 年版)序言中认为，国际金融"应以国际间的货币金融关系作为研究的对象，既要说明国际范围金融活动的主要问题，又要阐述国际间货币和借贷资本运动的规律"。钱荣堃先生主编的《国际金融》(四川人民出版社，1993 年版)序言中认为，"国际金融学研究的是国际间的货币关系和金融活动"。但总的来说，这些成果与现实发展及国外学科更新情况不相称，国际金融学这一学科在我国的发展尚处于不够成熟的状态之中，尚未形成一个比较公认的、科学严密的学科体系。究其原因，是与国际金融学作为一门独立学科的性质、研究对象等最基本问题上还有待统一有关。本教材拟在这一方面进行探索。

第一个核心问题：

研究对象得到科学界定是一门学科得以存在和发展的首要问题。在一问题上，国内外的看法众说纷纭。在国内，有学者认为国际金融主要是研究货币金融关系问题。应当说，这种观点有其合理之处，因为它非常符合国际金融学这一名称的字面含义而易于被接受。国际收支、汇率、国际储备、国际货币体系等国际金融学中的重要问题的确是在各国间经济交往中所出现的货币金融现象。但是，我们也应当看到，随着现实的发展尤其是进入20世纪90年代后形势的迅猛变化，有很多问题是在这个框架内所难以解释的，主要体现如下：

首先，与货币银行学的关系问题。对国际金融学研究对象的这一规定，实际上体现了原来我国经济较为封闭情况下学科设置的特点，即将不存在或较少国际交往的国内经济中的某一方面作为一门基础性学科，而将与对外交往有关的内容单独拿出来成为一门带有“涉外”或“国际”标识的学科。在这里，研究一国国内的货币金融问题的学科是货币银行学，而国际金融学只不过是货币银行学中有关问题在国际范围内的自然延伸，这一特点在原有国际金融学的教材中表现得相当明显。因此，原有的国际金融学教材体系中的各组成部分之间逻辑联系不够强，缺乏贯穿于整个体系始终的中心。问题还在于，在现代各国经济开放度越来越大的情况下，原有的“封闭”与“涉外”的(或“国际”的)两分法学科设置已很难符合需要，在统一的开放经济框架内讨论经济问题是学科发展的大趋势。在这一背景下，原有的货币银行学与国际金融学之间的界限变得模糊不清，国际金融学学科的独立性及其存在的必要性受到怀疑。由于现在货币银行学也是研究开放经济下的货币金融问题，因此有人认为，只要在货币银行学各部分中加上“涉外”的相应内容，就可以把国际金融学的内容涵盖在货币银行学中。这种观点正确与否我们姑且不论，但可以确定的是，很多一直属于国际金融学研究范围的问题，它们已不再单纯是一国涉外的或存在于各国间的货币金融问题，而是更多地与一国经济内部有着密切的联系，并且还涉及经济学的各个学科部门。以近年来备受重视的货币危机问题为例，第二代货币危机理论指出，政府提高利率是遏制投机、维持本币汇率稳定的有效手段，但这会对本国内部经济造成很大损害，因此，货币危机是否发生取决于政府通过两害相权来决定是否放弃提高利率以维持汇率。在这里，利率政策这一货币银行学中的主要问题居于核心的位置，国内经济状况是研究的重要方面。再如，在货币危机发生后，国际货币基金组织提供贷款时对受援国往往提出较为苛刻的经济调整计划，广泛地涉及一国的货币政策、政府支出、税收以及微观经济改革诸方面。可以看出，如果拘泥于国际金融学是研究各国间货币金融关系这一观点，是很难符合现实要求的，形势的发展已要求我们必须在一定程度上突破原有的学科间界限。

其次，与国际上学科发展的协调问题。西方国家国际金融学等学科的发展在近年来呈现出很多新的动向。动向之一，原有的汇率、国际收支等局限于货币金融领域进行分析的问题，现在均被逐步纳入开放的宏观经济学框架内予以考察，甚至于有的学者干脆用国际宏观经济学或开放宏观经济学的名称来取代国际金融学。动向之二，相当多不局限于各国间货币金融领域内的问题，都被公认为国际金融学的组成部分。例如，被公认为现代国际金融学政策分析基石的蒙代尔—弗莱明模型，它的主题是开放条件下一国内部的经济政策效力问题，并且财政政策的分析也是其重要组成部分。又如，各国间政策协调理论已成为国际金融学的重要组成部分，但这一政策协调范围远远超过了货币金融领域。因此，从协调与兼容的角度看，我们在构筑我国的国际金融学学科体系时，要考虑到国外同类学科的发展趋势。我们再看一看国际上对这一问题的观点。国际上对国际金融学研究对象的看法中，有一种主流看法，即国际金融学与货币银行学研究的根本不是同一个主题，前者分析的是经济在开放条件下所面临的新课题——外部均衡问题。这两者的区别在开放条件下十分明确而不至于发生混淆。我们认为，这一看法非常具有借鉴意义，它在一定程度上抓住了国际金融学的本质问题，但是仍有一些值得进一步思考的地方，这体现在：

第一，外部均衡的定义尚不尽人意。"均衡"意为一种带有价值判断的理想状态，将外部均衡看成不会威胁一个国家履行其国际义务的能力的外部债务途径，不仅没有进一步说明它反映的实质问题是什么，而且也似乎只是从消极方面来认识外部均衡，没有全面揭示其含义，这不能满足对开放经济进行调控的需要。

第二，国际金融学研究的主要方面是外部均衡，这无疑是正确的，但是孤立地对外部均衡进行就事论事的研究是否就能达到预期目的呢？实际上，作为开放经济正常运行所不可分割的两大目标之一，外部均衡始终与内部均衡问题有着复杂的联系，在很多情况下这两者并不一致甚至会相互冲突。因此，只有从内外均衡之间的密切联系入手来分析外部均衡问题，研究内外均衡的同时实现才能真正实现经济的外部均衡目标。从这个意义上讲，我们认为西方学者对国际金融学研究对象的表述尚不能令人满意。

第三，在这一定义中，实际上回避了一个问题：为什么将研究外部均衡问题的学科称为国际金融学而不是一个别的名称。难道这仅仅是一种约定俗成？

我们认为，应当在汲取现有研究成果的基础上，结合新的历史条件及学科发展状况来重新回答国际金融学的研究对象这一根本性问题。解决好这一问题，不但对我国的学科发展具有重要意义，并且它表达出来的主题思想也将对宏观经济决策方式产生持久而深远的影响。

第二个核心问题：

我们认为，国际金融学是从货币金融角度研究开放经济下内外均衡同时实现问题的一门独立学科。所谓内外均衡问题，是经济在开放状态下所遇到的特有问题。对于任一经济体来说，它自身要想保持正常运作，就必然要求经济运行处于稳定状态之中，没有严重的失业以及通货膨胀等问题，并在此基础上实现经济的发展。同时，经济体可以通过自身与其他经济体之间商品、资本、劳务等要素的国际流动来增加本国的福利，因此，开放性对经济体来说也意义重大。问题在于，开放性对经济的影响是双重的，它在赋予了经济体许多封闭条件下不具备的条件的同时，也对经济的稳定与发展带来了冲击。因此，既保持经济体内部的稳定发展，又使经济体的对外开放处于合理状态之中，就成为开放条件下经济宏观调控的两个重要目标,我们将此分别称为经济的内部均衡与外部均衡。开放性深刻地影响着经济的运行机制,经济内部与外部各变量之间存在着密切的联系,因此,内部均衡与外部均衡之间的关系是非常复杂的。当我们采取政策措施实现某一均衡目标时,有的时候会促进另一均衡目标的实现,而有的时候则会使另一均衡目标的实现更为困难。也就是说,内外均衡目标之间既可能一致,也可能相互冲突。在后一种情况下,原有封闭条件下的宏观调控方法处于一种困难境地,某一均衡目标的实现会以另一均衡目标的恶化为代价。对经济的调控需要有新的思路。因此,在开放条件下如何确定经济的内外均衡目标并进而同时实现它们,便构成一个相对独立的研究领域,它具有一系列独特的内在规律,这就是我们所说的国际金融学。

著名的两缺口模式,说明了在开放条件下,可以通过形成经常账户赤字来利用国外资本以弥补国内储蓄的不足,满足国内的投资需求。当然,实现这一点的关键在于一国能否充分利用国际金融市场,从而使资本与金融账户有效地为经常账户提供融资。因此,开放性对经济的双重影响在这里表现得非常明显:一方面,如果一国储蓄不足,则可利用国外的资本满足封闭条件下无法满足的投资需求,促进经济的稳定与增长;另一方面,在利用国外资本过程中也有可能给经济带来各种冲击,例如,吸引资本流入超过必要限度、在利用国外资本进行投资时效率低下、国外资本突然抽走等,这些又都会给一国经济的稳定及增长带来困难。所以,一国必须对该国与外界的经济交往进行适当管理,以实现经济的合理开放,这一经济的合理开放性就是我们所说的外部均衡。这样,当开放经济在运行中因各种原因偏离外部均衡时,政府就可以采用各种政策手段来实现它。但我们不能孤立地讨论外部均衡目标的实现问题,因为经济还同时面临着实现内部均衡的任务,而实现一个均衡目标的政策措施可能会对另一目标也产生影响。例如,当一国出现突发性资本流出时,提高本国利率是吸引资本重新流入的有效措施,但这又会带来经济内部的收缩,如果此时一国经济内部已面临着较严重的失业问题,则提高利率势必会加剧经济的内部失衡。因此,此时的宏观调控需要有新的思路,这常常需要一国的财政、货币、直接管制等政策的合理搭配乃至于各国间的政策协调。可见,经济的开放性蕴含了内外均衡冲突的可能性,而研究如何同时实现开放经济的内外均衡则是国际金融学的主要任务。为进一步说明国际金融学的研究对象问题,我们还要指出如下几点:

第一,外部均衡是一个从整体上反映经济合理开放状态的综合性概念。由于记录一国与外界经济交往的统计工具是国际收支,因此从可定量的角度看,它不是简单地指国际收支在总量上的平衡,而是指国际收支各组成账户之间在结构上处于一种合理的关系,并与国内经济的稳定与发展相匹配。在这里,必须提一下汇率问题。汇率水平的变动会对国际收支各个账户及宏观经济产生重大影响,即使在浮动汇率制度下也不能指望汇率的自由波动能使国际收支和宏观经济达到并保持均衡。因此,均衡汇率便也成为一个政策目标,它是指使国际收支(及宏观经济)达到并保持均衡的汇率水平。显然,汇率的均衡与国际收支的均衡是两个联系极为密切的概念。在市场汇率大幅及频繁波动导致汇率问题十分突出的情况下,汇率的均衡往往会暂时替代国际收支均衡而成为外部均衡政策的主要目标。

第二,内外均衡之间的冲突是开放经济始终面临的重大课题。内外均衡的冲突最早是由米德于1951年正式提出的。在他的名著《国际收支》一书中，针对固定汇率制下的现实，指出了宏观经济处于特定区间时（如通货膨胀、国际收支顺差的组合和经济衰退，国际收支逆差的组合），政府调节社会总需求的金融政策会在实现某一均衡目标的同时恶化另一目标，此时经济就属于内外均衡的冲突。由于米德所研究的是固定汇率制的情况，因此，有人认为在实行浮动汇率制后就不存在内外均衡的冲突问题了，因为政府可以听任汇率浮动自发调节国际收支，从而集中精力专门实现内部均衡目标。实际上正如我们已指出的，国际收支在浮动汇率制下同样存在着内部结构是否合理的问题，同时政府也不可能不考虑汇率自发浮动所带来的不同影响，因此，浮动汇率制下也存在着类似于米德提出的内外均衡冲突问题。并且，作为开放经济的核心变量，汇率的变动会对宏观经济各个层次的变量都产生深刻影响。因此，浮动汇率制下一国内部经济会受到更多的来自外部的干扰，新的类型的内外均衡冲突更加突出。更严重的问题还在于，米德时代未曾出现的与直接生产、交换相脱离的巨额国际资本流动，它使内外均衡冲突发生得更加频繁，后果更加严重，政府对经济进行调控的难度也更大了。因此，在现代条件下，内外均衡之间的冲突更加深刻，以解决这一问题为主旨的国际金融学的内涵更加丰富，从而可以形成一门独立学科。

第三，各种类金融性资本的国际流动特别值得注意。主要活动于国际金融市场上的资本流动与传统的贸易性资本流动、产业性资本流动不同，它的流动非常迅速，对利率、风险等金融市场上各种因素的变化非常敏感，具有自己的独特规律。为了更鲜明地体现这种资本流动的货币金融属性，我们称之为国际资金流动，它是指与实际生产、交换没有直接联系而与实物经济越来越相脱离的、以货币金融形态存在于各国间的资本流动。现在，不仅是各国经济的货币化程度提高，而且国与国之间联系的货币化程度也大大提高。国际资金流动正深刻地影响着开放经济的运行，使内外均衡问题的货币金融属性越来越明显和突出。国际资金流动对内外均衡问题的影响直接体现在外部均衡目标的确定上。当不存在国际资金流动时，一国经常账户收支不允许出现较长时期、较大数量的不平衡，这样外部均衡目标就很单纯地表现为经常账户收支平衡。而当存在国际资金流动时，一国可以灵活地运用国际金融市场进行融资，经常账户的经常平衡不再成为必然，因此，如何确定外部均衡目标就成为一个相当复杂的问题。国际资金流动对内外均衡问题的影响更体现在内外均衡冲突的严重化上。由于国际资金流动对金融市场上的收益、风险等各种因素微小变动非常敏感，甚至在很多时候纯粹受心理和政策预期的驱使，因此表现出相当大的不稳定性。更为严重的是，大规模的国际资金流动可以在极短时间内完成。因此，在这种条件下，开放经济中的金融变量往往最先受到影响，并进而传递给其他变量。货币金融变量在传导危机和传导反危机政策的过程中均处于中枢地位。因而如何运用各种政策工具的配合来实现内外均衡目标就更加复杂了。

从以上的论述中，我们可以看出，只有从两个方面来把握，才能完整认识国际金融学的研究对象问题。一方面，内外均衡问题是国际金融学的核心，这导致它与货币银行学具有不同的主导问题，决定了贯穿国际金融学的并不是货币的本质与职能、货币及资金融通对经济的作用及货币供求平衡等货币银行学所要解决的中心问题。另一方面，内外均衡问题与货币金融活动有着密切联系,或者说,当存在着大规模国际资金流动时,它的货币金融性质就更加突出,货币金融因素在内外均衡问题的形成及其实现中居于关键性地位。可见,正确理解国际金融学的研究对象必须把握住上述这两方面,前者决定了它独特的研究对象和主线,后者决定了它的本质问题属于货币金融的范畴。国际金融学的研究对象就是上述两者的统一,由此可以形成一整套贯穿始终的、具有内在严密逻辑联系的、独立完整的学科体系。

从以上的分析中还可以看出,作为一门新兴学科,国际金融学具有如下特点:

第一,综合性。从某种意义上讲,国际金融学是一门具有交叉性质的边缘性学科。这种综合性可以从横向比较(即与其他学科的研究性质的比较)和纵向比较(即与其他学科的研究范围的比较)两方面认识。从横向比较看,尽管国际金融学是从货币金融角度出发进行研究,但内外均衡问题本身决定了在研究中不可能局限于原有的某一学科的研究方法,从而不能不带有一定的综合性。例如,分析不同汇率制度对经济的影响时,势必要突破货币银行学只对经济的货币面进行研究的做法,而是比较广泛地涉及宏观经济的各个方面。当然,对这些内容的研究也仅是以就它们与内外均衡问题有关的部分为限度。从纵向比较看,国际金融学的研究范围涵盖了一国经济的内部部分、涉外部分以及国际经济关系这一传统上由不同学科进行分工的领域,并且将这三者由内外均衡问题贯穿起来形成一个严密的学科体系。

第二,开放性。主要从国民经济整体角度来分析把握问题,从而具有高度的理论概括性以及统一的分析框架。

第三,政策导向性。国际金融学是以内外均衡同时实现问题为主要研究对象的学科,它的形成与发展是建立在内外均衡问题的日益突出的基础上的,因此,国际金融学自产生起就具有非常强烈的政策意义,这一鲜明的政策性是很多其他学科所不具备的。例如,从分别流行于20世纪六七十年代及八十年代以来的国际金融教材看,前者以布雷顿森林体系及固定汇率下的政策分析为导向,后者以浮动汇率制及汇率政策理论为导向。再例如,在国际金融学中处于基础地位的重要理论,如蒙代尔—弗莱明模型、多恩布什模型、丁伯根模型等均为政策导向型。所以国际金融学的主要内容,就是在正确认识开放经济的运行机制的基础上,探索内外均衡相互冲突问题的成因,寻找内外均衡目标同时实现的途径。随着货币金融因素在内外均衡问题中的越来越突出的作用,内外均衡同时实现问题会越来越困难与复杂,国际金融学的内容也就会因之而更加深入与丰富。

一门新的学科的形成,一般都体现了历史与逻辑的统一。国际金融学之所以成为一门独立学科,就是由于内外均衡同时实现的问题逐步复杂、在宏观经济中的地位逐步提高的结果。

在国际金融学萌芽直至形成、发展的全过程中,一以贯之的主线索就是不同历史条件下内外均衡问题的演化。

资料来源:节选自姜波克、杨长江发表于复旦学报(社会科学版)2000年第5期的文章《论国际金融学学科体系》。

课后练习

1. 国际金融学的研究对象是什么？
2. 国际金融的基本定义是什么？
3. 简述国际金融学的产生与发展。
4. 今天我们如何学习国际金融？

第二章 国际货币体系

货币是一国经济活动的媒介，当一国的经济活动跨出国门，进行国际交往时，就需要有国际普遍接受的国际交易媒介。而国际交往的日益增多，又产生了国际收支、汇率波动等一系列问题。国际货币体系就是调节国际货币关系的一系列规则、安排、惯例和组织形式，它构成国际金融活动总的框架，各国间的货币金融交往受到国际货币体系的约束。当然这种约束是软约束，不是硬约束。当大多数国家或经济体不能遵守这种约束时，货币体系就可能崩溃。因此，人类在经济发展历史过程中，也经历了多种国际货币体系。

本章将从国际货币体系的内容着手，分别介绍国际货币体系各个发展阶段形成的背景、特点、缺陷、崩溃原因和运行效果。

案例导入

"广场协议"

20世纪80年代，美国经济面临着贸易赤字和财政赤字的双重困扰。面对双赤字，里根政府的政策选择是维持高利率，通过逐利性的外资流入既解决赤字国债的购买者问题，又得以维护国际收支失衡。然而，高利率进一步加剧了美元强势，使本已脆弱的美国制造业更加举步维艰。1982 年和 1983 年，美国出口额连续出现负增长，1984 年贸易逆差已高达 1 090 亿美元，其中对日本的贸易逆差约占 50%。为此，美国许多制造业大企业、国会议员等相关利益集团强烈要求政府干预外汇市场，促使日元升值，以挽救日益萧条的美国制造业。

1985 年 9 月，美国、日本、联邦德国、英国和法国的财长和央行行长在美国纽约广场饭店举行会议，达成一揽子协议（因而称为“广场协议”），包括抑制通货膨胀、扩大内需、减少贸易干预，联合干预外汇市场，使美元对主要货币有秩序地下调。“广场协议”揭开了日元急速升值的序幕。1985 年 9 月，日元汇率在 1 美元兑 250 日元上下波动，“广场协议”后，日元汇率一路上扬，到 1986 年 5 月，美元对日元汇率突破 160 日元大关，到 1987 年达 120 日元，美元贬值约 50%。日元的持续升值，使日本经济沉浸在繁荣和欢笑之中，来自日元“值钱”的信心膨胀和宏观经济政策失误，很快在房地产市场和股票市场形成价格泡沫，并把整个日本经济拖入越来越大的泡沫之中。直到 20 世纪 90 年代初国内外经济环境发生变化，经济泡沫才不攻自破，日本经济进入了停滞的 10 年。

第一节　国际货币体系概述

一、国际货币体系的概念

国际货币体系是指为了适应国际贸易和国际支付的需要，各国政府对货币在国际范围内发挥世界货币职能所作的一系列安排，包括为此所确定的原则、采取的措施和建立的组织机构。它的主要目的是协调各个独立国家的经济活动，促进国际贸易和国际支付活动的顺利进行。国际货币体系一般包括四个方面的内容。

（一）确定国际货币本位

确定国际货币本位是国际货币体系的基础，只有确定了某种或哪几种货币作为国际支付货币，各国在交往中才能容易清偿相关的债权债务，才能满足调节国际收支的需要，国际交易才能有序进行。同时，确定了国际货币本位，各国也就明确了储备何种货币资产，整个国际社会也明确了需要多少储备资产，储备资产的供应与创造也得以妥善安排。

（二）国际收支的调节机制

当国际收支不平衡时，各国采取什么方式调节，各国间的政策措施如何协调。一般而言，国际收支的调节机制主要涉及三个方面的内容：一是汇率机制；二是对逆差国的资金融通机制；三是对储备货币发行国的国际收支纪律约束机制。在固定汇率制度下，巨额顺差或逆差都不利于经济的发展，需要对国际收支进行调节。在浮动汇率制度下，汇率本身对国际收支具有调节作用。同时，逆差国需要资金融通调节国际收支，对储备货币发行国也需要进行约束，从而平衡国际收支，稳定金融领域。

（三）汇率制度的确定

汇率制度是国际货币体系的核心内容。在国际贸易和各国交往过程中，不同货币之间的比价，即汇率决定着贸易价值的最终转移。为了维护经济的发展，对汇率作出一定的制度性安排，使其在国际货币体系中始终居于核心地位。具体包括：汇率的决定依据、汇率波动的范围、汇率的调整方式、一国对外支付是否受到限制、一国货币可否自由兑换等。

（四）国际货币活动的协调与管理

国际收支调节、汇率制度的选择、国际本位货币的确定都牵涉不同国家，而不同国家往往会有不同的经济条件，不同的政策目标，所以在国际货币体系的运作中，适当而有效的协调管理显得尤为必要，即各国货币当局和国际金融机构之间就国际货币活动和与此有关的经济政策进行协调。

国际货币体系实际上是一个有组织、相互作用的有机整体，其构成要素几乎包括了整个国际金融领域。

二、国际货币体系的演变

在人类发展的历史上，不同的历史时期，经历了不同的货币制度，形成不同的国际货币体系。

1880—1914 年，实行的是国际金本位制，到第一次世界大战爆发，金本位制崩溃，各国纷纷停止黄金的兑换，国际货币制度陷入混乱。1925 年后，主要工业国重建金本位制，但这时建立的是金汇兑本位制。1929—1933 年的大危机使这种金汇兑本位制也崩溃了，国际货币制度再次陷入混乱。

1944 年，第二次世界大战接近尾声，西方盟国开始考虑经济复苏，着手重建国际货币制度。1945—1973 年实行可兑换美元本位下的可调整固定汇率制度，即布雷顿森林体系。1973 年布雷顿森林体系崩溃。

1976 年 1 月，国际货币基金组织国际货币体系临时委员会在牙买加首都金斯顿召开会议，达成了《牙买加协定》。同年 4 月，国际货币基金组织理事会通过了《国际货币基金协定第二次修正案》，从而标志着国际货币体系从此进入牙买加货币体系时代。

三、国际货币体系的评价标准与作用

（一）国际货币体系的评价标准

一个理想的、运行良好的国际货币体系应该使生产者生产具有本国比较优势的商品，使投资者可以跨越国界寻找利润最大化的投资机会。货币体系通过稳定性和灵活性结合起来达到这一目标。稳定的外汇市场减少了进出口价格的波动性，使生产者和消费者从国际专门化中获得充分的益处。国际货币体系的灵活性能协调各国货币当局的不同目标①。

（二）国际货币体系的作用

理想的国际货币体系的基本功能是促进国际贸易和国际资本流动的发展，主要体现在以下三个方面：

（1）建立相对稳定合理的汇率机制，避免竞争性贬值。

（2）为国际经济的发展提供必要的清偿力，为国际收支不平衡的调节提供有效的手段，防止个别国家清偿力不足而引发区域性或全球性金融危机。

（3）促进各国经济政策的协调。在国际金融体系框架下，各国经济政策都要遵守相应的准则，互相协调，保持经济稳定与持续发展。

四、国际货币体系的类型

不同的划分标准，可以有不同的国际货币体系。最为基本的划分标准有两种：一是从货币本位划分；二是从汇率制度划分。

从货币本位角度划分，国际货币体系可以分为纯粹商品本位、纯粹信用本位和混合本位三种类型。

纯粹商品本位是指纯粹以某种商品或贵金属作为货币本位的货币体系，如国际金本位制以黄金作为国际货币本位。

---

① 巴里·艾肯格林描述了理想的国际货币体系的特征。

纯粹信用本位是指以外汇作为国际货币本位，与黄金没有联系的货币体系，如牙买加货币体系以美元、英镑等外汇作为国际货币本位。

混合本位是指同时以黄金和可兑换黄金的外汇作为国际货币本位的货币体系，如国际金本位制崩溃后的布雷顿森林体系。

从汇率制度角度划分，国际货币体系可以分为固定汇率制度和浮动汇率制度，以及介于固定与浮动之间的可调整钉住汇率制度、爬行钉住汇率制度、货币局制等。

一般而言，国际货币体系就分为以黄金为本位币的固定汇率制，以黄金和美元为本位币的固定汇率制，以及以多种外汇为本位币的浮动汇率制。

第二节　国际金本位制

世界上首次出现的国际货币体系是国际金本位制。19 世纪下半叶，随着主要资本主义国家逐渐过渡到单一的金铸币本位制，国际货币体系逐渐形成。一般而言，虽然在 1816 年英国就颁布了铸币条例，实行金本位制，但国际金本位制正式开始却被认为是 1880 年。那一年，欧洲和美洲多个资本主义国家先后在国内实行了金本位制。国际金本位制一直维持到 1914 年第一次世界大战爆发才结束。

一、国际金本位制概述

（一）国际金本位制的形成

金本位制是指以一定成色及重量的黄金为货币本位的一种货币制度。黄金是货币体系的基础，具有货币的全部职能，即价值尺度、流通手段、储藏手段、支付手段和充当世界货币。最早实行金本位制的是英国，英国于 1816 年颁布了《金本位制度法案》。此后，法国、意大利、瑞士、比利时、德国等国陆续实行。各国实行金本位制的年份如表 2-1 所示。

表 2-1　各国实行金本位制的年份

国家	时间	国家	时间
英国	1816	比利时	1874
德国	1871	瑞士	1874
瑞典	1873	意大利	1874
挪威	1873	希腊	1874
丹麦	1873	荷兰	1875
法国	1874	美国	1879

资料来源：IMF，International Financial Statistics（1950—1972）。

按照货币与黄金的联系程度，金本位制可以分为金币本位制、金块本位制和金汇兑本位制。

（二）国际金本位制的特征

1. 国际收支的自动调节

在国际金本位制下，国际收支的不平衡实行自动调节机制，即大卫·休谟的“物价—现金流动机制”。这种自动调节机制的发挥要求各国必须遵守的基本规则是：首先，一国的货币可以自由地以法定价格兑换成黄金，黄金和代表一定黄金的货币可以混合流通并起到国际支付手段的作用；其次，在国际金本位制下，黄金可以在各国之间自由地转移，物价随货币供应量的变化而灵活变动，物价变动又能充分影响进出口数量的变动，从而使国际收支失衡得到调节。

国际收支自动调节机制如下：一国国际收支逆差→黄金输出→货币供应量减少→物价和成本下降→出口竞争力上升→出口增加，进口减少→国际收支改善，国际收支顺差→黄金输入→物价和成本上升→出口竞争力下降→进口增加，出口减少→国际收支改善，国际收支逆差黄金输出。

也就是说，国际金本位制发挥作用不仅要满足主要贸易国家的通货均以黄金为基础的条件，而且要满足主要贸易国家实行黄金自由铸造、自由兑换和自由输出输入政策的条件。

2. 黄金作为国际货币

在国际金本位制下，黄金充当国际货币，是国际货币体系的基础，用于国际贸易清偿和资本的输出和输入。当然，随着时间的推移，考虑到黄金运输、携带的不便，同时，由于英国政治经济大国地位和在世界贸易、海运、保险、金融等方面的绝对优势，逐渐以英镑代替黄金。国际贸易的80%～90%用英镑计价和支付，英镑逐渐成为各国主要的储备资产，伦敦国际金融中心为各国提供资金融通，英国充当其他国家的最后贷款人，其他国家可以用英镑向英格兰银行自由兑换黄金，即在国际金本位制下，英镑占有中心地位，国际金本位制实际上是一个以黄金为基础、以英镑为中心的国际货币体系。

3. 固定汇率制度

在国际金本位制下，两国货币间的汇率由各自货币的含金量之比确定，即“铸币平价”决定。例如，1英镑的含金量为113.001 6格令，1美元的含金量为23.22格令，铸币平价＝113.001 6÷23.22＝4.866 5，即1英镑等于4.866 5美元。铸币平价固定了两国货币的市场汇率，这不是政府人为规定，而是通过市场行为实现的。汇率只能在黄金输送点的一定界限内高于或低于铸币平价变化，两国间黄金的运输成本规定了汇率的上限和下限，分别是黄金输出点和黄金输入点。即汇率用直接标价法：

汇率上限＝黄金输出点＝铸币平价＋单位货币黄金的运费

汇率下限＝黄金输入点＝铸币平价－单位货币黄金的运费

例如，英国和美国之间单位货币黄金的运费是0.03美元，那么，外汇市场上英镑兑美元的汇率的黄金输送点为4.866 5＋/－0.03，即当1英镑高于4.896 5美元时，美国进口商宁愿运送黄金到英国，而不愿购买英镑。这样会使英镑需求下降，汇率下跌，反之亦然。

因此,国际金本位制是严格的固定汇率制度。

二、国际金本位制的演变

(一)金币本位制

金币本位制是19世纪末20世纪初资本主义国家普遍实行的一种货币制度,是金本位制的最初形态。金币本位制将黄金铸币作为法定本位币,流通中使用的是具有一定重量和成色的金币,银币退居辅币地位。

在金币本位制下:①用黄金来规定货币所代表的价值,每一单位货币都有法定的含金量,各国货币按其所含黄金的重量而有一定的比价;②金币可以自由铸造、自由流通和自由输出输入。任何人都可以向国家造币厂申请将其所有的黄金铸造成金币或将金币熔成金属块。③金币是无限法偿的货币,具有无限制支付手段的权利。④各国的货币储备是黄金,国际结算也使用黄金。

(二)金块本位制

1914年,第一次世界大战爆发,国际金币本位制运行中断。第一次世界大战结束以后,各国着手恢复金本位制,但此时面临世界黄金存量绝对不足与相对不均的局面,许多国家不愿意把黄金投入流通。因而,恢复战前金币本位制几乎不可能。1922年,在意大利热那亚召开的世界货币会议,决定采用“节约黄金”的原则,除美国继续采用金币本位制,其他国家实行金块本位制或金汇兑本位制,即虚金本位制。

金块本位制主要是1924—1928年,在英国、法国、荷兰、比利时等国实行。

金块本位制的主要内容包括:①不允许自由铸造金币,但仍以法律规定纸币的含金量,发行纸币以一定数量的黄金作为准备;②纸币不能自由兑换金币,但在国际支付或工业用金时,可按规定的限制数量用纸币向中央银行兑换金块;③金币仍作为本位货币,但市场不再流通和使用金币,而是流通纸币;④中央银行掌管黄金的输出和输入,禁止私人输出黄金,国家把金块作为储备。

(三)金汇兑本位制

金汇兑本位制是指一国货币与另一个实行金币本位制或金块本位制国家的货币保持固定的比价,并在后者存放外汇或黄金作为平准基金,从而间接实行了金本位制的一种国际货币体系。金汇兑本位制在第一次世界大战前,被一些小国、弱国运用。在第一次世界大战后,德国、意大利等30多个国家也开始运用该制。

金汇兑本位制的内容主要包括:①国家规定货币的法定含金量,但禁止金币的自由铸造和自由流通;②国内流通纸币,但纸币不能与黄金兑换,只能与外汇兑换,外汇可以在国外兑换黄金。

实行金块本位制和金汇兑本位制节省了黄金的使用,使货币供给摆脱了黄金的约束。但是,在金块本位制和金汇兑本位制下,国家虽然规定了货币的含金量,但流通中的货币不能与黄金保持兑换,黄金不再发挥自动地调节货币流通的作用,使货币流通失去了自动的调节机制和稳定的基础,从而货币制度的稳定性遭到削弱。此外,实行金汇兑本位制的国家，使本国货币依附于外国货币，本国的币值受联系国币值波动的影响，在货币政策或财政政策的自主性方面也受到影响。

三、国际金本位制的优点

1880—1914 年是国际金本位制的“黄金时代”，也是资本主义自由竞争的全盛时期，国际金本位制作为迄今为止一种比较完善的国际货币体系，对于推动当时资本主义经济的繁荣和发展功不可没，主要表现在：

(1) 促进了商品生产与流通的发展。国际金本位制下实行固定汇率制度，这对于生产成本的核算，国际投资风险的减小较为有利，推动了国际贸易与国际投资的极大发展。

(2) 国际收支的自动调节。国际金本位制要求各国遵守三条规则，如果得到严格遵守，那么国际收支就可以自动平衡，任何国家都不会因国际收支失衡、黄金枯竭而放弃金本位制。

(3) 便于各国经济政策的协调。实行金本位制的国家一般情况下内部平衡服从于外部平衡，即把汇率的稳定和国际收支平衡当作经济政策的首要目标，之后再考虑经济增长、物价稳定、充分就业等情况，这就客观上创造了一个较为宽松的外部环境，使各主要资本主义国家更有可能协调其经济政策。

因此，1880—1914 年，在世界经济的外部环境相对稳定的情况下，国际金本位制也渡过了“黄金时代”，世界经济也得到了充分发展。

四、国际金本位制的缺陷

在国际金本位制下，各国中央银行必须固定货币的黄金价格，这样货币供给就能自动与货币需求保持一致。同时这也就限制了中央银行的扩张性货币政策，从而使一国货币的真实价值保持稳定和可预测。稳定的价格水平和货币汇率，极大地促进了世界各国的经济增长和贸易发展。但是，国际金本位制也存在着许多缺陷，具体表现为：

(1) 作为国际货币的黄金，其产量的增长速度远远落后于世界经济增长的速度，由此造成的清偿力不足严重制约了经济发展，这也是金本位制崩溃的根本原因。同时，当黄金产量的增长满足不了维持汇率稳定的需要时，金本位制就显得非常脆弱，难以经受各种冲击。特别是当黄金存量集中于极少数国家时，其他国家的金本位制就难以维持，国际金本位制就面临崩溃的危机。

(2) 国际金本位制的自动调节机制受到许多因素制约。这种自动调节机制最基本的要求就是各国政府对经济，尤其是国际收支不加干预。国际收支的赤字或盈余一定要引起黄金的外流或内流。但事实上，在金本位制下，一国国际收支赤字时，可以不输出黄金，他们用国外贷款来弥补赤字；当一国国际收支盈余时，也不一定要输入黄金，他们可以利用资本输出来减少盈余。即黄金的流动并不十分频繁，特别是在国际金本位制后期，各国政府经常设法抵销黄金流动对国内货币供应量的影响，使自动调节机制无法实现。

(3) 国际金本位制下，要求通过两国物价水平的变动能引起进出口贸易的变动。但事实上，主要资本主义国家之间，尤其是英、美之间的物价变动趋势基本一致。这样，一国物价水平的变动难以引起进出口贸易的变动，国际收支难以自动调节。

(4) 国际金本位制下的自动调节机制要求商品的价格完全具有弹性。但是商品并非完全具有弹性,而是呈现一定的刚性。

(5) 国际金本位制要求各国的货币发行量不能超出其黄金存量相匹配的货币量,这意味着难以根据本国经济发展需要执行相应的货币政策。

正是这些缺陷,在世界经济大波动中,国际金本位制也难以维持。

五、国际金本位制的崩溃

1914 年,第一次世界大战爆发,各参战国暂停金本位制,禁止本币兑换黄金和黄金的跨国流动。战争期间,各国大量发行不可兑换的纸币,通货膨胀严重,汇率剧烈波动。战后,为了恢复经济,各国试图重建金本位制。然而,由于黄金储备主要集中于美国、英国、法国、德国和俄国手中,其他国家缺乏实行金本位的物质基础,恢复战前的金币本位制基本不可能。所以,在战后,除美国继续实行金币本位制外,英国和法国实行了金块本位制,德国、意大利等 30 多个国家实行了金汇兑本位制。而金块本位制和金汇兑本位制与金币本位制在稳定性等方面有实质的差别,国际收支的自动调节机制也受到影响。

1929 年,世界经济危机爆发,先是美国证券市场发生危机,迅速蔓延到世界各国。德国、巴西、澳大利亚等国遭受严重打击,因国际收支失衡严重而宣布放弃金本位制,并向英格兰银行大量挤兑黄金,导致英国黄金储备面临枯竭。1931 年,大危机的风暴席卷欧洲大陆,在强大的压力下,英国于 9 月宣布放弃金本位制,接着,英镑区国家纷纷放弃金本位制。1933 年,美国再次爆发经济危机,黄金流失严重,美国宣布放弃金本位制。法国、比利时等国在英、美两国放弃金本位制后,惨淡经营金块本位制和金汇兑本位制,但因黄金流失严重,无法维持,1936 年,也迫于经济压力、国际收支的严重不平衡而宣布放弃金本位制。至此,国际金本位制彻底崩溃。

国际金本位制彻底崩溃后,国际货币体系一片混乱。主要的三种国际货币——英镑、美元和法郎,各自组成相互对立的货币集团——英镑集团、美元集团和法郎集团。各国货币之间的汇率不再固定,各货币集团之间普遍进行外汇管制,货币不能自由兑换。在国际收支调节方面,各国普遍采取竞争性货币贬值措施,目的是增加出口,限制进口,“汇率战”非常严重。国际贸易和国际资本流动也受到严重影响。

第三节　布雷顿森林体系

国际金本位制崩溃以后,世界也进入了战争状态,国际货币体系十分混乱,对世界经济和贸易都造成了极大的危害。直至第二次世界大战胜利前夕,西方盟国开始考虑战后重建,希望重建统一的、稳定的国际货币体系,以实现战后经济贸易的恢复和发展。

一、布雷顿森林体系概述

第二次世界大战结束前夕,英、美两国开始考虑重建国际货币体系。1943 年 4 月 7 日,英、美两国政府分别在伦敦和华盛顿同时公布了英国财政部顾问凯恩斯拟定的国际清算同盟计划，简称凯恩斯计划，以及美国财政部长助理怀特拟定的联合国平准基金计划，简称怀特计划。这两个计划的目的是重建国际货币体系。

（一）凯恩斯计划

凯恩斯的国际清算同盟计划是从英国负有巨额外债、国际收支发生严重危机以及黄金储备陷于枯竭的情况出发，按照西方银行融通短期资金的原则而提出的。方案提出以下主张：

第一，采取透支原则，设立一个世界性的中央银行——国际清算同盟。

第二，根据战前3年进出口贸易的平均额的75%来计算各国在该机构中所承担的份额，会员国无需缴纳黄金或现款，而只是由各国的中央银行在该机构中开设往来账户。国际清算同盟发行一种名为“班珂”(Bancor)的国际货币，作为清算单位，通过“班珂”存款账户的转账来清算各国官方的债权债务。

第三，这些账户的记账单位“班珂”以黄金计价，其价值可由国际清算同盟适时调整。成员国可以用黄金换取“班珂”，但不可以用“班珂”换取黄金。

第四，各国汇率以“班珂”标价，未经理事会批准不得随意变动。

第五，发生国际收支顺差国将盈余存入账户，逆差国在300亿美元的额度内可以向国际清算同盟透支，而不必使用贷款方式。清算后，若一国的借贷余额超过份额的一定比例，顺差国和逆差国均须对国际收支的不平衡承担调节责任。

国际清算同盟总部设在伦敦和纽约两地，理事会在英、美两国轮流举行。凯恩斯计划对英国相对有利，反映了英国希望与美国分享国际货币金融领域的霸主地位，同时它创造了新的国际清偿手段，削弱黄金的作用，受到多数国家的赞同。

（二）怀特计划

美国以国际上最大的债权国的身份，国际收支具有大量的顺差，拥有大量黄金储备等有利条件，提出了“联合国平准基金计划”。该计划的主要内容包括：

(1) 建议建立一个国际货币稳定基金机构，基金总额至少为50亿美元，由成员国按照规定的份额缴纳，份额的多少根据成员国的黄金外汇储备、国际收支、国民收入等因素确定。表决权取决于成员国缴纳的份额，各成员国在国际货币基金组织里的发言权与投票权同其缴纳的基金份额成正比例。

(2) 基金货币与美元和黄金挂钩。基金规定使用的货币单位为“尤尼它”(Unita)，每一“尤尼它”等于10美元或含纯金137格令(1格令=0.064 8克纯金)。

(3) 稳定货币汇率。成员国货币都要与“尤尼它”保持固定比价，未经基金成员国3/4的投票权通过，成员国货币不得贬值。

(4) 取消外汇管制、双边结算和复汇率等歧视性措施。

(5) 调节国际收支。对成员国提供短期信贷，以解决国际收支逆差。

(6) 基金的办事机构设在拥有最多份额的国家。

显然，美国企图通过控制该基金迫使其他成员国的货币钉住美元，剥夺其他国家货币贬值的自主权，解除其他国家的外汇管制，为美国对外扩张与建立美元霸权扫除障碍。

（三）布雷顿森林会议

凯恩斯计划与怀特计划提出后，英、美两国政府代表团在双边谈判中展开了激烈的辩论，同时还吸引了一些其他国家参加讨论，但美国在第二次世界大战后，经济上已经十分强大，最后美国人占了上风。

1944 年 4 月，英、美双方达成了基本反映怀特计划的关于设立国际货币基金的专家共同声明。在此声明的基础上，1944 年 7 月 1～22 日，在美国新罕布什尔州的布雷顿森林召开了有 44 个国家参加的联合国货币金融会议。会上，与会代表经过激烈辩论，鉴于美国强大的经济地位，同意了怀特计划。通过了以怀特计划为基础的《联合国货币金融会议决议书》以及《国际货币基金协定》和《国际复兴开发银行协定》两个附件，这就是《布雷顿森林协定》。

二、布雷顿森林体系的内容

布雷顿森林体系的实质是建立一种以美元为中心的国际货币体系。其核心内容是美元与黄金挂钩，其他国家的货币与美元挂钩，实行固定汇率制度。

（一）美元作为最主要的国际货币，实行美元—黄金本位制

美元与黄金直接挂钩，规定 1 盎司黄金＝35 美元。美国保证各国中央银行可随时用持有的美元按此价格向美国兑换黄金。这表明布雷顿森林体系实际上是一种国际金汇兑本位制。同时，其他各成员国根据自身状况确定其货币与美元的平价，这一平价一旦确定下来，就不得随意更改，成员国有义务干预市场以维持汇率稳定。

这种美元与黄金及各国货币挂钩的模式，称为“双挂钩”。该制度安排使美元成为一种世界货币，美元在这个货币制度中处于中心地位，其他国家的货币处于依附于美元的地位。

（二）实行可调整的固定汇率

《国际货币基金协定》规定，各国货币对美元的汇率，一般只能在法定汇率上下各 1％的幅度内波动。如果市场汇率超过法定汇率 1％的波动幅度，各国政府有义务在外汇市场上进行干预，以维持汇率的稳定。因此，布雷顿森林体系的汇率制度被称为“可调整的钉住汇率制度”。如果成员国法定汇率的变动超过 10％，就必须得到国际货币基金组织的批准，在 10％以内的汇率变动也须通知国际货币基金组织。1971 年 12 月，这种即期汇率变动的幅度扩大为上下 2.25％的范围，而决定“平价”的标准，也由黄金改为特别提款权。

因此，这种“可调整的钉住汇率制度”在实际运行中，成员国汇率调整的情况很少，偶有变动，也是贬值多于升值。

（三）确定国际收支的调节机制

1. 针对逆差国的调节机制

国际货币基金组织成员国份额的 25％以黄金或可以兑换成黄金的货币缴纳，另外 75％的份额则以成员国本国货币缴纳。当成员国发生国际收支逆差时，可用本国货币向国

际货币基金组织按规定程序购买(即借贷)一定数额的外汇,并在规定时间内以购回本国货币的方式偿还借款。这种以资金融通方式尽享调节,适合于短期暂时的国际收支不平衡。

对于成员国的国际收支不平衡属于根本性的不平衡。在调节中,国际货币基金组织规定可以对汇率进行调整,实行法定升值或法定贬值。

2. 针对顺差国的调节机制

制定了"稀缺货币条款",即当一国国际收支持续盈余,并且该国货币在国际货币基金组织的库存下降到份额的75%以下时,国际货币基金组织可以将该国货币宣布为"稀缺货币"。国际货币基金组织可按逆差国的需要实行限额分配,其他国家有权对"稀缺货币"采取临时性兑换限制,或限制进口该国商品和劳务。

这一调节方法的目的是建立顺差国和逆差国共同调节的责任。但实践中,由于要求顺差国,即"稀缺货币"国家的代表参加,所以没有真正实现。国际收支调节的责任实际上主要是由逆差国来承担的。

(四)取消外汇管制

国际货币基金组织的宗旨之一就是消除阻碍多边贸易和多边清算的外汇管制,要求成员国履行货币兑换的义务。《国际货币基金协定》的第8条规定:成员国不得限制经常项目的支付,不得采取歧视性的货币措施,要在兑换性的基础上实行多边支付,但是有三种情况可以除外:

一是国际货币基金组织不允许成员国政府在经常项目交易中限制外汇的买卖,但允许对资本项目实行外汇管制。

二是成员国处于战后过渡时期时,可以延迟履行货币可兑换性的义务。国际货币基金组织当初希望取消经常项目外汇管制的过渡期不超过5年,但实际上,1958年,主要工业化国家才取消了经常项目的外汇管制,恢复了货币自由兑换。外汇管制在今天的一些发展中国家还是比较普遍。

三是成员国有权对被宣布为"稀缺货币"的货币采取歧视性货币措施。

(五)建立国际金融机构

成立一个永久性的国际金融机构——国际货币基金组织(IMF),以促进各国间货币合作,稳定汇率,为成员国的国际收支失衡提供帮助。国际货币基金组织成为第二次世界大战后国际货币体系的核心,同时,还成立了国际复兴开发银行(简称世界银行),旨在提供低息、长期贷款,支持世界经济的发展。

三、布雷顿森林体系的特征

(一)可兑换黄金的美元本位制

美元处于国际货币体系的中心地位。美元被广泛用作国际上的计价单位、支付手段和储备资产,因此,布雷顿森林体系是可兑换黄金的美元本位制。

(二)国际收支调节机制的调节效率有限

有别于国际金本位制的物价——现金流动机制,对国际收支的失衡进行市场自动调节。在布雷顿森林体系下，通过资金融通，逆差国、顺差国协调进行国际收支失衡的调节。实践表明，在体系存续期间，这种调节机制对国际收支的调节效用有限，国际收支不平衡普遍。

（三）国际性金融机构的作用重大

国际货币基金组织和世界银行等国际金融机构是布雷顿森林体系的重大产物，其在世界经济发展中，对各国汇率的监督、协调，国际收支的调节，对成员国的资金融通，监督成员国的货币政策等方面产生了重要影响。直至今日，国际金融机构对世界经济的协调发展仍起着积极的作用。

四、布雷顿森林体系的缺陷与崩溃

布雷顿森林体系建立以后，在20世纪的五六十年代，对第二次世界大战后世界经济和贸易的发展起着积极的推动作用，给资本主义国际创造了高速增长的“黄金时代”，对全球经济贸易的发展起到了积极的促进作用。但是，布雷顿森林体系还是存在严重的缺陷，最终陷入崩溃。

（一）布雷顿森林体系的缺陷

1. 国际储备的增长和对储备货币信心的矛盾

布雷顿森林体系确立了美元作为国际货币的地位，很好地解决了各国增强清偿能力的要求，但同时相应地带来了各国对美元的信心问题。美国耶鲁大学特里芬指出：以一国货币（美元）作为主要国际储备资产，具有内在的不稳定性。即：要满足世界经济和国际贸易增长之需，国际储备必须有相应的增长，而这要依靠储备货币的供应国——美国的国际收支逆差来实现，而美国国际收支的逆差使各国持有的美元数量增加，逆差越大，则对美元的价值越缺乏信心，对美元能否兑换黄金越发怀疑。这是布雷顿森林体系无法克服的难题，也称作“特里芬难题”。

当然，近年来，有学者从国际收支逆差的结构入手，试图解开“特里芬难题”，从逻辑上看是有一定道理的。

2. 美元的特权地位直接导致体系是建立在不平等关系上

布雷顿森林体系是以美元为中心的货币制度，确立了美元的霸主地位。这样，美国可以利用美元直接对外投资，操作国际金融事务，弥补国际收支逆差。形成了拥有美元储备国家的世界资源向美国转移，这种现象在西方叫作“铸币税”。即：货币发行国家通过发行货币可获得一个净收益，因为流通中铸币或纸币的面值和金银条块及其铸造成本之间是有很大差额的，从而美国可以取得巨大的铸币税收益。

同时，由于各国货币汇率钉住美元，造成了各国货币对美元的依附关系，使美国的货币政策对各国经济产生重大影响。

3. 汇率机制相对僵化

布雷顿森林体系把维持固定汇率制放在首要地位，成员国在国际收支根本不平衡时可以申请改变汇率。事实上，各国改变汇率的次数极少。1948—1969年的21年间，只有一国货币升值，12个国家汇率没有任何变动，27个国家有一次贬值，24个国家各贬值过两次或3次，另有5个国家1962年前贬值超过3次，16个国家贬值过多次。1950—1971年，主要资本主义国家间的汇率尤为稳定，日元一直没有变动，英镑在1967年和1969年各升值一次。

由于失去了汇率这一重要经济杠杆对国际收支的调节机制，使国际收支的长期不平衡对各国产生了重大影响。于是，有的国家使用了贸易管制，有的国家放弃了稳定国内经济的政策目标。

4. 国际收支调节的责任不对称

当国际收支不平衡时，布雷顿森林体系的初衷是逆差国与顺差国都有责任采取措施，进行协调，平衡国际收支。但事实上，体系不可能要求顺差国采取升值或扩张货币政策等措施。而币值的低估对顺差国扩张国际市场有利，这就导致几乎没有顺差国会主动采取措施调节国际收支。国际收支不平衡的责任最后落在了逆差国一方身上。

5. 国际货币基金组织的资金融通能力有限

国际货币基金组织在调节各国国际收支不平衡时，可以进行资金融通。为此，国际货币基金组织成立时筹集了88亿美元，1959年首次增加到149亿美元，1965年第二次增加到210亿美元。但成员国对贷款的要求大大超过了国际货币基金组织的财力，因而无法满足众多成员国的要求。

另外，按照国际货币基金组织的贷款条件，贷款金额与各国的份额相联系，份额与贷款额成正比，发展中国家份额小，因此得到的贷款就少，处于极其不利的地位，国际收支难以真正改善。从贷款安排上看，发展中国家提供的资产占国际货币基金组织总资产的43%，而获得的信贷只有4%。工业发达国家提供的资产占57%，而得到的资金却高达96%。

因此，国际货币基金组织虽作了一些努力，但资金融通的能力与效率都还存在较大问题。

（二）布雷顿森林体系的崩溃

第二次世界大战之后，美国凭借其在战争中迅速扩大的经济和军事实力，建立了以美元为中心的国际货币体系，而这一体系的稳定的条件是：美国国际收支保持顺差，美元价值稳定；美国的黄金储备充足，保持美元兑黄金的有限兑换性；以及美元与黄金的固定比价。

然而，在战后，随着西方各国经济的迅速复苏，美国的海外战争、冷战政策等，这些货币体系稳定所需要的条件逐渐失去，布雷顿森林体系也逐步走向崩溃。

1. 美元危机的过程

美元危机是指由美国发生国际收支危机所引起的美国黄金储备急剧减少，美元汇率猛跌和美元信誉下跌，大量资本从美国流失，国际金融市场出现抛售美元、抢购黄金与硬货币的风潮。1960—1973年，美元共经历了三次危机，也是布雷顿森林体系崩溃的过程。

1）第一次美元危机

1950年，朝鲜战争爆发以后，美国国际收支开始转为逆差。1952—1960年，除1957年外，美国国际收支连年逆差，黄金储备大量外流，对外短期债务激增。1960年，美国累积的短期债务已达210亿美元，而黄金储备只有178亿美元，美元信用开始动摇，人们纷纷抛售美元，抢购美国的黄金和其他经济处于上升阶段的国家的硬通货，如马克。这就是第一次美元危机。

2）第二次美元危机

1968年，美国爆发了第二次美元危机。1965年，美国在越南战争中的参与程度扩大，使军费开支大幅增加。随着约翰逊总统的“伟大社会计划”的实行，美国政府其他方面的开支也大幅增加，结果就是财政赤字严重，国内通胀加剧，美元对内不断贬值，美元与黄金的固定比价难以维持。

1967年，美国对外短期债务为321亿美元，而黄金储备仅为121亿美元，严重影响美元信用，终于在1968年爆发了第二次美元危机。危机爆发后的半个月内，美国就流失了14亿美元的黄金储备。美国政府不得不在1968年3月实行了“黄金双价制”。“黄金双价制”的实行，意味着美元—黄金为中心的布雷顿森林体系的局部崩溃。

3）第三次美元危机

1971年，美国爆发了第三次美元危机。这次美元危机的爆发与美国国内经济有着更密切的关系。1971年，美国的失业率达到历史新高，美国发生了从1893年以来的第一次对外贸易逆差，使国际收支逆差进一步恶化，黄金储备不足以偿付短期对外债务的20%。为了恢复充分就业和保持经常性项目平衡，美国不得不对美元进行实际贬值，但无法达到改善经济的效果，市场抛售美元愈演愈烈。

1971年8月15日，美国总统尼克松宣布“新经济政策”①，主要内容是：对内采取冻结物价和工资，并削减政府开支；对外停止黄金与美元的兑换，结束美国黄金不断外流的局面。同时，对所有美国进口的商品征收10%的进口附加税，以限制进口，直到美国的贸易伙伴同意其对美元升值为止。

1973年，新的美元危机再次爆发，美元再次贬值10%，这是14个月内美元的第二次贬值。之后，许多国家不愿意再承担干预黄金、外汇市场的义务，纷纷实行浮动汇率制度，布雷顿森林体系彻底崩溃。

2. 挽救布雷顿森林体系危机的措施

在每次美元危机爆发以后，美国与其他国家都采取过一些措施，力图挽救布雷顿森林体系，有些措施在当时还曾起到过一定的作用，但毕竟布雷顿森林体系存在着根本性的矛盾，最终没能挽救成功。这些具体的措施主要有：

---

① “新经济政策”：1971年8月至1974年4月，尼克松政府为克服美国经济滞胀危机采取的刺激经济发展的措施。20世纪60年代末70年代初，失业、通货膨胀和美元危机是美国经济的三大严重问题。尼克松就任之初，试图减少政府对经济的干预，限制经济增长速度，削减政府开支，但未能缓解通货膨胀，反而加剧了失业。1971年8月15日，尼克松宣布转向“新经济政策”，目的在于对外维持美元的经济霸主地位，对内控制通货膨胀，刺激经济回升。它分四个阶段进行：第一阶段（1971.8—1971.11）冻结工资和物价，禁止外国用美元兑换黄金并增收10%的进口附加税；第二阶段（1971.11—1972.12）对工资和物价实行管制，把年通货膨胀率控制在2%～3%，工资增长率不得超过5.5%，同意将美元对黄金贬值7.89%，并取消10%的进口附加税；第三、第四阶段都以限制工资和物价增长率为目标。1973年又将美元与黄金的比价贬值10%。“新经济政策”的实施标志着美元在二战后国际金融中的霸主地位的消亡，也是依据凯恩斯经济理论克服经济发展停滞和通货膨胀双重危机的尝试。

1) 第一次美元危机中的挽救措施

1961年10月,“黄金总库”(Gold Pool)由八国出资2.7亿美元的黄金建立,该黄金由英格兰银行代为管理,当金价上涨时,英格兰银行在伦敦黄金市场抛出黄金;当金价下跌时,就买进黄金。

1961年11月,“借款总安排”(General Arrangements to Borrow, GAB)由国际货币基金组织与十国集团签订。签订该条约目的在于建立一项国际基金(当时为60亿美元),从美国以外的9国借入资金以支持美元,缓和美元危机,维持国际货币体系的正常运转。

1962年3月,“互惠信贷协议”(Swap Agreement)由美国和其他14个国家签订。其目的在于各国互换货币以干预外汇市场,对付投机性热钱流动。例如,一个面临资本流出的国家,可以用货币互换卖出远期外币,以增加远期外汇贴水或者减少远期外汇升水,从而抑制不稳定性热钱流动。

除此之外,从1960年开始,美国开始提高短期利率,以吸引短期资本流入;同时降低长期利率,以鼓励投资增加国民收入。

1963年,美国征收“利息平衡税”(the Interest Equalization Tax),即对流出美国的资本进行征税。

2) 第二次美元危机中的挽救措施

1968年3月15日,英格兰银行关闭黄金市场,黄金总库也随之解散。实行黄金市场的双价制,即同时存在官方黄金市场和私人黄金市场两种,在官方黄金市场上仍旧实行1盎司黄金等于35美元的固定比价,而私人的黄金买卖可以继续在伦敦黄金市场进行,不过价格实行浮动,黄金价格完全由市场供求关系决定。

1969年9月,国际货币基金组织创设了一种既对黄金节约又对美元补充的特别提款权,又称“纸黄金”。35个特别提款权=1盎司黄金,当需要用美元来清算国际收支差额时,可以由特别提款权来履行这一义务。

1970年开始发行特别提款权,它是一种账面资产,国际货币基金组织按“份额”分配给成员国,成员国可借以向国际货币基金组织提用资金,并对其他成员国进行支付、归还国际货币基金组织贷款,以及在成员国政府之间拨付转移,但不能兑换黄金,也不能用于个人一般支付。

特别提款权的设立与分配,使日益耗竭的美国黄金储备稍有增加,从而提高了其应付国际收支逆差的能力;外国政府或中央银行持有的美元,若要求美国兑换黄金,美国可用特别提款权来支付,因其与黄金等同,能够减少美国黄金储备的流失,有助于美元危机的减缓和国际货币体系的维持。

3) 第三次美元危机中的挽救措施

1971年8月15日,尼克松总统采取了强硬措施。他宣布美国将不再自动向外国央行出售黄金换回美元,实行“新经济政策”。

1971年12月,十国集团的代表在华盛顿特区史密森学会(the Smithsonian Institution in Washington, D. C.)签订一项妥协方案,简称“史密森协议”。主要内容包括:①同意美元对黄金贬值7.89%,由1盎司黄金=35美元,贬值为1盎司黄金=38美元，这是美元自1934年以来的第一次贬值，但仍然停止美元兑换黄金。②美国取消10%的进口附加税。③调整各国货币与美元的汇率平价，有的贬值，有的升值。但是，按照美元贬值幅度计算，实际上各种货币对美元的汇率都升值了，其中，日元大约升值17%，联邦德国马克升值约14%。④扩大汇率波动幅度。各国货币对美元的汇率波动幅度由原来的不超过金平价的±1%，扩大到±2.25%，其目的是增加货币制度的灵活性和弹性。

"史密森协议"虽然勉强维持了布雷顿森林体系下的固定汇率，但未能阻止美元危机与美国国际收支危机的继续发展。

1973年2月，关于美元贬值的市场预期自我实现了。在猛烈的投机性冲击下，美国以及其他工业化国家宣布关闭外汇市场。2月12日，美国政府宣布美元贬值10%，美元对黄金比价调整到每盎司42.22美元。此时，美元对黄金仍不可兑换。

1973年3月，西方国家经过磋商，最后达成协议：西方国家的货币实行浮动汇率制度；联邦德国在马克升值3%的条件下，与法国等西欧国家实行对美元的"联合浮动"；英国、意大利、爱尔兰单独浮动，暂不参与共同浮动。此外，其他主要西方国家的货币也都实行了对美元的浮动汇率制度。

第四节　牙买加货币体系

牙买加货币体系肯定并继承了布雷顿森林体系下的国际货币基金组织，但又摒弃了布雷顿森林体系的以美元为中心的双挂钩货币制度。

一、牙买加货币体系概述

布雷顿森林体系崩溃之后，国际货币金融关系动荡混乱，美元的国际地位受到一定影响，浮动汇率成为汇率制度的主流，汇率波动频繁，国际失衡现象严重，各国积极寻求货币制度改革的新方案。1972年7月，国际货币基金组织决定成立一个国际货币体系改革和有关问题专门委员会，专门负责研究国际货币改革问题。该委员会由20个国家组成，故又称为"二十国委员会"。

1974年1月，"二十国委员会"在罗马会议上提出第一个改革提纲草案，后在华盛顿会议上形成一份正式的改革纲要。纲要的主要内容包括：

一是以稳定的但可调节的平价为基础，采取有效的步骤来调节各国货币的平价汇率。

二是在特定情况下可以承认浮动汇率制，但需经国际货币基金组织授权并加以监督。

三是在应付投机性的短期国际资本流动方面进行国际合作。

四是加强特别提款权作为国际储备资产的职能，降低黄金及储备货币的职能。

1974年10月，国际货币基金组织的国际货币体系临时委员会取代"二十国委员会"，负责国际货币体系改革。

1976年1月，国际货币基金组织的国际货币体系临时委员会在牙买加首都金斯顿召开会议，并达成《牙买加协定》，同年4月，国际货币基金组织的理事会通过《国际货币基金协定第二次修正案》。从此国际货币体系进入了新格局——牙买加货币体系。

二、牙买加货币体系的内容

（一）汇率制度的改革，浮动汇率合法化

《牙买加协定》正式确认了浮动汇率制度的合法化，承认固定汇率制度和浮动汇率制度并存的局面。成员国可以根据自身情况，自由选择汇率制度。从而打开了汇率制度多样化的局面。同时国际货币基金组织继续对各国货币汇率制度监督，以防止成员国采取损人利己的贬值政策。当条件许可时，实行浮动汇率制的成员国应逐步恢复固定汇率制度。当具备国际经济条件和经85%以上成员国同意，国际货币基金组织可以决定采用"稳定的但可调整的货币平价制度"，即恢复可调整的固定汇率制度。

可见，《牙买加协定》一方面对20世纪70年代各国实施的浮动汇率制度予以了法律认可，同时也明确了国际货币基金组织对稳定汇率的监督与协调机制。

（二）黄金非货币化

《牙买加协定》作出了逐步使黄金退出国际货币舞台的决定。规定废除黄金条款，取消黄金官价，用特别提款权逐步代替黄金作为国际货币体系的主要储备资金。各会员国中央银行按市场价格自由进行黄金交易，黄金不再在成员国之间或成员国与国际货币基金组织之间进行债权债务清算。国际货币基金组织开始逐步处理所持有的黄金，其中1/6（2 500万盎司）按市场价格出售，超过其官价（每盎司42.22美元）部分作为援助发展中国家资金；1/6按官价归还给各成员国；剩余部分须经总投票权85%的多数通过，决定向市场出售或由各成员国购回。

黄金非货币化即取消了黄金的货币职能，使其与货币完全脱离了联系，成为单纯的商品。

（三）特别提款权作为主要的储备资产

《牙买加协定》修订了特别提款权的有关条款，以使其逐步取代黄金和美元而成为国际货币体系的主要储备资产。在未来的国际货币体系中，特别提款权不仅将是主要的储备资产，而且是各国货币定值的基础。凡参加特别提款权账户的国家，可以自主交易转移特别提款权，而不必征得国际货币基金组织的同意，以特别提款权代替黄金用于成员国与国际货币基金组织之间的某些支付。国际货币基金组织一般账户中所持有的资产均以特别提款权表示，强化特别提款权的国际储备资产地位和支付作用。

另外，国际货币基金组织也随时对特别提款权制度进行监督，及时修正有关规定。

（四）增加国际货币基金组织的份额

《牙买加协定》规定成员国的基金总份额由原来的292亿美元特别提款权增加至390亿美元特别提款权，增幅达到33.6%，以提高国际货币基金组织的清偿能力。同时调整各成员国缴纳份额的比重。除德国、日本外，西方发达国家的份额比重有所下降，其中英国下降的最多；石油输出国组织成员国的份额由5%提高至10%，发展中国家的份额比重维持不变。份额重新修订的一个重要结果是发达国家的投票权比发展中国家有所减少。

（五）扩大对发展中国家的资金融通

《牙买加协定》规定用出售黄金所得的收益建立信托基金，以优惠条件向最穷困的发展中国家提供贷款和援助，以解决其国际收支问题。同时扩大国际货币基金组织的信用贷款总额，由占成员国份额的100%提高到145%，并提高国际货币基金组织的“出口波动补偿贷款”在份额中的比重，由占份额的50%提高到占份额的75%，以满足发展中国家的特殊需要。

总之，牙买加货币体系的内容缓解了20世纪70年代国际金融混乱的局面，但对国际货币体系中稳定汇率机制、国际收支调节机制，以及国际储备的创造机制并没有根本性的改善，这也注定了该国际货币体系的稳定性相对较弱。

三、牙买加货币体系的特征

（一）以浮动汇率为主的多样化的汇率制度

牙买加货币体系确立以后，世界汇率制度呈现多样化特点。各国根据自身特点选择了相应的汇率制度。发达国家以浮动汇率制度为主，其中欧共体根据其经济特点，采取了联合浮动的汇率制度；美国、日本采取单独浮动；还有一些发达国家或地区采取钉住货币篮子或实行管理浮动的汇率制度。发展中国家大多采取钉住美元或自选货币篮子的汇率制度。

其实，牙买加货币体系确立之初，人们普遍认为浮动汇率制度是暂时的。但在20世纪70年代的石油危机之后，通货膨胀严重、国际收支严重不平衡等经济状况，使固定汇率制度的恢复十分困难，浮动汇率制度得以不断延续。

2005年，国际货币基金组织对成员国的汇率制度进行了简单分类，大致情况如表2-2所示。

表2-2 2005年国际货币基金组织对成员国汇率制度的分类

汇率制度类型	国家（地区）数量
无独立法定货币的汇率安排	41
货币局制度	7
其他传统的固定钉住安排	42
水平带内的钉住汇率	5
爬行钉住汇率	5
爬行带内浮动汇率	1
不事先公布干预方式的管理浮动汇率制	52
独立浮动汇率	34

资料来源：国际货币基金组织。

因此，汇率制度多样化和浮动汇率制度为主的混合汇率制度安排是牙买加货币体系的主要特征。

（二）国际收支的多种调节机制

第一，相比在固定汇率制度下，国际收支的不平衡只能依靠国际储备来调整，手段单一。在牙买加货币体系下，又增加了汇率政策手段。当一国国际收支不平衡时，可以采取汇率的微调来改善一国的贸易收支状况，进而改善国际收支不平衡的现象。但是，事实也说明了汇率浮动对国际收支的调节作用没有想象的那么有效。如1985年的“广场协议”后，美元贬值，其他货币升值，但是美国的贸易收支状况并没有得到改善，直到1988年后才有所好转。

第二，在调节国际收支不平衡过程中，广泛使用国内经济政策进行调节。比较典型的有利率机制，即通过一国实际利率与其他国家实际利率的差异来引导资金流入或流出，从而达到调节国际收支的目的。

第三，在牙买加货币体系下，国际金融市场有了很大的发展，尤其是欧洲货币市场和欧洲债券市场已经相当发达，通过在国际金融市场的借贷，可以有效地筹集调节国际收支的资金。当然，发达的国际金融市场也是一把双刃剑，市场所产生的巨额资金流动也是导致债务危机的原因之一。

第四，随着国际货币基金组织地位的上升，协调能力的提高，对国际收支不平衡的协调能力也得到了一定的提升。特别是逐步改变着国际收支不平衡主要是逆差国责任的思想，转而由顺差国和逆差国共同协调。

（三）形成了以美元为主的多元化的国际储备体系

布雷顿森林体系崩溃以后，国际储备资产呈现多样化的局面。

第一，黄金的国际储备地位不断下降，牙买加货币体系明确规定了黄金非货币化，黄金的地位有了弱化。当然，黄金仍是一种主要的国际储备，各国央行仍持有一定数量的黄金储备。

第二，美元在未来相当长的时间内仍将主导国际货币体系。因为美元在国际贸易和国际投资中，还是履行着国际结算、计价、储备等主要职能。

第三，美元的地位明显削弱。欧元、日元等货币的地位得到提升，成为重要的国际储备资产。在国际金融、国际贸易领域，美元、欧元、日元成为主要货币；同时，随着中国经济地位的日益上升，人民币在国际贸易中的作用也在上升。

因此，国际储备体系呈现以美元为主导，包括欧元、日元、特别提款权在内的多样化的储备体系。这种储备体系不仅有利于国际经济交易的增长，还相对降低了单一中心货币对世界储备体系稳定性的影响，也在一定程度上解决了“特里芬难题”。

四、牙买加货币体系的作用与缺陷

（一）牙买加货币体系的作用

牙买加货币体系生效以后，对世界经济的发展还是起到了积极的推动作用。据国际货币基金组织统计，国际贸易总额在实行浮动汇率制度后的10年间，共增加了344%；世界银行统计，全世界的年国际投资总额在20世纪70年代后半期比20世纪60年代后半期增长了近300%。这些作用，可以概括为以下几个方面。

1. 缓解了“特里芬难题”

牙买加货币体系由于实现了国际储备多元化和浮动汇率制度，即使发生美元贬值，也不一定影响各国货币的稳定性；同时，美元与黄金脱钩，在美元贬值时，各国也不可能用所持有的美元储备向美国兑换黄金。所以，牙买加货币体系基本上摆脱了布雷顿森林体系时期基准货币国与依附国相互牵连的弊端。

另外，美元不再是唯一的清算及支付手段，即使美元不外流，也会有其他国际清算和支付手段来弥补国际清偿力的不足。

所以，牙买加货币体系在一定程度上缓解了"特里芬难题"。

2. 浮动汇率制度的灵活性推动了世界经济发展

以主要货币汇率浮动为主的多种汇率安排体系能够比较灵活地适应世界经济形势多变的状况。各国自主安排汇率制度，可以充分考虑自身的经济状况、发展目标等，使各国的宏观经济政策更具有独立性和有效性。

3. 多样化的国际收支调节机制有利于各国的选择

国际收支调节机制的多样化，各国可以根据自身特点予以选择。一般而言，发达国家往往选择自动调节机制，发展中国家会选择政府干预的调节机制。这种自主选择的调节机制具有更高的效率。

（二）牙买加货币体系的缺陷

1. "特里芬难题"依然存在

牙买加货币体系缓解了"特里芬难题"，但没有从根本上解决"特里芬难题"。在牙买加货币体系下，国际储备货币与国际清算及支付手段由单一的美元发展成美元、欧元、日元等多种货币，这种多样性并没有改变一种或几种主权货币充当国际货币的弊端，也就意味着"特里芬难题"没有从根本上予以解决。

2. 汇率制度多样化的风险

第一，牙买加货币体系下，汇率制度多样化，各国自主选择适合的汇率制度。这一方面增加了各国汇率制度选择的自主权；另一方面各国在选择汇率制度时，自然会从本国经济状况出发，这样会加剧各国发展的不平衡。或者说，汇率的安排与市场实际的偏离度会加大，从而增加市场的不确定性。

第二，国际金融市场的日益壮大，对汇率安排的影响日益上升。即国际金融市场上游资的冲击对汇率的影响日益加大，这就直接加大了汇率风险。实践中，多次货币危机都是由于游资冲击导致的。

第三，浮动汇率还直接加大了国际贸易和投资的风险。

3. 国际货币基金组织的协调职能有限

国际货币基金组织是现行国际货币体系的重要载体，存在着功能缺陷、作用有限等问题。其主要表现有：一是国际货币基金组织更多地代表美国为主的发达国家的利益，反映发展中国家需求较少，这直接导致该组织不可能全面协调国际金融事务。二是国际货币基金组织对金融危机的防范或处置偏重于事后，事前预防的较少。在处置中偏重国际清偿力的满足，对危机国经济复苏考虑不多；在救助过程中又过多附加条件。三是经济实力与国际金融事务越来越不匹配。四是货币危机或者金融危机的规模越来越大，但国际货币基金组织的经济实力有限，在协调或救助过程中的作用受到很大牵制。

因此，牙买加货币体系作为当前运作中的货币体系，既对世界经济的发展与维护起着一定的积极作用，但与此同时也存在许多缺陷，需要不断地完善。

第五节 国际货币体系的改革

20世纪90年代，世界经济再次进入高速发展阶段，经济一体化步伐也日益加快，正当世界经济呈现一派繁荣时，金融危机也不断出现。1994年的墨西哥金融危机，1997年的东南亚金融危机，1998年后的巴西、阿根廷、俄罗斯金融危机，2008年的美国次贷危机，2009的希腊债务危机，这些危机的深度、广度及影响令国际社会十分震惊，如希腊债务危机至今尚未解决。这些金融危机也充分暴露了当今国际货币体系存在的缺陷，为此，各国或各经济体都从自身状况出发，提出了对当今国际货币体系改革的设想与方案。

一、现行国际货币体系缺陷

（一）美元问题

以美元为中心的布雷顿森林体系虽然崩溃了，但并不意味着美元在国际支付与国际经济联系中的作用已经消失；相反，美元仍然是世界上最重要的储备货币、结算货币和外汇交易的手段。日元在20世纪80年代的兴起，欧元在20世纪90年代的产生，都没有从根本上动摇美元的地位。作为世界货币的美元，享受着铸币税的收入，享受着在对外投资和国际支付中外汇风险少的便利，但是美元却没有承担起世界货币相应的责任。

一方面，美元具有提供全球流动性的义务，但美元与黄金脱钩后，美元的发行缺乏限制，致使流动性过剩并流向非生产性的金融市场，即“脱实向虚”现象。引起以经济过热和资产价格暴涨为特征的信用泡沫，泡沫一旦破裂，金融危机的爆发不可避免。

另一方面，美国没有对全球经济承担相应的责任，在2008年美国次贷危机之后，美国货币当局不断采取量化宽松政策，转移自身风险，很少顾及国际情况和货币政策的外溢性，从而加剧了国际金融市场的波动性。

（二）汇率机制问题

现行国际货币体系下的汇率机制与金融全球化的矛盾日益尖锐。在金融全球化过程中，金融市场的一体化程度日益提高，而外汇交易、资本流动与贸易或投资的相关性却越来越低。各种短期资本的转移，即“热钱”①的流动，金融衍生品交易的发展已经成为影响汇率的最重要的因素。但是，汇率的形成机制却仍然是由各国的经济发展状况确定的，即汇率形成机制与市场之间存在缺陷。“热钱”的大量出现，导致投机性市场发展，汇率的形成机制中对投机性、人们的心理预期等变量考虑不充分，汇率机制缺乏国际协调。持续的汇率失调如汇率高估，会降低一国的出口竞争力，会降低对外借贷的名义成本，致使短期

---

① “热钱”(Hot Money)，又称游资，或叫投机性短期资金，“热钱”的目的在于用尽量少的时间以钱生钱，是只为追求高回报而在市场上迅速流动的短期投机性资金。“热钱”的目的是纯粹投机盈利，而不是制造就业、商品或服务。“热钱”炒作的对象包括股票、黄金、其他贵金属、期货、货币、房产乃至农产品，如红豆、绿豆、大蒜等。2001—2010年10年间，流入中国的“热钱”平均为每年250亿美元，相当于中国同期外汇储备的9%。2011年10月，新增外汇占款近4年来首度出现负增长，海外“热钱”撤离中国。这些都对中国经济造成了不同程度的影响。

外债比重不断上升；而汇率的低估又会引发货币战和贸易战。

因此，汇率上的扭曲与无规则的大幅波动称为一种新常态，并为危机的频繁爆发创造了条件。

（三）国际资本流动问题

20世纪90年代以来，国际资本的流动呈现出几个新特点：一是流动的依据发生了变化，由以往因贸易或投资导致资本流动，变成“热钱”流动占据主导。二是流动的方向发生了变化，由原先的发达国家资金流向发展中国家，变为双向流动。这两个特点，一方面导致新型经济体能够得到发展经济所需的资金；但与此同时，资金的大量流入，必然导致经济过热，汇率快速上升，信贷繁荣，资产价格泡沫等现象。另一方面由于资金的双向流动，市场一旦有风吹草动，就会引发资金大量流出，引发国内风险爆发，泡沫破裂，严重影响金融稳定并增加了宏观经济的脆弱性。

（四）国际收支调节机制问题

在当前牙买加货币体系下，原以为浮动汇率可以为国际收支平衡和总体经济提供稳定性，但事实并没有想象的那么简单。国际货币之间的汇率变动没有起到调节国际收支失衡的作用。当货币贬值以后，由于出口商品与进口商品在弹性上不能满足“马歇尔—勒纳条件”，或者存在“J曲线效应”，国际收支不能得到改善。在通过利率机制进行调节过程中，也会产生副作用，过高的利率在吸引资金的同时加重了企业成本等。

另外，在通过资金融通政策改善国际收支方面，国际货币基金组织的资金融通效率有限，无法实质性地改善国际收支。

（五）国际货币合作问题

国际货币体系的稳定与发挥积极的作用，需要各国互相合作，协调相关政策。但事实上，各国以自身经济利益为出发点，在制定货币政策或财政政策时，很少考虑他国的经济状况，导致21世纪以来，黑天鹅事件①现象时常出现。2015年，瑞士央行突然宣布瑞士法郎与欧元脱钩，导致汇率大幅波动，2016年的英国“脱欧”导致英镑大跌，国际金融市场大幅震荡，均属于比较典型的黑天鹅事件。

更为甚者，近年来，不仅黑天鹅事件时常出现，给脆弱的市场带来更大的不确定性，而且还出现了灰犀牛事件②，这都反应国际货币体系运行过程中，各国的协作是远远不足的。

---

① 黑天鹅事件(Black Swan Event)是指非常难以预测，且不寻常的事件，通常会引起市场连锁负面反应甚至颠覆。一般来说，黑天鹅事件需满足以下三个特点：具有意外性；产生重大影响；虽然它具有意外性，但人的本性促使我们在事后为它的发生编造理由，并且或多或少认为它是可解释和可预测的。黑天鹅事件存在于各个领域，无论金融市场、商业、经济还是个人生活，都逃不过它的控制。

② 灰犀牛事件是与黑天鹅事件相互补足的概念。灰犀牛事件是太过于常见以至于人们习以为常的风险，而黑天鹅事件则是极其罕见的、出乎人们意料的风险。灰犀牛事件是一种大概率危机，在社会各个领域不断上演。很多危机事件，与其说是黑天鹅事件，其实更像是灰犀牛事件，在爆发前已有迹象显现，但却被忽视。如触发本轮全球化逆潮和民粹主义崛起的深层次问题——不平等问题。这一问题由来已久，却一直没有引起足够重视。直到金融危机爆发之后，世界经济特别是发达经济体复苏持续疲软，中产和贫民阶层生活持续恶化，贫富差距扩大，最终成为触发一系列黑天鹅事件的诱因之一。

（六）国际金融监管与改革问题

20世纪90年代以来，信息技术飞速发展，金融自由化日益推进，这使资本的跨境流动出现了空前的规模与速度。但是，不论是主要国家的中央银行，还是国际金融机构都没有发展和建立与之相适应的监督管理机制。这加剧了全球资本无序流动的缺陷，大量投机资本的盲目流动，必然增大爆发货币危机的可能性。

国际货币基金组织有一项规定，任何重要问题，如修改协定、调整份额等，必须有85%以上的投票权才能通过。而美国目前在IMF中的投票权是16.76%，欧盟作为一个整体拥有30%的投票权，美国和欧盟具有一票否决权。具体表现为：一些重要的改革或决议只有在符合美国的利益时才能获得通过，或者只有在美国的极力推动下决议才能真正付诸实施。发展中国家在国际金融机构中难以发挥应有的作用，发展中国家的利益也难以得到体现。如何提高以新兴市场国家为代表的发展中国家在国际货币基金组织等国际金融机构中的话语权是一个难点。

二、国际货币体系的改革方案

正是因为当前的国际货币体系存在诸多瑕疵，国际金融市场又不稳定，金融危机频发，所以改革国际货币体系的呼声不断，主要的理论依据与改革建议有以下几个方面。

（一）国际货币体系改革的典型理论

1. 威廉姆森的汇率目标区理论

以威廉姆森为代表的学者提出，各国货币当局应当将主要国际货币之间的汇率控制在目标区内。汇率目标区的方案有助于防止类似于1980—1985年美元的大幅实际升值，有助于消除外汇投机的自我实现和非稳定性投机的可能性。

2. 麦金农的全球货币目标

麦金农认为，货币替代是汇率波动的主要原因。在没有资本管制的情况下，跨国公司和国际投资者会持有由各国货币组成的货币篮子作为投资组合，对货币篮子的需求是稳定的，但货币篮子的构成却会不断变化。这意味着严格控制货币篮子中各国货币的供给并不恰当。他提出："控制货币供给平稳增长的弗里德曼规则应该从单一国家层面上升到经过严格定义的国际层面。"例如，如果货币篮子的构成中美元转变为欧元，两种货币的供给却没有变化，那么美元将贬值，欧元将升值。汇率的变动反过来也会对两地的实体经济产生影响。

3. 托宾的外汇交易税理论

托宾认为，浮动汇率制度下破坏性汇率波动的主要原因是不稳定的短期资本流动。国际资本市场的高度一体化使一国政府难以坚持独立的货币政策。为了减少汇率波动对经济的影响，托宾建议对所有外汇交易征税。"在过度高效的国际货币市场的轮子下撒一些沙子"。对外汇交易征税可以抑制小幅度利率变动导致的投机性资本流动。他认为，小规模征税，如1%，可以有效打击短期资本流动，而不影响长期资本流动。该措施能够加强货币当局执行经济政策的自主权。

托宾认为，必须对所有外汇交易征税而非仅仅针对资本交易，这样才能避免偷税漏税,使外汇交易税发挥作用。他承认这会抑制正常的国际贸易,但是为了减少汇率波动以及加强本国货币自主权,这是值得的。

（二）国际货币体系改革的方案

1. 国际储备方面的改革

1）恢复金本位制

美国哥伦比亚大学教授罗伯特·蒙代尔在1981年提出恢复金本位制。他的金本位制与20世纪初的金本位制有一定的区别,它不再以黄金储备为基础,而是以中央银行发行保证本国货币按固定比率购回黄金的远期合约的意愿为基础,所以被称为“新金本位制”。按此制度,根据对未来的预期,金融市场的力量可以被用来调节一国的货币供应量,同时也可限制投资者的行为。

2）恢复美元本位制

由于美元事实上仍然是国际最主要储备货币、结算货币和计价货币,所以美国经济学家金德尔伯格和麦金农提出恢复美元本位制,可以稳定汇率。

3）使用国际商品储备货币

阿尔伯特·哈特、尼古拉·卡尔多和简·丁伯根等人认为,将储备货币的价值固定在黄金这一商品上,具有内在的不稳定性,所以提出成立一个世界性的中央银行,发行新的国际货币单位,其价值由一个选定的商品篮子来决定,商品篮子由一些基本的国际贸易产品特别是初级产品构成,现有的特别提款权将被融合到新的国际储备制度中,其价值重新由商品篮子决定。世界性的中央银行将用国际货币来购买构成商品篮子的初级产品,以求达到稳定初级产品价格,进而稳定国际商品储备货币的目的。

4）建立国际信用储备货币

特里芬教授在1982年提出,建议各国将持有的国际储备以储备存款形式上交国际货币基金组织保管,国际货币基金组织将成为各国中央银行的清算机构。该储备总量应共同决定,并按世界贸易及生产发展潜力的需要进行调整,贷款由国际社团集体决定。这种集中储备能自由地运用贷款权作长期或短期的投资而不会出现不能清偿的风险。

5）建立多元主权货币共同主导的国际货币体系

在超主权国际储备货币短时间难以建立的情况下,建立一个多元主权货币共同主导的国际货币体系,不失为一个有效措施。建议国际储备货币的发行由若干主权国家共同掌握,可以更好地代表全球主要经济体的利益。多元制衡的国际货币格局顺应了国际经济和贸易格局的调整方向,有利于打破全球经济失衡和全球金融不平衡的僵局。

2. 汇率制度方面

1）建立汇率目标区制

荷兰财政大臣杜森贝里在1976年提出建立欧洲共同体六国货币汇率变动的目标区计划。1985年,美国学者约翰·威廉姆森和伯格斯坦又共同提出了详细的汇率目标区理论和行动计划。1987年,七国集团中的六国财长在巴黎会议上将汇率目标区思想写入会后发表的《罗浮宫协议》。1991年,克鲁格曼在威廉姆森的汇率目标区方案基础上创立了汇率目标区的第一个规范理论模型——克鲁格曼的基本目标区理论及模型，即克鲁格曼汇率目标区理论。

该理论的主要思路是用在世界贸易中最大比重的工业国家的货币来建立一个汇率目标区，在汇率目标区内有一个中心汇率，并在中心汇率上下确定一个波动的范围。当市场汇率波动超过上下限时，有关国家应调整其经济政策，积极干预市场或调整其中心汇率，使汇率的波动不超过这个区域。

根据汇率目标区的内容可将其分为硬目标区和软目标区。硬目标区的特点是汇率波动幅度小，不常修订，目标区的内容对外公开，一般是通过货币政策将汇率维持在目标区内。软目标区的特点是汇率波动幅度大，常修订，目标区的内容不对外公开，不必要求通过货币政策加以维持。

2）浮动汇率制度

美国经济学家弗里德曼等人认为，固定汇率制度缺乏弹性，在调节国际收支时主要依靠运用国际储备，因此，使用固定汇率制的经济体往往需要拥有更多的国际储备来应对国际收支的不平衡。浮动汇率制度可以有效提升调节国际收支的效率，体现出其市场效率。

3）全球货币目标方案

该方案由麦金农在20世纪70年代提出，后予以完善。它以固定汇率为基础，允许汇率在±5%的范围内波动，货币当局按照确定的干预原则对汇率进行干预。

4）加强各国的经济政策协调以稳定汇率

有学者认为，各国之间宏观经济政策的一致性对于避免国际资本的大规模流动，防止汇率的过度波动具有重要意义，也就是各国应该加强相互间经济政策的协调。通过协调宏观经济政策来实现稳定汇率的建议虽然不能从根本上解决当前国际货币体系内在的不稳定性，但对世界经济的稳定的确可以起到一定的积极作用。

3. 国际收支调节方面

1）建立世界性中央银行

美国耶鲁大学教授特里芬最先提出建立"中央银行的中央银行"，有人称"特里芬银行"。方案设想一是创造新的国际储备货币，以改变国家主权货币充当国际储备的传统；二是新的国际货币基金组织应具有创造新国际储备的能力，即具有信用创造的职能。

2）全面改革国际货币基金组织

有学者认为，加强国际收支调节职能的重点是改革国际货币基金组织，如增加发展中国家投票权，对遭受流动性冲击的发展中国家放宽贷款条件。通过国际货币基金组织对贸易顺差国施加调整压力；加强对储备货币发行国和贸易顺差国宏观政策的监督；加强对私人资本跨境流动的监督等。

4. 国际货币基金组织的基金份额改革方面

国际货币基金组织是当前国际货币体系下重要的国际组织，对国际货币体系的正常运行起着协调、资金融通、汇率稳定等作用。因此，对国际货币体系的改革不得不涉及国际货币基金组织的改革。

2010年10月23日，在韩国庆州召开的二十国集团(G20)财长和央行行长会议上，就国际货币基金组织的份额改革达成了历史性协议。2010 年 11 月 5 日，国际货币基金组织执行董事会通过了份额改革方案，中国所持份额从 3.72%升至 6.39%，投票权从 3.65%升至 6.07%，超越德国、法国和英国，仅次于美国和日本，大体相当于中国 GDP 在全球经济中的位置。其他新兴市场国家和发展中国家也从改革方案中受益。根据改革方案，印度从0.309%增加至 2.751%，俄罗斯从 0.212%增加至 2.706%，巴西从 0.533%增加至2.316%。至此，“金砖四国”的份额位居十甲之列，一定程度上改变了国际货币基金组织原有份额的结构，增强了发展中国家在国际货币基金组织的发言权。同时，欧洲国家在国际货币基金组织的执行董事让出两个席位，提升新兴经济体和发展中国家在执行董事会的代表性。

当然，国际货币基金组织份额改革并没有得到所有国家的肯定，依然有许多不足之处，还有待进一步改进。

三、中国参与国际货币体系建设

（一）中国提出关于国际货币体系改革的设想

中国提出的关于国际货币体系改革的设想中，最具代表性的是中国人民银行行长周小川提出的《关于改革国际货币体系的思考》，包括以下几个改革设想。

1. 创造一种与主权国家脱钩，并能保持币值长期稳定的国际储备货币

超主权储备货币不仅克服了主权信用货币的内在风险，也为调节全球流动性提供了可能。由一个全球性机构管理的国际储备货币将使全球流动性的创造和调控成为可能，当一国主权货币不再作为全球贸易的尺度和参照基准时，该国汇率政策对失衡的调节效果会大大增强。这些能极大地降低未来危机发生的风险、增强危机处理的能力。

2. 充分发挥特别提款权的作用

特别提款权(SDR)具有超主权储备货币的特征和潜力，同时它的扩大发行有利于国际货币基金组织克服在经费、话语权和代表权改革方面所面临的困难。因此，应当着力推动 SDR 的分配。这需要各成员国政治上的积极配合，特别是应尽快通过 1997 年第四次章程修订及相应的 SDR 分配决议，以使 1981 年后加入的成员国也能享受到 SDR 的好处。在此基础上，考虑进一步扩大 SDR 的发行。SDR 的使用范围需要拓宽，从而能真正满足各国对储备货币的要求。

(1) 建立 SDR 与其他货币之间的清算关系。改变当前 SDR 只能用于政府或国际组织之间国际结算的现状，使其能成为国际贸易和金融交易公认的支付手段。

(2) 积极推动在国际贸易、大宗商品定价、投资和企业记账中使用 SDR 计价。这不仅有利于加强 SDR 的作用，也能有效减少因使用主权储备货币计价而造成的资产价格波动和相关风险。

(3) 积极推动创立 SDR 计值的资产，增强其吸引力。国际货币基金组织正在研究 SDR 计值的有价证券，如果推行将是一个好的开端。

(4) 进一步完善 SDR 的定值和发行方式。SDR 定值的货币篮子范围应扩大到世界主要经济大国，也可将 GDP 作为权重考虑因素之一。此外，为进一步提升市场对其币值

的信心，SDR的发行也可从人为计算币值向以实际资产支持的方式转变，可以考虑吸收各国现有的储备货币以作为其发行准备。

3. 由国际货币基金组织集中管理成员国的部分储备

(1) 由一个值得信任的国际机构将全球储备资金的一部分集中起来管理，并提供合理的回报率吸引各国参与，将比各国的分散使用、各自为营更能有效地发挥储备资金的作用，对投机和市场恐慌起到更强的威慑与稳定效果。对于参与各国而言，也有利于减少所需的储备，节省资金用于发展和增长。国际货币基金组织成员众多，同时也是全球唯一以维护货币和金融稳定为职责，并能对成员国宏观经济政策实施监督的国际机构，具备相应的专业特长，由其管理成员国储备具有天然的优势。

(2) 国际货币基金组织集中管理成员国储备，也将是推动SDR作为储备货币发挥更大作用的有力手段。国际货币基金组织可考虑按市场化模式形成开放式基金，将成员国以现有储备货币积累的储备集中管理，设定以SDR计值的基金单位，允许各投资者使用现有储备货币自由认购，需要时再赎回所需的储备货币。这样，既推动了SDR计值资产的发展，也部分实现了对现有储备货币全球流动性的调控，甚至可以作为增加SDR发行、逐步替换现有储备货币的基础。

(二) 中国近年来在国际货币体系改革中的具体贡献

(1) 推动国际货币基金组织份额和治理结构的改革，提高有活力的新兴市场和发展中经济体的份额占比。同时，研究扩大特别提款权的使用。从2016年10月1日开始，人民币正式成为特别提款权篮子的货币之一，中国已经同时用美元和SDR发布外汇储备、国际收支和国际投资头寸数据，世界银行也已成功地发行了SDR计价的人民币债券。

(2) 为了应对世界经济面临的风险和挑战，国际货币基金组织需拥有充足资源。2012年6月，在墨西哥洛斯卡沃斯举行的G20第七次峰会，中国宣布支持并决定参与国际货币基金组织增资，数额为430亿美元。印度、俄罗斯、巴西和墨西哥将分别贡献100亿美元左右。另外，土耳其承诺向国际货币基金组织贡献50亿美元，其他一些国家提供的资金金额约为10亿美元。中国代表在会上发表了题为“稳中求进共促发展”的重要讲话，号召二十国集团成员既要巩固应对国际金融危机的成果，保持经济社会稳定和发展，又要稳中求进，探索新思路，采取新举措，解决新问题，推动世界经济强劲、可持续、平衡增长，并提出五点具体主张。

(3) 加强全球金融安全网的建设。全球金融安全网包括各国的外汇储备、双边的货币互换，区域型的货币安排，如清迈倡议多边化机制、增强国际货币基金组织的作用。改善资本流动的监测和应对，更好地提前预防风险、预警风险。

(4) 完善主权债务的重组机制。主要是加强了主权债务的合同条款，并且支持巴黎俱乐部讨论一系列主权债务的问题，以及吸纳更多的新兴债权国参加，平稳地处置今后发生的主权债务问题。

(5) 组织协调国际金融等重大事务。2016年在中国杭州举行的二十国集团领导人峰会上，基于当前形势和各方期待，中国把2016年峰会的主题确定为“构建创新、活力、联动、包容的世界经济”。其中,“包容的世界经济”涉及银行业的现代化、国际货币基金组织改革,以及人民币纳入国际货币基金组织特别提款权等问题。同时,中国还主办了亚太经合组织(APEC)等国际会议,协调国际合作与经济事务。

延伸阅读 2-1

清迈倡议和东亚外汇储备库

1997—2012 年,在东亚经济地区主义全面启动的 15 年时间里,东亚的货币合作特别是在危机救援机制建设上不断向前迈进,并经历了两个明显的阶段:第一个阶段是从高层次的亚洲货币基金(AMF)的失败到低层次的双边货币互换网络的启动,后者集中体现为清迈倡议的发起及其实践;第二个阶段则经历了双边货币互换的多边化过程,主要体现在东亚外汇储备库的建立和扩大上。这两个阶段的货币合作是建立在完全不同的政治基础之上的。

1997 年 9 月,亚洲金融危机爆发不久,日本在国际货币基金组织和亚洲开发银行(ADB)会议上提出了一个非常大胆的建议:由日本、中国、韩国和东盟共同出资 1 000 亿美元,组建一个类似 IMF 的区域性国际金融机构,即亚洲货币基金组织,以对陷入金融危机的东亚国家实施有效的救援,进而防止危机在整个区域范围内的蔓延。

2000 年 5 月,在泰国清迈召开的“10+3”财长会议上,与会各方共同签署了“建立双边货币互换网络”的协议,即著名的清迈倡议(Chiang Mai Initiative, CMI)。根据该倡议,各成员国两两之间互相签署双边外币互换协议,在一国发生流动性短缺或出现严重的国际收支失衡时,可以向另一国申请贷款,以防范金融危机的发生。清迈倡议弥补了 IMF 在救援时效性上的不足以及苛刻的附加条件,同时也给私人投机者传递了东亚官方之间加强货币合作的市场信号。

当日本领导东亚国家在 2000 年发起双边货币互换之后,在 2003 年 10 月召开的“10+3”首脑会议上,中国总理温家宝率先提议,将清迈倡议下的双边货币互换网络整合为多边资金救助机制,这一建议得到与会领导人的积极响应。2006 年 5 月,“10+3”财长会议决定成立由中国和泰国牵头的清迈倡议多边化(CMIM)工作组,对这一方案展开具体研究。这标志着中国以一种更加积极的方式参与到区域货币秩序建设的进程中来,由日本单一主导东亚货币合作的格局开始发生变化。一个姗姗来迟的区域外汇储备库的雏形终于出现。

2009 年 2 月,“10+3”特别财长会议提出,根据形势需要,将筹建中的区域外汇储备库规模从原定的 800 亿美元扩大至 1 200 亿美元。3 个月后,各国就储备库出资份额分配、出资结构、贷款额度、决策机制等主要内容达成一致。2010 年 3 月 24 日,东亚外汇储备库正式生效,一个区域性的危机救援机制正式建立起来。

为了更有效地发挥东亚外汇储备库的作用,在中日联合的政治领导下,从成立伊始,“10+3”机制就从三个方面加强对东亚外汇储备库的制度改革和能力提升,从而使其制度建设取得了不小成就。

首先，东亚外汇储备库的资金规模不断提高。东亚外汇储备库起始规模被定为800亿美元，后来在正式成立时扩大至1 200亿美元。2012年5月召开的第十五届“10+3”财长和央行行长会议决定，将东亚外汇储备库的资金规模再扩大1倍至2 400亿美元，各国将按照原比例相应提高出资额。在短短几年时间里，东亚外汇储备库的资金规模得到两次提高，与原来的双边货币互换网络相比，资金规模已经不能同日而语。中日作为两个最大的出资方，显然是推动这一进程的核心力量。

其次，2012年的会议还决定建立相应的危机预防机制，特别是借鉴IMF，引入了0.15%的危机防范机制承诺费用。在IMF危机防范机制下，一国在没有发生危机但面临短期流动性压力时，为了增强金融市场信心，可以向IMF申请贷款，IMF根据情况作出贷款承诺后，就可以向外界发出积极信号，游资面对IMF的贷款承诺很可能会放弃攻击。在市场情况转好后IMF再解除这一承诺，而该国只需支付一定比例的承诺费。现在，东亚外汇储备库也将引入这一危机预防机制，从而可以大幅减少执行真实借贷所需要付出的成本。

再次，东亚外汇储备库不断加强其相对于IMF的独立性。由于东亚尚未建立起完备的区域经济监测机构，储备库的援助条件不得不与IMF的援助条件挂钩。双边互换中的资金只有10%可以自主动用，其余90%的资金要与IMF的条件相联系。东亚外汇储备库成立之初，与IMF的援助条件挂钩的资金比例降至80%。2012年5月的“10+3”财长和央行行长会议将这一比例进一步降至70%，东亚外汇储备库可以自主动用的资金规模达到720亿美元。2014年将根据情况进一步降至60%。这意味着“10+3”成员在获得区域援助时，不受IMF贷款条件限制的部分将显著增加，东亚外汇储备库作为一个独立的区域救援机制的特征更加突出。

最后，区域经济监测机制开始着手建立。东亚外汇储备库如果要逐渐摆脱与IMF援助条件的联系，就必须在该地区建立独立的区域经济监测机制，以发展出一套符合东亚特点的救援规则。区域经济监测机制需要适时关注成员国特别是潜在借款国的经济状况，预测其未来经济走势，以帮助债权方分析和评估经济形势。IMF之所以反对东亚地区建立单独的货币基金组织，主要理由就是该地区缺乏区域经济监测机制，从而有可能使危机国因为能相对容易地获取资金而拖延国内改革。而日本之所以在一定程度上支持清迈倡议下的援助资金与IMF挂钩，也是因为IMF具有一套成熟和完善的宏观经济监测体系。

总之，从2008—2012年，在中国和日本的共同领导下，东亚外汇储备库的建设在短短几年时间里取得了相当大的进展。但是，它是一个自我管理的区域外汇储备机制，平时由各国政府独立管理，只是在危机爆发后才统一使用，因而这是一种约束程度较弱的制度安排。而外汇储备库与IMF挂钩的相关规定，也限制了其功能的发挥，不利于东亚外汇储备库的独立自主运行。不仅如此，“10+3”宏观经济研究办公室目前的规模远远承担不了全面监测充满多样性的东亚经济体的职责。

资料来源：摘自《当代亚太》2012年第6期，《东亚货币秩序的政治基础——从单一主导到共同领导》，作者李巍。

延伸阅读 2-2

G20 领导人峰会相关知识

二十国集团(Group 20, G20),是 1999 年 9 月 25 日由八国集团的财长在华盛顿提出的,于 1999 年 12 月 16 日在德国柏林成立,目的是防止类似亚洲金融风暴的金融危机重演,让有关国家就国际经济、货币政策举行非正式对话,以利于国际金融和货币体系的稳定。二十国集团从 2008 年起召开领导人峰会。随着二十国集团的架构日渐成熟,并且为了反映新兴工业国家的重要性,二十国集团成员国的领导人于 2009 年宣布该组织取代八国集团成为全球经济合作的主要论坛。

G20 领导人峰会是一个国际经济合作论坛,属于布雷顿森林体系框架内非正式对话的一种机制,由原八国集团以及其余 12 个重要经济体组成。G20 领导人峰会旨在推动已工业化的发达国家和新兴市场国家之间就实质性问题进行开放及有建设性的讨论和研究,以寻求合作并促进国际金融稳定和经济的持续增长。按照以往惯例,国际货币基金组织与世界银行列席该组织的会议。

二十国集团由美国、英国、日本、法国、德国、加拿大、意大利、俄罗斯、澳大利亚、中国、巴西、阿根廷、墨西哥、韩国、印度尼西亚、印度、沙特阿拉伯、南非、土耳其共 19 个国家以及欧盟组成。这些国家的国民生产总值约占全世界的 90%,人口则将近世界总人口的 2/3,贸易占世界的 80%(包括欧盟内部贸易)。

二十国集团以非正式的部长级会议形式运行,不设常设秘书处,主席采取轮换制。该集团的财长和央行行长会议每年举行一次。每年的部长级例会一般与七国集团财长会议相衔接,通常在每年的年末举行。会议由主席国及一些国际机构和外部专家提供秘书服务和支持,并可根据需要成立工作小组,就一些重大问题进行评审和提出对策建议。

为了确保二十国集团与布雷顿森林机构的紧密联系,国际货币基金组织总裁、世界银行行长以及国际货币金融委员会和发展委员会主席作为特邀代表也参与该论坛的活动。

中国是二十国集团的创始成员,并于 2005 年作为主席国成功地举办了第七届二十国集团财长和央行行长会议。

2016 年 9 月 4~5 日在浙江省杭州市举行 G20 领导人第十一次峰会,峰会的主题确定为"构建创新、活力、联动、包容的世界经济"。对应的英文分别是:Innovative, Invigorated, Interconnected, Inclusive。这是为了延续土耳其安塔利亚峰会"3 个 I"的主题,中国因此提出"4 个 I",即:一是创新增长方式,重在推进改革创新,开辟和抓住新机遇,提升世界经济增长潜力。二是完善全球经济金融治理,增强新兴市场国家和发展中国家的代表性和发言权,提高世界经济抗风险能力。三是促进国际贸易和投资,发挥其对增长的推动作用,构建开放型世界经济。四是推动包容、联动式发展,力求落实 2030 年可持续发展议程,消除贫困,实现共同发展。

IMF 中 G20 国家特别提款权表决权如表 2-3 所示。

表 2-3　IMF 中 G20 国家特别提款权表决权

国家	特别提款权(亿美元)	表决权	国家	特别提款权(亿美元)	表决权
美国	371.493	17.09%	日本	133.128	6.12%
德国	130.082	5.98%	英国	107.385	4.94%
法国	107.385	4.94%	中国	80.901	3.72%
意大利	70.555	3.24%	沙特阿拉伯	69.855	3.21%
加拿大	63.692	2.93%	俄罗斯	59.454	2.73%
印度	41.582	1.91%	澳大利亚	32.364	1.49%
墨西哥	31.528	1.45%	巴西	30.361	1.40%
韩国	29.273	1.35%	阿根廷	21.171	0.97%
印度尼西亚	20.793	0.96%	南非	18.685	0.86%
土耳其	11.913	0.55%	欧元区	不详	不详

资料来源:根据百度文库相关资料整理所得。

课后练习

1. 什么是国际货币体系？它的分类及主要内容是什么？

2. 一个稳定的国际货币体系应具备哪些条件？

3. 国际金本位制的主要内容是什么？

4. 简述布雷顿森林体系的内容和特点。

5. 为什么说布雷顿森林体系就其实质而言是一种以美元为中心的国际金汇兑本位制？

6. 简述牙买加体系的特点，分析该体系的缺陷。

7. 当前国际货币体系存在的最大问题是什么，应如何改革？

8. 收集欧洲货币体系的内容，简述其特点和发展趋势。

9. 简述欧元对世界经济的影响。

10. 简述中国当前在国际货币体系中的主要贡献。

第三章 国际收支

随着各国经济的发展，越来越多的国家融入经济全球化、金融自由化的发展大潮中。于是，国与国之间的经济交往和联系也越来越密切。在广泛的国际经济交流中必然涉及国际收支问题。国际收支是衡量一国对外经济开放的主要工具，它反映了一国与其他国家的商品、服务、资本和劳动力等生产要素的国际流动过程。国际收支平衡表则是按照国际公认标准格式系统记录一国对外交往的全部经济内容。国际收支是研究国际金融的起点和基础。

案例导入

中国对美国国际收支贸易顺差被严重夸大

方法不同，统计结果可能差别很大。复杂的国际贸易统计，目前就面临这种“方法论”问题。

一个时期来，美国以中国的“巨额”贸易顺差为由向中国施压，但问题是，现行统计方法是否体现贸易的全貌？中美贸易的实际状况究竟怎样？这些都值得深入探究、具体分析。

有专家测算，如果改变现行贸易统计中的原产地规则，中国对美国贸易顺差将下降至少40%。法国《费加罗报》的一篇文章说，世界贸易组织认为，中国对美国的贸易顺差被高估一半。用世界贸易组织总干事拉米的话说，重要的不是贸易的不平衡，而是要看价值中的增加部分。

现行原产地统计方式源于20世纪40年代，目前已无法反映生产国际化形势下的各国外贸真实情况，特别是对于加工贸易和转口贸易的统计，往往存在较大误差。这是中国对美国贸易顺差被严重夸大、中美贸易平衡状况被扭曲的实质所在。

加工贸易方面统计的不合理，是造成中美贸易数字表面失衡的主要原因。中国出口产品的本地生产附加值极低，主要原材料和零部件来自进口，但美国在进口该产品时将其全部计在中国名下。最有名的例子是芭比娃娃：在美国的零售价为9.99美元，从中国的进口价为2美元。在这2美元中，中国只获得35美分的劳务费，其余65美分用于进口原材料，1美元是运输和管理费用。按原产地统计，将这2美元全部计为中国对美国的出口，显然是不合理的。

跨国公司的全球化生产使国际贸易日益无国界，使实际顺差、逆差的真相被扭曲，这是中国贸易顺差形成的另一个重要原因。2009年，在华外商投资企业出口额占中国出口总额的56%，在华外资企业贸易顺差占中国贸易顺差的65%。这就说明了很多问题。

此外，外商投资企业在中国生产的产品直接进入中国市场，减少了中国从境外进口的规模，形成进口替代。这客观上减少了中国的进口，使贸易顺差数字上升。以液晶显示板为例，2009年，一些跨国公司加快在中国第8代液晶显示板的生产布局。据统计，当年中国液晶显示板进口下降20.7%，该项商品下的贸易逆差净减少59.5亿美元。

因此，在使用原产地统计规则的同时，必须充分认识它的局限性。要透过表面数字，看到各方在贸易中获得的实际利益。同时，推动改进和完善贸易统计方法，使统计数字符合客观实际，有利于世界各国的互利合作和世界经济贸易的健康发展。当然，对中国而言，改变目前状况的根本办法是加快转变经济发展方式，促进产业转型升级，不再仅当“世界加工厂”。

资料来源：http://www.sina.com.cn，2010年12月24日转自新华网。

第一节 国际收支与国际收支平衡表

一、国际收支的概念和特点

国际收支(International Balance of Payments)是指以统计报表的方式,系统记录一定时期内(通常是1年)一经济体与世界其他经济体的各项经济交易。它包括货物、服务、初次收入、二次收入以及对世界其他经济体的金融债权与债务交易和平衡项目等(IMF,2008)。

全面准确掌握国际收支的概念,需要把握以下四个方面的特征:

第一,国际收支所反映的内容是经济交易,并以货币的形式记录。所谓交易,是指经济价值从一个单位向另一个单位转移。这意味着包含如下五类经济交易:金融资产与商品、劳务间的交换,即商品和劳务的买卖;商品之间以及商品和劳务间的交换,即易货贸易;金融资产相互间的交换;单方面商品和劳务转移;以及单方面金融资产转移。这些交易最终都必须以货币形式表现出来,而不是以实物形式反映。

第二,国际收支反映的是一定时期的流量。所谓一定时期,指的是各类交易在某一段时期内发生。这一段时期可以是1年,也可以是1个月或1个季度等,具体情况可根据分析的需要和可能的资料来源来确定。各国对"一定时期"的理解通常为1年。

第三,国际收支反映的是本国居民与非居民间的经济交易。居民与非居民的划分是以居住地为标准。在国际收支统计中,居民是指一个国家的经济领土内具有经济利益的经济单位和自然人。判断一项经济交易是否应包括在国际收支范围内,所依据的不是交易双方的国籍,而是依据交易的双方是否分属居民与非居民的范畴。

凡在一国居住(个人、家庭)或注册(企业)或逗留(其他)达1年或1年以上者,无论其国籍如何,我们都称其为居住、逗留、注册所在国的居民,是原先派出国(地)的非居民。但有两点例外:其一,官方外交使节、驻外军事人员永远是派出国的居民、所在国的非居民;其二,国际组织,如联合国、世界贸易组织、国际货币基金组织、世界银行等,是任何国家的非居民。

需引起注意的是,公民与居民并不是一回事。公民是一个法律的概念,是指具有某国国籍并根据该国法律规定享有权利和承担义务的人。而居民则以居住地为标准,包括个人、家庭、企业和政府机构。

第四,国际收支是一个事后概念。概念定义中"一定时期"一般是指过去的会计年度,即国际收支是对已经发生的经济交易事实的记录。

二、国际收支平衡表

(一) 国际收支平衡表的格式

国际收支平衡表(International Balance of Payment Sheet)是将一国(或地区)某一时

期(如 1 个季度、半年或 1 年)的所有国际经济交易,利用复式记账原理,有系统地予以记录、分类和整理的表式。

国际收支平衡表的内容甚为广泛,各国根据各自不同的需要,编列了不同的项目。有鉴于此,国际货币基金组织对国际收支平衡表的主要项目进行了归类,这就是通常意义上所说的标准格式。国际上大部分国家采用《国际收支手册》(第六版)(BPM Ⅵ, 2008)的格式。

《国际收支手册》(第六版)将国际收支的标准格式分为如下三大类:经常账户、资本和金融账户、净误差与遗漏项目。

表 3-1 列示的是一般意义上的国际收支平衡表格式。

表 3-1 国际收支平衡表简表(BPM Ⅵ, 2008)

项目	贷方(credit)	借方(debit)
一、经常账户(Current Account)		
1. 货物(goods)		
货物出口(exports F. O. B.离岸价)		
货物进口(imports F. O. B.离岸价)		
2. 服务(services,12 类,此处列出 3 类)		
运费(transpor)		
维修(maintenance and repair)		
旅游(travel)		
3. 初次收入(primary income)		
雇员报酬(compensation of employees)		
投资收入(investment income)		
4. 二次收入(secondary income)		
二、资本与金融账户(Capital and Financial Account)		
1. 资本账户(Capital Account)		
2. 金融账户(Financial Account)		
直接投资(direct investment)		
证券投资(portfolio investment)		
金融衍生工具和雇员认股权(financial derivatives and employee stock options)		
其他投资(other investment)		
储备资产(reserve assets)		
• 外汇储备(foreign currency reserve)		
• 黄金储备(monetary gold)		
• 特别提款权(SDR)		
• 储备头寸(reserve position in IMF)		
• 其他资产(other assets)		
三、净错误与遗漏(NET Errors and Omissions)		

(二)国际收支平衡表内容

通过表 3-1 可知,IMF《国际收支手册》(第六版)的国际收支平衡表由三大标准账户或称作账户组成:经常账户、资本与金融账户、净错误与遗漏。具体介绍如下。

1. 经常账户

经常账户(Current Account,CA)是指本国与外国进行经济交易而经常发生的项目,表明一个国家有关商品与劳务等国际贸易的状况,是一种计量国家间国际贸易余额的手段。该账户记录了一国与他国之间真实资源的转移情况,它在一国的国际收支中处于最基本、最重要的地位,往往会影响和制约国际收支的其他项目。具体而言,该账户包括货物、服务、初次收入以及二级收入4个二级子账户。

1) 货物

货物(goods),也称为有形贸易(visible trade)。根据国际收支的一般原则,所有权的变更是决定国际货物交易的范围和记录时间的原则,进出口价格都以离岸价(FOB)计价。货物具体有以下五种类型:

(1) 一般商品,包括居民向非居民出口或从非居民那里进口的大多数可转移货物,除个别情况外,可移动货物的所有权(实际的或推算的)都已发生了变更。

(2) 用于加工的货物,包括跨越边境运到国外加工的货物的出口(或者是编表经济体的进口)以及随之而来的再进口(或者是编表经济体的出口)。[①]

(3) 货物修理,包括向非居民提供或从非居民那里得到的船舶和飞机上的货物修理活动。

(4) 各种运输工具在港口采购的货物,包括居民/非居民从岸上(在编表经济体内)采购的所有货物(如燃料、给养、储备和物资)。

(5) 非货币黄金,包括不作为货币当局储备资产(货币黄金)的所有黄金的进出口。非货币黄金等同于其他商品,如果可能,可细分为作为贮藏手段的黄金和其他用途(工业用途)的黄金。

2) 服务

服务(services)也称无形贸易(invisible trade)。它包括如下小类:运输、旅游、通信服务、建筑服务、保险费、金融服务、计算机和信息服务、专有权利使用费和特许费、其他商业服务、个人文化和娱乐服务、别处未提及的政府服务等。

3) 初次收入

初次收入(primary income)也称收入。它是指生产要素(包括劳动力和资本)在国家间流动所引起的报酬收支,包括雇员报酬和投资收入两项。

(1) 职工报酬,即支付给非居民职工的报酬,包括个人在非居民经济体为该经济体居民工作中得到的现金或实物形式的工资、薪水和福利。这里的非居民职工包括季节性工作的工人和其他工作不到1年的短期工人。在大使馆、领事馆或国际组织机构工作的当地职工所得报酬也被视为这些机构驻地所在国的非居民向居民支付的职工报酬。

(2) 投资收入,指居民与非居民之间有关金融资产与负债的收入和支出,包括有关直接投资、证券投资、其他投资以及储备资产收益。

---

① 新的BPM 6版这里有变化,转口贸易由服务贸易转入货物贸易,来料加工视同不跨境的劳务输出被划入服务贸易。

4）二次收入

二次收入（secondary income）包括所有非资本转移（资本转移列在资本与金融项目中）项目的转移，是商品、劳务或金融资产在居民与非居民之间转移后，并未得到补偿与回报，因而也被称为无偿转移（unrequited transfer）或单方面转移（unilateral transfer）。这类转移主要包括：

（1）政府的无偿转移，如战争赔款，政府间的经援、军援和军赠，政府向国际组织定期缴纳的费用，以及国际组织作为一项政策向各国政府定期提供的转移。

（2）金融公司、非金融公司、家庭以及非营利机构部门（NPISHs）提供的转移。

（3）私人的无偿转移，如侨汇、捐赠、继承、赡养费、资助性汇款、退休金等。

2. 资本与金融账户

资本与金融账户（Capital and Financial Account，KA）记录资本转移和非生产、非金融资产交易以及其他所有引起一个经济体对外资产和负债发生变化的项目，由资本账户和金融账户两部分组成。一般而言，资本账户差额较小，资本金融账户净额一般都是金融账户差额，其大小与一国金融市场开放度、国际市场利率、预期汇率变动等因素密切相关。开放经济下，一国对资本与金融项目的管理，既要合理利用外资又要监控、规避大规模游资的无序冲击。

1）资本账户

资本账户（Capital Account）反映资产在居民和非居民间的转移，主要包括资本转移和非生产、非金融资产的收买或放弃。

（1）资本转移既可以用实物形式，也可以用现金形式。采用实物形式的资本转移包括固定资产所有权发生了变更，但没有得到任何回报，或根据债权人和债务人双方的协定全部或部分减免债务人的财务负债，但不从债务减免中得到任何回报。采用现金形式的资本转移大多表现为投资捐赠的形式，即交易一方向非居民提供购置某项固定资产的全部或部分资金。投资捐赠（investment grants）和债务注销（debt cancellation）是资本转移的两种常见形式。

（2）非生产、非金融资产的收买或放弃。非生产资产的交易是指货物和服务的生产所需要的、但本身并不是被生产创造出来的有形资产（如土地和地下资产）的交易。非金融资产的交易是指无形资产（如专利、版权、商标、经销权以及租赁或其他可转让合同等）的买卖。需要注意的是，这里无形资产的使用（非买卖）所引起的收支，如专利使用费等，应计入经常项目的“收益”中。

2）金融账户[①]

金融账户（Financial Account）反映居民与非居民间投资与借贷的增减变化。它包括直接投资、证券投资、其他投资和储备资产，分别记载资产和负债的发生额。

（1）直接投资。直接投资（direct investment）的主要特征是，投资者对另一经济体的

① 《中国国际收支平衡表》（BPM Ⅵ）中，金融项目被划分为两部分。第一部分为非储备性质的金融项目，包括子项目：直接投资、证券投资、金融衍生工具、其他投资；第二部分为储备资产，包括子项目：货币黄金、特别提款权、在国际货币基金组织的储备头寸、外汇储备、其他储备资产。

企业拥有永久利益。这一永久利益意味着直接投资者和企业之间存在着长期的关系，并且投资者对企业经营管理施加着相当大的影响。直接投资可以采取在国外直接建立分支企业的形式，也可以采取购买国外企业一定比例以上股票的形式。在后一种情况下，《国际收支手册》中规定这一比例最低为10%。

(2) 证券投资。证券投资(portfolio investment)又称间接投资，主要投资对象是股票和债券。对于债券而言，可以进一步细分为期限在1年以上的中长期债券、货币市场工具和其他衍生金融工具。

(3) 其他投资。其他投资(other investment)主要包括长短期贸易信贷、贷款(包括直接放款而产生的各种金融资产、利用国际货币基金组织的信贷和贷款、金融租赁、回购协议)、货币(包括流通中的用于支付手段的纸币和硬币)和存款(包括可转让存款和其他各项存款)、应收应付款。

(4) 储备资产。储备资产(reserve assets)也称官方储备或国际储备，是一国货币当局为了平衡国际收支逆差，进行市场干预以影响汇率或其他目的而拥有、控制并被国际社会普遍接受的流动资产。它包括货币黄金、特别提款权、在国际货币基金组织的储备头寸、外汇资产(货币、存款和有价证券)以及对非居民拥有的其他债权。一国国际收支经常项目差额(顺差或逆差)，资本与金融项目差额(顺差或逆差)最终都会反映在该国的储备资产项目上。但数据记录上相反，负号表示储备资产的增加，正号表示储备资产减少①。

3. 净错误与遗漏

净错误与遗漏(errors and omissions account, E&O)，也称净误差与遗漏项。根据复式记账的原则，国际收支平衡表所有项目的借方(debit)总额与贷方(credit)总额应该相等。但实际上，由于编制国际收支平衡表的资料来源渠道不一、记录时间不同、虚报进出口、非法资金流动等人为因素都会造成结账时出现净的借方余额或贷方余额。因此，基于会计上的需要，人为地设立这个抵销统计偏差的项目，从而使借贷双方最终达到平衡。错误与遗漏项目的存在可以保证国际收支平衡表在形式上满足借贷平衡。实践中，国际上一般认为该项目余额(有正负，取绝对值)占一国同期进出口总额的5%以下是合理的；如果超出，说明很可能有明显的“热钱”流出或流入。

(三) 国际收支平衡表的记账原理和方法

1. 记账原理

国际收支平衡表采用国际上通行的复式记账法来记录各项经济交易。每笔交易分别在借贷双方同时登录，并遵循“有借必有贷，借贷必相等”的原则。凡是资产(资源)持有量增加(即资金的运用)或负债减少记借方(debit，称为负号项目，用“－”记录)；凡是资产持有量减少(即资金的来源)或负债增加记贷方(credit，称为正号项目，用“＋”记录)。

在实际工作中，对于这一记账惯例，为了方便记忆有如下两个经验法则：

(1) 凡是引起本国从国外获得外汇收入的交易记入贷方，凡是引起本国向国外支出外汇的交易记入借方。

① 实际上，官方储备资产数据记录的“反常规”，也是为了平衡或抵销国际收支CA项目、KA项目差额。

（2）凡是引起外汇供给的经济交易都记入贷方，凡是引起外汇需求的经济交易则记入借方。

以此为标准，一切商品及服务出口、资本流入、获取的外援及侨民汇款均应记入贷方，而一切商品及服务的进口、资本的流出、对外捐赠等则应记入借方。

具体来说，下列交易活动在国际收支平衡表中可记入借方：①从外国获得商品与劳务；②向外国私人或政府提供捐赠或援助；③从外国获得长期资产（长期外国负债的减少）；④国内私人获得短期外国资产（外国私人短期负债的减少）；⑤国内官方货币当局获得短期外国资产（外国官方货币当局短期负债减少）。

凡属下列情况均应记入贷方：①向外国提供商品与劳务；②接受外国人的捐赠予援助；③放弃长期外国资产（引起长期外国负债增加）；④国内私人放弃短期外国资产（引起对外国私人的国内短期负债增加）；⑤国内官方货币当局放弃短期外国资产（引起对外国官方货币当局的国内短期负债增加）。

对于储备资产项目，如果储备资产增加，即一国对外金融资产增加，应记入借方，属于负号项目，发生额前有"－"；如果储备资产减少，即一国对外金融资产减少，应记入贷方，属于正号项目，发生额前有"＋"，符号变化与储备资产实际增减变动刚好相反。

以上规则可以参见表 3-2。

表 3-2　国际收支的借贷结构

贷方（资金来源）	借方（资金运用）
商品出口 技术转让 劳务输出 本国居民投资收益获取 获得转移收入	商品进口 技术引进 劳务输入 本国居民投资收益支付付出转移支出
资本内流： 外国在本国资产增加 （本国对外国负债增加） 本国在外国资产减少 （外国对本国负债减少）	资本外流： 外国在本国资产减少 （本国对外国负债减少） 本国在外国资产增加 （外国对本国负债增加）
官方储备减少	官方储备增加

2. 记账方法案例

根据上述原则，让我们试以美国为例，对下列几笔国际交易作会计分录，并相应地登记在美国国际收支平衡表中（以下分录金额单位为美元）。

（1）一家美国计算机公司将价值 100 万美元的计算机出口给英国商人 A，并开具一张以英国商人 A 为付款人的见票后 30 天付款的汇票，要求英国商人见票后 30 天将款项付入美洲银行伦敦分行该美国计算机公司账户。

分析：商品出口应记入贷方项目。由于见票后 30 天，英国商人将款项汇入美商开在美洲银行伦敦分行的账户内，这将使美国对外短期债权增加，资产的增加应记借方。于是，分录应为：

借：短期资本　　1 000 000
　贷：商品出口　　1 000 000

(2) 美国企业动用其在国外银行的存款，进口设备 200 万美元。

分析：商品进口应记入借方项目。动用在国外银行的存款意味着在外资产的减少，应记入贷方。于是，分录应为：

借：商品进口　　2 000 000
　贷：短期资本　　2 000 000

(3) 驻在华盛顿的世界银行总部决定向印度提供 720 万美元贷款，用于支持印度基础设施项目的建设。

分析：国际金融组织不属任何国家的居民，故其收支不应记录在美国国际收支平衡表上。

(4) 美国石油进口商租用希腊经营的油轮，支付 40 万美元，用支票支取在瑞士银行的存款结余支付。

分析：租用希腊经营的油轮意味着从希腊获得劳务，劳务的输入应记入借方。用支票支取在瑞士银行的存款结余意味着国外短期资产的减少，应记入贷方。于是，分录应为：

借：劳务输入——运输支出　　400 000
　贷：短期资本　　400 000

(5) 美国政府向日本震区提供价值 10 万美元的救灾物资。

分析：美国政府向日本提供援助属于单方面转移性质，作为对外捐赠应记入借方。由于这些援助是以物资的形式出现的，视为商品出口，应列入贷方。于是，分录应为：

借：单方面转移　　100 000
　贷：商品出口　　100 000

(6) 美国人持有德国证券所得的利息与红利共 10 万美元，所得的支票可领取纽约银行中德国银行账户上的美元结余。

分析：对外投资收益属于一国经常项目的“投资收益”一栏。既然投资有收益，则应反映在贷方。领取纽约银行中德国银行账户上的美元结余意味着对外负债的减少，应记录在借方。于是，分录应为：

借：对外私人短期负债　　100 000
　贷：投资收入　　100 000

(7) 英国政府为了增加美元外汇储备，在纽约资本市场上出售为期 20 年的 15 万美元的公债。

分析：美国购买英国公债获得了外国长期资产，属于长期资本增加，应记入借方。同时英国政府由于出售公债而持有15万美元储备资产。这对美国来说是官方短期资本的负债增加，应记入贷方。于是，分录应为：

借：长期资本　　150 000
　贷：官方短期资本　　150 000

(8) 一个日本旅游团到美国旅游，到达美国机场后，在机场银行用日元兑换了10万美元，当该团离开美国时兑换的10万美元全部花完。

分析：美国向日本旅游团提供了价值10万美元的劳务。很明显，美国人向外国游客提供劳务应列为贷方。同时美国银行中日元的增加是美国持有的外币资产的增加，应记入借方。于是，分录应为：

借：短期资本　　100 000
　贷：劳务收入——旅游　　100 000

将以上交易汇总记录在美国国际收支平衡表中(见表3-3)。

表3-3　美国国际收支平衡表(假设)　　单位：万美元

项　目	借方(－)	贷方(＋)	差额
贸易收支 a			－90
出口 进口	200(2)	100(1) 10(5)	
服务 b			－20
收入 支出	40(4)	10(6) 10(8)	
二次收入 c	10(5)		－10
1. 经常账户 a+b+c			－120
金融账户(资本)短期 d	100(1) 10(6) 10(8)	200(2) 40(4)	120
金融账户(资本)长期 e	15(7)		－15
2. 资本与金融项目 d+e			105
3. 官方储备		15(2)	15
4. 错误与遗漏	—	—	—
总计(1+2+3+4)	385	385	0

说明：表格中数字上标(1)～(8)表示该数据由上述案例(1)～(8)而来。

(四)《国际收支平衡表》(第六版)的特点

2008年12月，IMF公布了最新版的《国际收支和国际投资头寸手册》(第六版)(BPM

Ⅵ,2008)①,它扩展充实了第五版的相关内容,对货物与服务贸易收支部分子项目进行了调整,更加突出了对国际投资和国际金融交易的记录,如在金融项目中加入了金融衍生品(官方储备除外)和员工股票期权子项目等。这会对包括中国在内的世界各国编制新版的国际收支平衡表,并按照新版修订国际贸易和投资统计数据产生重要影响。2015 年,中国国家外汇管理局(SAFE)已经开始按照新的 BPM Ⅵ要求编制中国国际收支平衡表。2017 年 9 月份发布了最新的按照 BPMⅥ编制的 2013—2016 年度中国国际收支平衡表。

《国际收支和国际投资头寸手册》(第六版)具有如下特点:

(1) 考虑全球化带来的经济形势变化以及金融和技术创新,提高数据的国际可比性。

(2) 加强国际账户统计和其他宏观经济统计间的内在联系。

(3) 强调国际投资头寸统计的重要性。

(4) 针对如经济所有权作了详细说明,并讨论了有关货币同盟等议题。

(5) 吸收了 1993 年以来编制其他指引和手册的有关内容。

关于第六版国际收支平衡表格式与内容,我们会在本章第五节以中国国际收支平衡表(第六版)给出具体编表案例。

(五) 国际收支平衡表的分析

国际收支平衡表系统地记录了一个国家或地区在一定时期内的全部对外经济交易,因此,通过对一国国际收支平衡表的分析,能够了解该国的国际收支状况,外汇资金的来源和运用,并在此基础上了解该国经济结构特点和在全球经济贸易中所处的地位,可对该国货币汇率走势进行预测,也可作为该国制定相关政策的依据。对一国国际收支平衡表和国际收支状况的分析一般采用差额分析法。

国际收支平衡表最终的总差额必为零,但一般来说,其中某个项目会出现借方或者贷方差额。差额分析就是对这些具体差额的方向和规模进行分析,以了解一国的国际收支状况和存在的问题。

国际收支账户差额分为三种情况:

(1) 借方余额等于贷方余额,即此账户国际收支平衡或均衡(equilibrium)。

(2) 借方余额小于贷方余额,即此账户出现盈余或顺差(surplus)。

(3) 借方余额大于贷方余额,即此账户出现赤字或逆差(deficit)。

后两种情况理论上称为国际收支的失衡。

国际收支差额通常有如下四种分类。

1. 贸易收支差额

贸易收支差额即货物进出口差额。如果出口大于进口则为贸易顺差;反之,为贸易逆差。贸易收支差额虽然只是国际收支经常项目差额的一部分,但却具有特殊的重要性。第一,对于一些国家,特别是发展中国家,贸易收支占整个国际收支的比重较大;第二,贸

① 《国际收支和国际投资头寸手册》(第六版)下载网址:http://www.imf.org/external/pubs/ft/bop/2007/bopman6.htm。

易收支的统计数据主要来源于海关，易收集且比较可靠；第三，贸易收支差额可综合反映一国在国际产业结构中所处地位和出口竞争力；第四，贸易收支状况是一国实体经济状况的反映，是一国对外经济关系的基础。

2. 经常账户收支差额

经常账户包含了货物贸易收支、服务贸易以及初次收入和二次收入的转移支付，其差额综合反映出一国实际资源的净流出净流入状况，从更广泛的意义上体现一国的经济实力与地位。经常账户差额变动代表着实际资源的国际流动，因此，经常账户是国际收支中的关键账户，其差额平衡与否对于一国国际收支的平衡起着决定性作用。

3. 资本与金融账户差额

大多数国家的资本账户差额较小，资本与金融账户差额主要表现为金融账户差额，即金融账户下直接投资、证券投资、其他投资和储备资产交易的差额，它记录了本国与世界其他国家或地区间投资净额或贷款/借款净额。

(1) 资本与金融账户差额反映了一国为其经常账户融资的能力。经常账户中实际资源的流动和资本与金融账户中资产所有权的流动是同一枚硬币的两面。如果不考虑错误与遗漏，经常账户差额必然正好对应资本与金融账户差额，其大小相等，方向相反。如果经常账户出现逆差，必然对应资本与金融账户同等规模的顺差，这意味着一国利用外部资金净流入为其经常账户逆差融资；否则，很可能会引爆该国经常账户逆差的国际收支危机。但是，随着全球经济金融化程度的加深，资本与金融账户已经不再单纯依附于为经常账户融资的角色，它越来越具有自己独立的运行规律，其资金流量也远超世界贸易规模。

(2) 资本与金融账户差额反映出一国资本市场的开放程度和金融市场的发达程度。资本市场越开放，金融市场越发达的国家，其资本与金融账户的流量总额就越高，也容易出现资本与金融账户的顺差，但资本与金融账户差额的波动性较高。比如，美国国际收支经常账户连年持续出现较大规模逆差，但因为美国拥有全世界广度和深度最好的金融市场，吸引了世界大量投资，美国资本与金融账户常年持续出现顺差，可以基本覆盖美国的贸易逆差，以至于到目前为止都没有发生曾引起美国各界广泛担忧的国际收支危机。

4. 综合账户差额

综合账户差额又称为国际收支总差额(overall balance)，在不考虑错误遗漏项下，综合账户差额就是将国际收支账户中的储备资产剔除后的余额，即：

综合账户差额＝经常账户差额＋资本与金融账户差额－储备资产变动额

综合账户差额反映了一个国家在长、短期资本流动情况下国际收支的综合平衡情况，也反映国际储备的情况。综合账户差额为正数，意味着国际收支整体上处于顺差态势，于是储备资产增加(负数表示增加)；综合账户差额为负数，意味着国际收支整体上处于逆差态势，于是储备资产减少(正数表示减少)，即综合账户差额变动必然导致储备资产的反向变动。

在分析国际收支平衡表时，首先要分析国际收支总差额及官方储备变动状况，国际收支究竟是顺差还是逆差，顺差、逆差的大小情况；其次应分析各项局部差额，了解各项局部差额对国际收支总差额的贡献度；再次应逐项分析各项目，以便掌握各项子账户对各局部账户的影响;最后分析各项局部差额的平衡情况。如贸易差额与劳务、转移收支能否相抵?经常账户差额与长、短期资本流动的关系等。

国际收支总差额与局部差额的关系有以下几种情况:

(1) 国际收支总差额为顺差,其结果是储备资产的增加,国际收支状况良好。

(2) 国际收支总差额出现逆差,需要分析是否经常账户和资本与金融账户(不包括储备资产)同时出现逆差,还是两者既有逆差,又有顺差,而一方的逆差额大于顺差额。例如,国际收支总差额为逆差,但经常账户是顺差,说明资本大量输出,资本与金融账户逆差额大于经常账户顺差额。

(3) 当国际收支总差额为顺差,而经常账户为逆差时,说明国际收支总差额是靠资本输入维持的。

三、国际收支与国际投资头寸

一个与国际收支相近的概念是国际投资头寸(international investment position, IIP)。国际投资头寸是指一个国家或地区在某一时点上对世界其他地方的资产和负债的汇总记录,反映出该时点上一国居民对外债权债务的综合状况。一国对外资产与负债相抵后的净值就是净国际投资头寸(net international investment position, NIIP)。国际投资头寸综合反映了一国在海外的资产负债状况,它可以通过影响一国财富总量等多种途径作用于一国经济。

国际收支与国际投资头寸的联系:

有时国际投资头寸是因,国际收支是果,它们之间是一对因果关系。一般来说,国际间债权债务关系发生后,必然会在其国际收支平衡表上有所反映。但有时,国际收支又会反作用于国际投资头寸,即国际收支的某些变化会引起国际投资头寸的相应变化。因此,两者之间具有相辅相成、互为因果的联系。

国际收支与国际投资头寸的区别:

(1) 国际收支反映的是货币收支的综合状况;国际投资头寸反映的是一国对外债权债务的综合状况。

(2) 国际收支反映的是一定时期的流量(flow),是个动态的概念;国际投资头寸反映的是某个特定日期的存量(stock),是个静态的概念。

(3) 国际收支的统计范围比国际投资头寸的统计范围要大(如对外捐赠属国际收支范畴,但并未体现在该国国际投资头寸中)。

如果一国国际投资净头寸大于零,即该国拥有的国际债权大于国际债务,则该国在国际上称为债权国;反之,称为债务国。

2016年年末,中国对外净资产头寸为18 005亿美元[①],是除日本外的世界第二大债

① 此处数据和按照BPM Ⅵ版调整后的数据不统一,为了保持数据对比的统一性,我们此处依旧采用按照BPM Ⅴ版本的原始数据。另外,2021年6月底中国国际收支净头寸为19 860亿美元。数据见中国国际投资头寸表:http://www.safe.gov.cn/wps/portal/sy/tjsj_tzctb。

权国(2016 年年末日本对外净资产头寸为 29 889 亿美元)。2016 年年末,美国对外净负债为-81 096 亿美元,居世界第一位,连续多年“勇夺”世界第一大债务国。

国际投资头寸表一般格式如表 3-4 所示。

表 3-4　国际投资头寸简表(××××年度表,BPM Ⅵ版)　　单位:亿美元

国际投资头寸	期初头寸	交易（金融项目）	其他数量变化	重新定值	期末头寸
资产 直接投资 证券投资 金融衍生工具 其他投资 储备资产					
负债 直接投资 证券投资 金融衍生工具 其他投资					
国际投资头寸净额					

中国国际投资头寸表(2020 年年末)如表 3-5 所示。

表 3-5　中国国际投资头寸表(2020 年年末)　　单位:亿美元

项目	行次	2020 年年末
净头寸①	1	21 503
资产	2	87 039
1 直接投资	3	24 134
1.1 股权	4	20 844
1.2 关联企业债务	5	3 290
1.a 金融部门	6	3 077
1.1.a 股权	7	2 990
1.2.a 关联企业债务	8	87
1.b 非金融部门	9	21 057
1.1.b 股权	10	17 854
1.2.b 关联企业债务	11	3 203
2 证券投资	12	8 999
2.1 股权	13	6 043

① 净头寸是指资产减负债,“+”表示净资产,“-”表示净负债。本表记数采用四舍五入原则。

（续表）

项目	行次	2020 年年末
2.2 债券	14	2 955
3 金融衍生工具	15	191
4 其他投资	16	20 149
4.1 其他股权	17	89
4.2 货币和存款	18	4 865
4.3 贷款	19	8 389
4.4 保险和养老金	20	166
4.5 贸易信贷	21	5 972
4.6 其他应收款	22	668
5 储备资产	23	33 565
5.1 货币黄金	24	1 182
5.2 特别提款权	25	115
5.3 在国际货币基金组织的储备头寸	26	108
5.4 外汇储备	27	32 165
5.5 其他储备	28	−5
负债	29	65 536
1 直接投资	30	31 793
1.1 股权	31	28 814
1.2 关联企业债务	32	2 979
1.a 金融部门	33	1 826
1.1.a 股权	34	1 627
1.2.a 关联企业债务	35	199
1.b 非金融部门	36	29 967
1.1.b 股权	37	27 187
1.2.b 关联企业债务	38	2 780
2 证券投资	39	19 545
2.1 股权	40	12 543
2.2 债券	41	7 002
3 金融衍生工具	42	122
4 其他投资	43	14 076

（续表）

项目	行次	2020 年年末
4.1 其他股权	44	0
4.2 货币和存款	45	5 266
4.3 贷款	46	4 555
4.4 保险和养老金	47	167
4.5 贸易信贷	48	3 719
4.6 其他应付款	49	267
4.7 特别提款权	50	101

四、国际收支经常账户与宏观经济变量间的关系①

在开放经济环境下，国际收支经常账户和一国宏观经济变量间存在着紧密联系，对一国宏观经济运行发挥着重要影响。并且这种联系和影响是双向、互动的。下面我们从不同视角分析经常账户的宏观经济含义。

（一）经常项目与国际投资头寸

各国间商品和服务的流动的背后往往对应着国际资本流动。一国商品和服务出口就意味着一国海外净资产的增加，或对外净债务的减少；反之，则为海外净资产的减少，或净债务的增加。这样，不同时期一国经常账户余额的累积就形成了该国对外的各种资产或负债。

一国国际收支经常账户余额体现了该国与贸易伙伴国间真实资源的流动，如上分析，它的背后对应着该国净国外资产的变动。我们用 $NIIP_t$ 和 $NIIP_{t-1}$ 分别表示第 t 期和上一期，那么有等式 3-1：

$$CA_t = NIIP_t - NIIP_{t-1} \tag{3-1}$$

因此，经常账户余额会直接带来一国国际投资净头寸的变化。例如，美国曾经是世界上最大的债权国，但从 1982 年开始，由于美国经常账户几乎都是逆差，尤其是最近这十几年来，美国经常账户赤字愈演愈烈达到惊人的规模，这导致美国海外净资产头寸持续下降。美国自 1986 年后转为净债务国，直至今日一直保持这一头衔，成为当前世界第一大净债务国。而中国正好相反，多年经常账户顺差的累积使中国海外资产的头寸发生了根本性的逆转。从 2003 年起，中国由对外净债务国转变为净债权国。当前，中国是仅次于日本的世界第二大净债权国。

（二）经常账户和储蓄、投资

根据开放经济下的国民收入恒等式，一国国民收入（GNP）从产品的最终支出角度来看，可分解为私人消费（C）、私人投资（I）、政府支出（G）和净出口（出口 X 减去进口 M），

① 为了避免重复，经常账户和国内吸收的关系我们会在本章第四节国际收支吸收分析法中专门论述。

还包括自国外的净要素收入(NFP)。如果 TB 表示贸易账户余额,是一国商品和服务的出口(X)与进口(M)之差,即净出口额($TB=X-M$)。一国国际收支经常账户余额可看作是贸易账户余额与来自国外的净要素收入之和,即,$CA=TB+NFP$。于是支出角度的国民收入等式如下:

$$GNP=C+I+G+(X-M)+NFP=C+I+G+TB+NFP=C+I+G+CA \tag{3-2}$$

如果从收入的角度看,一国国民收入(GNP),可分解为私人消费(C)、私人储蓄(S_p)和政府税收(T)。于是,可得出以下等式:

$$C+I+G+CA=GNP=Y=C+S_p+T \tag{3-3}$$

整理后得到:

$$CA=S_p+(T-G)-I=(S_p+S_g)-I=S-I \tag{3-4}$$

等式(3-4)中,政府税收收入(T)减去政府支出(G),如果大于零,表示政府有预算盈余,相当于政府有正的储蓄;如果小于零,表示政府预算出现赤字,相当于政府有负的储蓄。我们用 S_g 表示政府的这种储蓄,又称公共储蓄。政府储蓄或公共储蓄 S_g 和私人(家庭居民和企业)储蓄 S_p 之和我们用 S 表示,称为一国国民总储蓄。因此,一国国际收支经常账户余额又可看作一国国民储蓄与投资之差,亦谓“缺口”(gap)。这表明,在一国开放经济条件下,该国投资的资金来源不必限于国内,投资的资金约束得到很大放松。当一国存在经常账户逆差时,就意味着该国国内投资额超越支撑本国投资的储蓄额,不足部分以商品和服务的净进口(逆差)来满足需要,并形成国内资本和海外负债;反之,当一国经常账户出现顺差时,表明该国国内储蓄除能够保证本国投资外还有剩余,这多余的储蓄以商品和服务净出口(顺差)所带来的资本流出方式来增加该国在海外的资产或减少其负债。

另外,等式(3-4)也深深蕴含着美国著名发展经济学家钱纳里和斯特劳特(H.Chenery 和 A.Strout,1966)在 20 世纪 60 年代就提出的“双缺口”(two-gap model)理论模型的基本思想。如果不考虑一国来自国外的净要素收入(NFP),那么等式(3-4)的左边实际上就是一国的净出口额:$X-M$。因为进口、出口都会涉及外汇收付,故钱纳里和斯特劳特把净出口看作外汇缺口。而等式右边的 $S-I$,被看作储蓄缺口。他们认为在开放经济条件下,一国储蓄和投资、进口与出口很难正好相等,实际上也没有必要相等,也就是说,会出现不相等后形成的两个“缺口”。这两个“缺口”虽然是对一国经济发展的两种外在约束,但只要出现的一个“缺口”可以由另一个方向相反、大小相等的“缺口”来弥补的话,该国经济仍然能够获得平稳发展。

我们对等式(3-4)变换一下形式,整理后得到:

$$CA=(S_p-I)+(T-G) \tag{3-5}$$

等式(3-5)告诉我们,一国经常账户差额是该国私人储蓄减投资差额与政府预算差额之和。一国经常账户逆差很可能使其国内私人储蓄严重不足,或政府存在严重财政赤字,或两者同时出现的原因造成的。例如，美国近些年来巨额经常账户逆差的出现是和其国内私人储蓄严重不足，以及美国政府庞大的财政赤字有着密切的关系。

第二节　国际收支平衡与失衡

国际收支平衡也称为外部平衡，是指一国国际收支净额即净出口与净资本流出的差额等于零，此收支相等称为国际收支在总体上是平衡的，否则为不平衡。另外，国际收支平衡与否也是本国经济对内平衡状况在对外部门的反映。例如，上文中，我们一般用来衡量一国(地区)国际收支平衡与否的关键账户——经常账户，如果长期、持续出现较大规模顺差，这种外部不平衡状态也同时折射出其国内长期存在储蓄大于投资的有效需求不足的内部不平衡状态。

对于一国的国际收支状况可以从不同角度分析。于是，在国际收支研究中，根据研究的目的不同，国际收支的平衡与失衡可以有不同的界定。

一、国际收支平衡与失衡的不同表述

(一) 自主性交易与补偿性交易

国际收支平衡表中所有的交易根据交易发生的动机不同都可归结为两类，一类是自主性交易(autonomous transaction)，另一类是补偿性交易(compensatory/accommodating transaction)。

自主性交易是指交易当事人自主地为了某项经济动机而进行的交易，这类交易又称事前交易(ex-ante transaction)。一般来说，经常账户的全部和资本账户中的长期资本账户交易就属于自主性交易。自主性交易是已经发生的交易并已列入收支表中。

补偿性交易亦称事后交易(ex-post transaction)，或者调节性交易，是指为了弥补自主性交易形成的缺口或者差额而进行的交易。补偿性交易处于从属地位，这类交易本身并无任何经济动机，它只是对其他交易活动的一种反应，用来调节国际收支平衡。一般来说，资本账户中的短期资本部分和官方储备资产账户就属于调节性交易。

区分这两类交易对国际收支平衡表的分析具有很重要的意义。由于自主性交易是制造缺口的交易，而补偿性交易是填补缺口的交易，因此，我们可以得出这样的结论：自主性交易是对国际收支状况的真实反映，国际收支平衡与否主要是指自主性交易是否平衡，即自主性交易的差额是否为零。如果差额为正，说明出现了国际收支顺差；如果差额为负，说明出现了国际收支逆差。

国际收支平衡表是按照复式记账原理编制的，即每笔国际经济交易都必然会产生金额相同的一笔借方记录和贷方记录。因此，借贷总额必然最终相等，即在国际收支平衡表的记录中，国际收支整体上账面资金必然是平衡的。但账面平衡并非实际意义上的平衡，只有自主性交易的平衡才是真正平衡。

从这个视角看，一个国家在国际经济交易中，如果其自主性交易收支相等或基本相等，那么该国国际收支是平衡的；否则，该国国际收支就是不平衡的。这也是为什么国际

收支的分析核心是经常账户，经常账户收支平衡与否是一国国际收支平衡与否的关键。换言之，通过调节性交易达到的平衡，只是一种形式上的平衡，是被动平衡，而不利用调节性交易所达到的平衡，才是国际收支的真正平衡，是主动平衡。

（二）静态平衡与动态平衡

静态平衡是指在一定时期内（通常为1年）国际收支借贷相等差额为零的状态。而动态平衡不谋求每一年度的平衡而是谋求在一个较长的跨年度期间（如国民经济发展的"五年计划"）实现总体跨期平衡。

国际收支的静态平衡目标易于制定，统计核算便利，是国际收支平衡分析的一种普遍模式。但一国国际收支的变动是一个持续的动态过程，如果仅以一个较短时期的静态平衡为目标是片面的，也不利于经济的长期发展。在静态平衡中把握动态平衡的中长期目标才更具有现实意义。例如，一般来说，发展中国家在经济起飞阶段需要大量进口发达国家的先进机器设备和技术，这样容易引起贸易逆差。但如果发展中国家迅速消化吸收了这些先进技术，从而能够在将来向其他国家出口产品，产生贸易顺差，最初的国际收支不平衡就会在将来一个较长的跨期过程中总体上达到基本平衡。

（三）总量平衡与结构失衡

总量平衡是指国际收支在整体上的平衡，而结构失衡是指国际收支各部分的不平衡。一个国家或地区的国际收支往往在整体上看是基本平衡的，但国际收支的各个部分并不平衡。例如，有的国家经常账户存在巨额逆差，但资本与金融账户出现顺差且基本能够覆盖经常账户出现的逆差。也就是说，这个国家通过资本净流入平衡了经常项目的逆差，从而保证了该国国际收支在整体上的基本平衡。但这种平衡短期或许可以维持，长期来看可能比较脆弱。因为国际资本流动具有很强的波动性，一旦资本流动逆转，不能再为这个国家的经常账户巨额逆差融资，那么该国随后很可能爆发国际收支危机。

例如，近些年来，尤其是2008年金融危机前，美国国际收支经常账户持续恶化，接连出现规模巨大的逆差，几度超越国际公认的5%（与同期GDP之比）警戒线。2004—2007年，美国经常账户逆差与同期GDP比例分别为：−5.31%、−5.92%、−5.99%、−5.11%（IMF-WEO，2010），这引起了包括美国学者在内的众多有识之士对美国国际收支经常账户大规模逆差可维持性的深切担忧。尽管美国国际收支整体上因大规模资本净流入而得到基本平衡，但关键的国际收支经常账户出现如此巨大、持续的逆差，一旦引发国际金融市场普遍担忧并付诸行动，则流入美国的资金很可能逆转，这将导致美国爆发严重的国际收支危机，进而引发世界性经济衰退。

（四）账面平衡与现实平衡

一国国际收支的总体账面平衡是国际收支平衡表的基本要义，但国际收支的各个账户差额正好等于零的平衡在现实中几乎是不可能的。例如，国际收支主要账户、经常账户和资本与金融账户在现实中不可能差额正好等于零，即通常会出现差额大于零的顺差或者小于零的逆差情况。既然不平衡是一般现实状态，那么我们如何定义现实中的"平衡"与"不平衡"？这就涉及一个"度"的问题。如果，尽管差额不等于零，但不超过某个"度"，我们就认为该账户是现实平衡的，超过了这个“度”我们才认定该账户不平衡。由于国际收支经常账户是整个国际收支的关键，国际上有个经验法则，一般把经常账户逆差与同期GDP之比不超过5%作为判断一国国际收支是否现实平衡的依据，而对于顺差的比例没有一个国际公认的“度”。但如果我们把世界看成一个整体，顺差国与逆差国必然相对存在，想要保证世界整体国际收支平衡，逆差的“度”其实也就是顺差的“度”[①]。

对这个问题进一步展开分析后发现，这其实就是国际收支的“N－1问题”。在理论上，从世界整体来看，经常账户的顺差国(地区)与逆差国(地区)呈现出一种互为镜像的关系，即N－1个国家(地区)的经常账户顺差之和必然等于除此之外的另一个国家(地区)的经常账户逆差。如果没有这样一个逆差国(地区)存在，那么所有国家经常账户差额必然要自求平衡。美国长期、持续出现较大规模的经常账户逆差其实就扮演了顺差国(地区)最主要对手方的作用，美国市场成为世界最大的也是最终的消费市场，从而使得国际经贸循环得以完成。

二、国际收支失衡的原因

国际收支失衡的原因是多方面的，既有客观的，又有主观的；既有内部的，又有外部的；既有经济的，又有非经济的；既有经济发展阶段，又有经济结构等方面的问题。通常这些因素交织在一起共同产生影响，而非单一因素所为。

一般来说，国际收支失衡的原因大体如下。

（一）周期性原因

经济周期一般可划分为四个阶段：危机、萧条、复苏和繁荣。经济周期的不同阶段会对国际收支产生不同影响。周期性不平衡是指一国经济周期波动所引起的国际收支失衡。当一国经济处于萧条期，社会总需求下降，进口需求也相应下降，国际收支逆差减少或顺差增加；反之，如果一国经济处于复苏和繁荣时期，国内投资与消费需求旺盛，对进口的需求也相应增加，国际收支便出现逆差增加或者顺差减少。周期性不平衡在第二次世界大战前的发达资本主义国家中表现得比较明显。在第二次世界大战后，其表现则经常被扭曲。

（二）收入性原因

收入性不平衡是指由于国民收入的变化，使一国的进出口贸易发生变动，从而造成国际收支的不平衡。通常，当一国国民收入相对快速增长而导致进口需求的增长超过出口增长，此时一国国际收支会出现逆差。当一国国民收入相对减少，则会减少对进口的需求；相对于进口来说，出口得以增长，于是国际收支会出现顺差。

（三）货币性原因

货币性原因又称物价因素，货币性原因导致国际收支失衡是指由于物价水平和货币

① 对于这个“度”，一般来说经常项目逆差有较公认的国际标准，即经常项目逆差与同期GDP之比不超过5%，但顺差没有普遍认可的标准。在2010年10月22日韩国庆州召开的G20财长会议上美国财长盖特纳(Franz Geithner)要求各国应该将|CA/GDP|≤4%。逆差超过4%的国家应该被允许本币贬值，顺差超过4%的国家应该允许本币升值。因此，也可以考虑把经常项目顺差4%作为平衡与否的“度”。

价值的变动而使一国国际收支出现的不平衡。一国在一定的汇率水平下，由于通货膨胀的原因，物价普遍上升，使其商品成本与物价水平相对地高于其他国家，则该国的商品出口受到抑制，而进口受到鼓励，导致该国国际收支发生逆差。相反，由于通货紧缩的原因，商品成本与物价水平比其他国家相对地降低，则有利于出口，抑制进口，因而使其国际收支发生顺差。

（四）结构性原因

结构性不平衡是指国内经济结构、产业结构不能适应世界市场的变化而发生的国际收支失衡。此类失衡一般发生在贸易项目中。

结构性失衡有两层含义：其一，经济和产业结构变动的滞后所引起的国际收支失衡。例如，当国际市场需求发生变化时，一国所出口商品的市场份额被其他国家的新产品取代，该国的生产出口结构又不能及时调整，从而导致出口下降，出现贸易逆差或者顺差收窄。其二，因进出口商品收入、价格弹性不利格局导致的国际收支失衡。例如，发展中国家一般产业结构和出口结构都比较单一，外国对本国出口商品的需求收入弹性低，而本国对外国进口商品的需求收入弹性比较高，所以出口很难增加，进口很难下降。出口商品需求的价格弹性低，进口商品需求的价格弹性高，这样，本国货币贬值（外币相应升值，在出口商品价格不变下其购买本国出口商品的能力增强）或者出口商品价格降低，不能引发对本国出口商品需求增加；而外国进口商品的价格上涨又不能明显降低本国的进口，这都会引发贸易逆差的出现。例如，20 世纪 70 年代，石油输出国组织（OPEC）限产提价，世界原油价格飞涨，由于有些国家对石油进口的需求价格弹性较低，尽管油价大涨但对石油的进口量没有明显下降，导致这些国家出现了巨额国际收支逆差。

（五）偶然性、临时性原因

一些随机的偶然性、临时性原因也可以导致一国国际收支的不平衡。如季节性因素、自然灾害、战争、国际商品价格的偶然变动等。

一般来说，国际收支的偶然性和周期性不平衡都具有不同程度的临时性，政府无需采用力度较大的政策来调节。货币性不平衡的对症下药措施是采取紧缩性货币政策。最难解决的是结构性不平衡，因为各项结构调整政策只能在长期实行后见效。为了控制国际收支的结构性失衡，有时在短期，政府可能不得不对国际收支采取管制政策。

三、国际收支失衡的不利影响

一国国际收支无论出现逆差还是顺差都是不平衡的表现。国际收支平衡是偶然的、相对的，而失衡是绝对的，或者说是正常的。但如果一国出现长期、持续的大额逆差或者顺差，并且超过了某个合适的“度”，那么必然会对该国经济甚至世界经济产生不利影响。例如，一国国际收支出现长期、持续大额逆差很可能引爆该国的国际收支危机，进而带来货币危机，并且可能迅速传递到经济结构类似的国家，1997 年爆发的亚洲货币危机就是如此。国际收支长期、持续大额顺差也并非完全有利，它会带来贸易伙伴国的抱怨和报复，也会引发本国货币过度升值，国内外汇占款规模急剧扩大，带来通货膨胀压力。

（一）国际收支逆差的不利影响

（1）一国国际收支长期逆差，将导致在外汇市场上，外汇需求长期大于外汇供给，从而使外币升值，本币贬值，影响本币国际信誉。

（2）一国国际收支长期逆差，将使本币汇率贬值，该国为了阻止本币继续贬值，或者该国实施钉住汇率，当本币出现贬值压力时，动用该国外汇储备来对冲本币贬值，这会导致该国外汇储备的大量消耗甚至枯竭，进而可能诱发投机攻击，最终酿成货币危机。

（3）一国国际收支长期逆差，创汇能力不断下降，会严重影响对本国经济发展急需的外国先进设备和技术的进口支付能力，影响本国经济的长期、可持续发展。

（4）一国国际收支长期逆差，会导致外债的累积、偿还外债的实际负担加重（如本币贬值，且外债以外币标价，则实际外债负担加重）而削弱偿债能力，有可能会爆发该国的对外债务危机。

（二）国际收支顺差的不利影响

（1）一国国际收支长期顺差，将导致在外汇市场上，外汇需求长期小于外汇供给，从而使外币贬值，本币升值。本币过度、快速升值会严重打击本国出口，进而对本国的出口部门以及与之相联系的其他部门、产业形成强烈冲击，不利于就业和国内经济发展。

（2）一国国际收支长期顺差，如果该国汇率调整僵化或者采取钉住汇率制度会导致本币出现较强的升值压力，为了释放这种压力，该国货币当局往往会采取在外汇市场买入外币和卖出本币的对冲操作，从而形成外汇占款，释放出过多的流动性，导致通货膨胀。另外，本币长期单边升值也会诱发严重的套汇、套利等投机行为，不利于金融市场的长期稳定。

（3）一国国际收支长期顺差，如果主要是来自货物贸易的顺差，这意味着本国实际资源的净流出。过度依赖外需发展本国经济，将使本国实际资源被不断大量消耗，甚至带来严重的环境污染等问题，这不利于本国经济的长期、可持续发展。

（4）一国国际收支长期顺差，必然对应着有关贸易伙伴国的国际收支长期逆差，这必然会带来双边或者多边贸易摩擦，影响国家间的正常经贸往来。例如，因中国对美国巨额贸易顺差导致经常爆发中美贸易争端。

综上，无论国际收支逆差还是顺差，规模越大，带来的负面影响越严重。但相比较而言，国际收支的逆差调节更具有紧迫性和被动性。

第三节　国际收支失衡的调节

国际收支失衡会对一国经济造成不同程度和不同方向的影响。规模不大、持续时间较短的国际收支失衡对一国经济影响相对较小，但规模大、持续时间长的失衡则可能会引起一国经济的强烈震荡。

无论一国国际收支出现逆差还是顺差，一旦国际收支失衡超过某种限度，已经对该国经济正常发展产生了较严重的负面影响，当事国就必须考虑进行必要的调节。国际收支调节的目的就是消除这种严重失衡，使其恢复到基本平衡状态。

一、国际收支失衡的市场调节

国际收支失衡后，有时并不需要货币当局立即采取措施来加以消除，经济体系中存在着某些自动矫正机制，使国际收支自动达到平衡，这就是国际收支失衡的市场调节机制。需要注意的是，自动调节机制效果和市场经济的发展程度正相关。另外，它类似于人体自身的“免疫力”，仅在失衡不太严重的情况下才有一定效果。

（一）国际金本位制度下的国际收支自动调节机制

在各国间普遍实行金本位制(1816—1914)的条件下，一个国家的国际收支可通过物价的涨落和现金(即黄金)的输出输入自动恢复平衡。这一自动调节规律称为“物价—现金流动机制”(price specie-flow mechanism)。它是由古典经济学家大卫·休谟提出的，所以又称“休谟机制”。

在金本位制下，各国货币规定含金量，汇率即为货币含金量之比——铸币平价。在金本位的初期，黄金可自由铸造、自由兑换、自由输出输入。市场汇率围绕铸币平价上下波动，波动幅度很低，由黄金输出输入点决定，一般为5‰～7‰，即市场汇率在“铸币平价－黄金输入点或市场汇率＝铸币平价＋黄金输出点”的区间内波动。

“物价—现金流动机”制自动调节国际收支的具体过程如下：一国的国际收支(指贸易收支)如果出现逆差，则迫使本国货币汇率下跌至黄金输出点，导致黄金外流。黄金外流导致本国银行准备金降低，从而使货币流通量减少，物价下跌。而物价下跌提高了本国商品在国际市场上的竞争力，削弱了外国商品在本国市场的竞争力，改善了本国的贸易条件，使本国出口增加，进口减少，于是国际收支渐趋平衡。反之亦然。上述自动调节过程如图3-1所示。

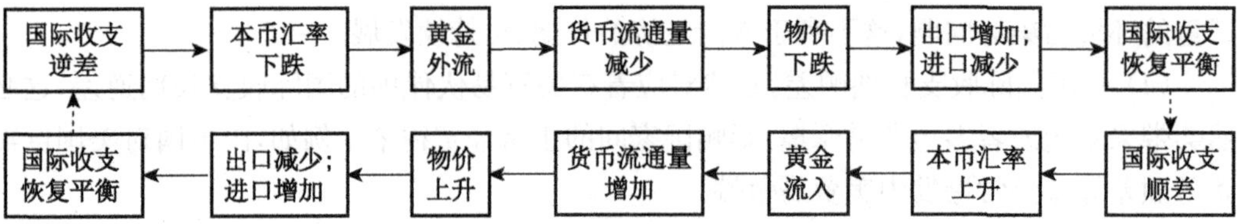

图3-1　休谟的“物价—现金流动机制”

（二）纸币流通制度下的国际收支自动调节机制

在纸币流通制度下，如果汇率固定，即一国货币当局通过外汇储备变动干预外汇市场，维持汇率不变。在这种制度下，当一国国际收支出现不平衡时，仍有自动调节机制发生作用，但自动调节的过程较为复杂。国际收支失衡后，外汇储备、货币供应量发生变化，进而影响国民收入、物价和利率等变量，使国际收支趋于平衡。

1. 收入机制

收入机制是指当发生国际收支逆差时，国民收入水平会下降。如图3-2所示，国民收入下降引起社会总需求下降，进口需求下降，从而使贸易收支得到改善。国民收入下降不仅能改善贸易收支，而且也能改善经常账户收支和资本账户收支。国民收入下降会使对外国劳务和金融资产的需求都出现不同程度的下降，使整个国际收支得到改善。反之亦然。

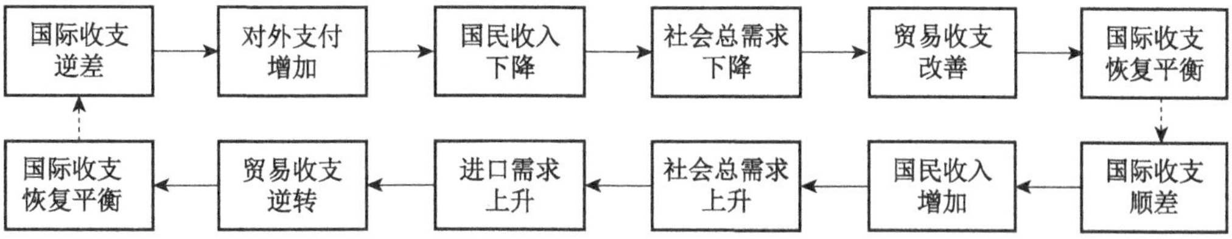

图 3-2 收入机制的自动调节过程

2. 利率机制

如图 3-3 所示，当国际收支发生逆差时，本币有贬值趋势，但固定汇率制下汇率要保持稳定，于是采取抛外币、买入本币的操作。这样本国货币的存量（供应量）相对减少，利率上升；而利率上升，表明本国金融资产的收益率上升，从而对本国金融资产的需求相对上升，对外国金融资产的需求相对减少，资金外流减少或资金内流增加，国际收支（主要是国际收支中的资本与金融账户）改善。反之亦然。

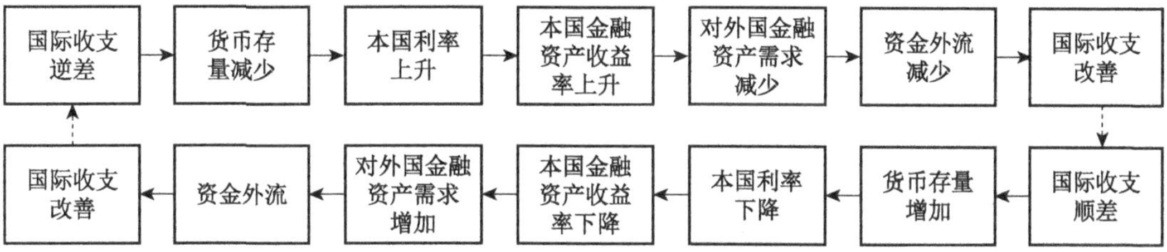

图 3-3 利率机制的自动调节过程

3. 价格机制

如图 3-4 所示，当一国国际收支发生逆差时，引起国内信用紧缩、利率上升，投资和消费均趋减少，劳工失业率上升，闲置资源增多，工资率和其他要素价格均将下跌，逆差国以本币表示的价格也将下跌。物价下跌可刺激出口，出口增长的程度取决于国外买主对该国商品价格下降的反应程度，即取决于国外的需求价格弹性。该国商品价格的下降同样使其商品对本国居民具有吸引力，本国居民将从购买进口商品转向购买本国生产的商品。这种转移的程度取决于该国进口需求价格弹性。由于出口增加、进口抑制，国际收支逐渐平衡。反之亦然。

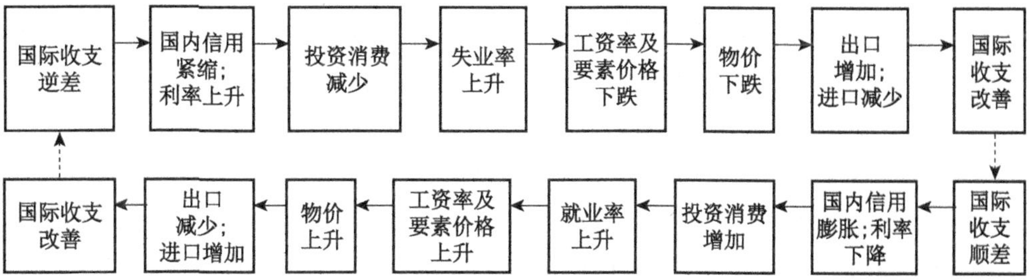

图 3-4 价格机制的自动调节过程

4. 汇率机制

在浮动汇率制度下，一国当局一般不对外汇市场进行干预，即不通过外汇储备增减来影响外汇供给或需求，而是由外汇市场的外汇供求来决定汇率的上升和下降。在这种制度下，如果一国国际收支发生逆差，外汇需求就会大于外汇供给，外汇汇率就会上升，本币汇率则会下降，这会促使本国商品相对价格的下降和外国商品相对价格的上升，于是出口增加，进口减少，使国际收支失衡得以改善。当然，所有这一切的发生必须符合马歇尔—勒条件这一前提。因此，浮动汇率制度下，一国国际收支的调节是通过汇率机制的作用，引起相对价格变动，进而改善一国国际收支。

二、国际收支失衡的政策调节

国际收支市场调节机制的实现过程中存在诸多限制，如收入机制要付出控制国民收入增长的代价，利率机制要牺牲货币政策的独立性，等等。国民收入、价格、利率、汇率、货币供应量等变量的变化可能给一国经济带来消极影响，这意味着外部均衡的实现可能要以失去内部均衡为代价。因此，在现实经济中各国都会在市场调节的基础上采用不同的政策调节措施，以尽量协调内外均衡目标。国际收支的政策调节一般发生在不兑现的信用货币纸币流通制度下，可以弥补市场调节机制的不足与缺陷。

（一）需求调节政策

需求调节经济政策主要包括两个方面：一是财政政策；二是货币政策。该政策是通过改变社会总需求和总支出水平来调节国际收支的，统称为支出增减政策（Expenditure-Changing Policy）。

财政政策主要是通过财政收支的增减和税率的高低来实现的。当一国因进口增加、出口减少而发生贸易逆差时，政府可削减财政开支，或提高税率以增加税收，即采取紧缩性财政政策使社会上通货紧缩，迫使物价下降，从而刺激出口、抑制进口，逐步消除贸易逆差。反之，则可消除顺差。

货币政策主要是通过中央银行的三大法宝即存款准备金、再贴现率、公开市场操作来达到政策实施目标。当一国国际收支出现逆差，则可提高再贴现率或提高银行法定准备金率，或在公开市场上卖出有价证券，回笼货币，即采取紧缩性货币政策。所有这一切都向市场提供了一个紧缩的信号，于是利率上升，社会总需求抑制，物价下跌，出口增加，进口减少。因利率提高也有助于吸引资本内流，从而逐渐消除逆差，使国际收支恢复平衡。反之，则可消除顺差。

此外，从需求角度看，还有一类政策就是汇率政策，它属于支出转换政策（Expenditure-Switching Policy），即不改变社会总需求和总支出水平，而通过人为设定汇率的升值或贬值来改变支出方向，从而达到调节国际收支的目的。但此类政策涉嫌汇率操纵，势必会受到国际社会相关国家严厉的指责与诟病。货币人为贬值也容易引发“以邻为壑”的汇率竞相贬值竞赛，从而导致多输的结局而达不到货币贬值的初衷。一般来说，此类政策的实施是在一国国际收支出现严重不平衡甚至出现国际收支危机的非常时期不得已而采纳。例如，一国出现非常严重的贸易逆差，可通过本币法定大幅贬值来使进口商品变得相对昂贵，本国出口商品变得相对便宜，从而诱发本国居民改变支出方向，即从原来购买进口商品转而购买本国制造的进口替代品；同时激励外国居民的购买支出转向相对便宜的本国商品，最终使货币贬值国出口增加，进口减少，改善严重的贸易逆差态势。

（二）直接管制政策

直接管制政策是指一国政府以行政命令的办法，直接干预外汇自由买卖（外汇管制）和对外贸易的自由输出输入（贸易管制）。采取差别汇率（双重或多重汇率）的办法也可以达到管制外汇的目的。如果一国出现严重的资本外逃，或者“热钱”大量投机流入，可以实施一定程度和一定时期的严格资本管制措施，以维护该国金融市场稳定。

直接管制的主要措施有：商品进出口管制，如采取进口许可证制、进口配额制、出口许可证制等；资本流动管制，如鼓励长期资本流入、限制资本外流等。

直接管制对平衡一国的国际收支，效果较为迅速和显著，不像运用财政政策和货币政策，必须通过汇率的变化、价格的变化及对生产活动的影响后方能生效。因此，如果不平衡是局部性的，则采取直接管制更为有效，不必牵动整个经济的变化；而运用经济政策则不然，不管何种政策都会使整个经济发生变化，可谓“牵一发、动全身”。

但是，一国的外汇、外贸管制，必然会影响与其有经济联系的其他国家，以致招来对方的相应报复，最终抵销预期的效果。此类管制政策也与当前经济全球化、金融自由化的世界大环境背道而驰，势必会受到国际社会严厉的指责与诟病，因此，管制只能是短期的和临时性的。

（三）外汇缓冲政策

外汇缓冲是指运用官方外汇储备或者向外短期融资来调节国际收支的短期失衡，而不用对其国内经济政策和经济结构进行调整。这其实是一种融资政策。一般做法是：在一国官方外汇储备中划拨出一笔专用资金作为外汇平准基金（exchange stabilization fund，ESF），当该国国际收支失衡造成外汇市场外汇供不应求或者供过于求时，该国货币当局就在外汇市场上开展公开市场操作，动用外汇平准基金，买进或者卖出外汇，消除超额的外汇供求缺口。

外汇缓冲政策一般仅适用于季节性、偶发性等因素导致的国际收支短期不平衡，对于一国长期性、根本性的国际收支失衡往往力不从心。外汇缓冲政策常常和其他政策搭配使用，以缓和其他政策调节对经济的冲击。

（四）供给调节政策

国际收支失衡调节也可以从供给角度进行，通过产业政策、科技政策和制度创新等供给侧改革优化一国的经济结构和产业结构，提高劳动生产率，提高产品质量，降低生产成本，提高出口产品竞争力，从而增加社会产品包括出口产品的供给，以达到改善国际收支目的。供给调节政策的效果一般不会在短期显现，需要长期的定力和坚持才可能最终成功。但它却是“治本”的政策措施，会从根本上提高一国的经济实力与科技水平，实现更高层次上的内外均衡。

三、国际收支失衡的国际调节

各国政府调节国际收支时都会优先考虑本国利益，由于政策的外溢效应，采取的有关调控措施可能对其他国家产生不利影响，导致其他国家采取相应的报复措施。随着经济全球化、金融自由化程度的不断深入，国际收支失衡调节已不再是失衡国家自身的问题，为了维护世界经济与金融秩序顺利运转，各国政府间必须加强国际收支调节的政策协调才能解决当事国的国际收支失衡问题，因为国际收支本身就是一个双边或者多边问题，单边调控很难取得满意和可持续的效果。

(一) 国际调节的层级

依据政策调节的程度，国际政策调节由低到高可划分为六个层级。第一，信息交换。信息交换是各国政府相互交流本国为实现经济内外均衡所采取的各项宏观政策措施、调控目标、调控手段。第二，危机管理。危机管理是指面对世界经济中出现的突发事件，各国进行共同的政策协调与沟通，共同面对危机，采取行动，化解危机。第三，避免共享目标变量冲突。这种冲突是指两国对同一目标采取同一政策导致的冲突。例如，有的国家为了鼓励出口，采取本币贬值策略，但其他国家也采取同样手段，于是落入竞争性贬值的陷阱中难以自拔。第四，合作确定中介目标。随着经济全球化程度的不断加深，国与国间经济联系日趋紧密，因此，一国国内一些重要经济变量的调节变动会通过国家间的经济联系而形成对他国的政策调节溢出效应(spill-over effects)。为了既达成本国调控目标又不殃及他国，各国有必要对这些中介目标进行合作协调。第五，部分协调。部分协调是指不同国家就国内经济的某一部分目标或工具进行协调。第六，全面协调。将不同国家的所有政策目标、工具都纳入协调范围，从而最大限度地获取协调的利益。

理论上，完全自由浮动的汇率制度可以隔绝外部冲击，无须本国政策的主动和被动调整去对冲这类外部冲击。但现实中并不存在完全自由浮动的汇率制度，各国都在运用宏观经济政策来优先保证实现自己的内部平衡目标，进而对国际收支和汇率水平产生影响，再通过国与国的经济往来对他国产生影响。于是，国际政策调节也就有了存在的必要。

(二) 国际调节的内容

(1) 通过各种国际经济协定确定国际收支调节的一般原则。例如，国际货币基金组织规定了多边结算原则，消除外汇管制原则和禁止竞争性贬值原则，以及支持一国国际收支经常项目开放的第八条款，等等。世界贸易组织规定了国际贸易的非歧视原则，关税保护和关税减让原则，取消数量限制原则，禁止倾销和限制出口补贴原则等。这些原则都是以经济、贸易、金融自由化为核心，以此来鼓励合作共赢，约束各国利己行为。

(2) 通过国际金融组织或通过国际协定向国际收支逆差国提供资金融通，缓解其国际清偿能力不足，阻止危机恶化和向世界其他国家、地区传染。例如，亚洲金融危机期间，国际货币基金组织对求助的危机国家的信贷支持，对它们走出危机发挥了积极作用。

(3) 建立区域性经济一体化组织，加强货币金融合作，以促进区域内经济、金融的一体化和国际收支调节。当前国际经济中的区域性经济一体化组织形式主要有：优惠贸易安排、自由贸易区、关税同盟、经济共同体和统一货币区等形式。例如，北美自由贸易区(NAFTA)、欧盟和欧元区。

(4) 加强国家间的信贷合作。通过货币互换协定，以及备用信贷等措施缓解当事国国际收支逆差，稳定汇率，稳定预期，防止危机恶化。

(5) 各种有全球影响力的经济合作论坛。虽然这些论坛组织比较松散，但近些年其倡议的合作共赢的理念深入人心。借此舞台，各国阐明自己的立场，沟通交流，化解敌意，促进各国经济合作。例如，G20峰会、APEC会议、亚欧会议、达沃斯经济论坛等。

第四节 国际收支理论

国际收支理论是研究国际收支决定因素及其调节对策的理论，它是国际金融理论的一个重要组成部分。最早的国际收支调节理论，可追溯到18世纪休谟的“物价—现金流动机制”学说。但较为系统和有影响的国际收支理论产生于20世纪。主要有：20世纪30年代金本位制崩溃后出现的国际收支弹性分析法(elasticity approach)，20世纪50年代和60年代的凯恩斯主义的国际收支吸收分析法(absorption approach)，20世纪70年代的货币主义的货币分析法(monetary approach)、结构分析法(structural approach)以及20世纪80年代国际收支的跨期最优化分析方法(intertemporal approach)等。

第二次世界大战爆发前的各派国际收支理论着重于对贸易收支变动的研究。第二次世界大战结束后，随着国际资本流动规模越来越大，国际金融市场越来越开放，国际收支理论也越来越重视对国际资本流动的研究。由于国际收支变化受多重因素的影响，每种国际收支理论都是着重从某一个角度展开分析，所以每种理论都有其局限性。因此，各国在制定具体的国际收支调节政策时，需要综合考虑各种国际收支理论，互为补充。

一、国际收支弹性分析法

国际收支弹性分析法又称弹性论，是在20世纪30年代金本位制彻底崩溃后，各国竞相实行货币贬值以改善国际收支的背景下，由英国经济学家琼·罗宾逊(Joan Robinson, 1903—1983)提出的。弹性论的理论基础是马歇尔微观经济学和局部均衡分析方法。它以进出口商品的供给和需求弹性为基本出发点，分析和研究一段时期内汇率变动(货币贬值)对国际收支的影响。

(一) 弹性

所谓弹性，指的是价格变动所引起的需求和供给数量变动的百分比。需求量变动的百分比与价格量变动的百分比之比，称为需求对价格的弹性，简称需求弹性。供给量变动的百分比与价格变动的百分比之比，称为供给对价格的弹性，简称供给弹性。弹性实为一种比例关系，当这种比例关系的值越高，则弹性越大；比例关系的值越低，则弹性越小。

(二) 马歇尔—勒纳条件

马歇尔—勒纳条件(Marshall-Lerner Condition)研究的是货币贬值改善贸易收支的充分必要条件。货币贬值会引起进出口商品价格变动，进而引起进出口商品的数量发生变动，最终引起贸易收支变动。也就是说，贸易收支变动状况取决于两个因素：一是由贬值引起的进出口商品的单位价格的变化；二是由进出口单价引起的进出口商品数量的变化。

弹性论假定：①本国进出口商品供给具有无穷的弹性，即进出口商品价格不变，而其供给可以无限增加；②假定其他条件不变，只考虑汇率变动对进出口的影响；③不考虑资本流动，国际收支即贸易收支；④假定充分就业和国民收入不变，因此，进出口商品的需求是价格（汇率）的函数。

从理论上讲，一国货币贬值后（汇率直接标价法下，贬值意味着汇率数值变大），以本国货币表示的外国商品的价格变得昂贵，于是进口减少；以外国货币表示的本国商品的价格变得便宜，于是出口就增加。但进口量的减少并不等于进口总价值的减少；出口量的增加也并不等于出口总价值的增加。只有进出口商品数量的变动率大于价格变动率，贬值才会使出口总价值增加、进口总价值减少。

马歇尔—勒纳条件指的是：假定本国国民收入不变，货币贬值后，只有出口商品的需求弹性（出口量的变化率与汇率的变化率之比，$Ex>0$）和进口商品的需求弹性（进口量的变化率与汇率的变化率之比，$Em<0$）的绝对值之和大于1，贸易收支才能改善，即贬值取得成功的充要条件是：

$$|Em|+|Ex|>1 \tag{3-6}$$

如果$|Em|+|Ex|=1$，本国货币贬值不影响贸易收支；如果$|Em|+|Ex|<1$，本国货币贬值会恶化贸易收支。

（三）J曲线效应

在实际对外贸易中，当一国货币汇率贬值后，即使在符合马歇尔—勒纳条件的情况下，贬值也不能立刻改善一国贸易收支。相反，货币贬值后的最初一段时间，贸易收支反而可能会恶化。这是因为货币贬值初期，虽然以外国货币表示的本国商品价格已经下跌，以本国货币表示的外国商品的价格已经上涨，但由于人们在认识上、行动上、决策上、生产上、替代上还存在种种“时滞”(time lag)，造成货币贬值初期该国出口量并未增加，进口量并未减少，从而导致出口总价值减少，进口总价值增加的局面，贸易收支反而恶化。随着“时滞”的消失，出口供给和进口需求会作相应的调整，此时，贸易收支才慢慢开始改善。出口供给和进口需求的调整时间一般为半年左右，整个过程用曲线描绘出来，形如英文字母J。故在马歇尔—勒纳条件成立的情况下，贬值对贸易收支的时滞效应，被称为J曲线效应(J curve effect)，如图3-5所示。

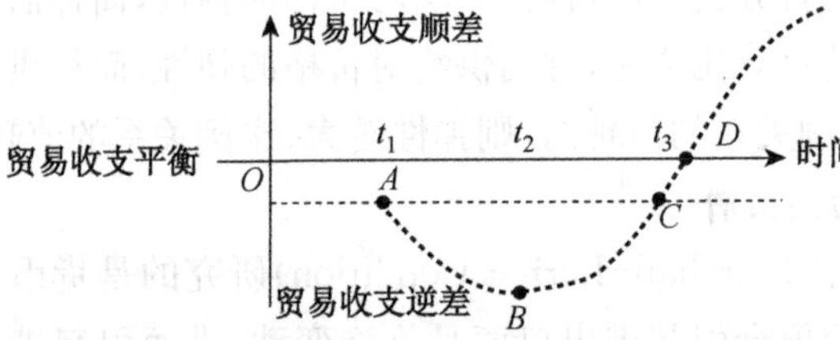

图3-5 J曲线效应

在图3-5中，时间t_1为贸易收支初始逆差状态；时间t_1—t_2段为贸易收支愈发恶化状态；时间t_2—t_3段为贸易收支由最恶化的B点逐渐回复到图中为C点的初始状态；时间t_3

以后贸易收支才渐趋好转。

从上面分析中我们可以看到，弹性论反映了世界市场的一些实际情况，在定量的基础上较全面地考察了影响国际收支的多种变量，因此，具有一定的现实意义。但弹性论也存在许多缺陷：

首先，弹性论运用的是马歇尔局部均衡的分析方法，假定其他一切条件不变，只考虑进出口商品与汇率之间的关系。其实，汇率的变动不仅受进出口商品供求的影响，还受到其他一系列经济因素，甚至非经济因素的影响，如政治、心理因素等。

其次，弹性论忽略了资本流动的作用。弹性论不涉及资本流动，但实际上汇率贬值还会影响资本账户。在资本流动十分庞大的今日，这一理论的局限性表现得更为突出。

最后，弹性论只是一种静态的分析，没有考虑时间因素。它假定货币贬值会迅速改善一国贸易收支，但现实中存在J曲线效应以及其他抵消因素，货币贬值改善贸易收支的效果会大打折扣。

二、国际收支吸收分析法

国际收支吸收分析法又称吸收论，是20世纪五六十年代美国经济学家詹姆斯·米德和西德尼·亚历山大在西方经济学界关于弹性论的激烈争论中系统提出的。吸收论从凯恩斯的国民收入方程式入手，着重考察总收入与总支出对国际收支的影响，该理论将国际收支简化为贸易收支，并在此基础上，提出国际收支调节的相应政策主张。

按照凯恩斯理论，国民收入 Y 与国民支出 E 的关系可表述如下：

$$Y = E \tag{3-7}$$

在封闭经济的条件下，消费 C，投资 I，政府支出 G，结合式(3-7)存在如下关系：

$$E = C + I + G = Y \tag{3-8}$$

在开放经济条件下，考虑对外贸易，出口 X，进口 M，结合式(3-8)有下面恒等式：

$$Y = C + I + G + (X - M) \tag{3-9}$$

将式(3-9)移项得：

$$(X - M) = Y - (C + I + G) \tag{3-10}$$

式(3-10)中，$(X-M)$ 为货物贸易收支差额，在服务贸易等子账户交易额度较低时，货物贸易收支差额比较接近经常账户差额 CA，可以近似作为国际收支差额的代表，以符号 B 表示。$(C+I+G)$ 为国内总支出，即国民收入中被国内吸收的部分，用 A(Absorbtion)表示。于是就有：

$$B = CA = Y - A \tag{3-11}$$

于是当 $Y > A$，$B > 0$ 时，即总收入大于总吸收时，国际收支为顺差；当 $Y < A$，$B < 0$ 时，即总收入小于总吸收时，国际收支为逆差；当 $Y = A$，$B = 0$ 时，即总收入等于总吸收时，国际收支平衡。

式(3-11)表明,一国国际收支经常账户余额实际上等于该国国民收入与国内吸收之差。因此,如果 $CA > 0$,即一国经常账户为顺差,就意味着该国国内吸收量相对低于可供支配的国民收入量。这可能是国内消费投资,由政府公共投入的某一方面或其组合的支出不足所导致的。如果 $CA < 0$,即经常账户出现逆差,说明该国国内吸收量超过该国所能创造的国民收入量,超出部分必须通过进口外国商品和服务来满足。经常账户逆差的产生原因可能是因为该国过度消费、过高投资和政府存在大量财政赤字的某一个原因或其各种组合导致。在现实中,中国长期持续的经常账户顺差和美国长期持续的经常账户逆差,都可以从这个视角展开分析,得出一些有价值的结论。

式(3-11)还表明,在开放经济条件下,一国经济调节自由度得到很大提升。因为一国国民收入量可以不必像在封闭经济环境下那样要求与该国国内吸收量必须相等。于是,在开放经济条件下,一国可以更好地利用国际、国内两个市场、两种资源。

根据上述分析,当国际收支出现逆差时,可通过增加收入(即总供给)的支出转换政策(expenditure-switching policy,简称转换政策)与减少支出(即总需求)的支出增减政策(expenditure-changing policy,简称吸收政策)来调节。这种调节可分国内存在"非充分就业"和"充分就业"两种情况加以考察。

在国内存在非充分就业,即有闲置资源的情况下,调节国际收支逆差重点在于利用货币贬值,增加出口。出口增加使贸易收支得到改善,但出口增加会引起国民收入量和国内吸收量同时增加,只有当边际吸收倾向小于1,即国内吸收量的增长小于国民收入量的增长,贬值才能最终改善国际收支。

在国内相对充分就业的情况下,没有闲置资源可用于扩大出口生产,国民收入量也就不能通过乘数而增加。因此,货币贬值只有在吸收政策的配合下,压缩国内总支出,从而在相对充分就业情况下,"挤出"一部分资源来扩大出口,以改善贸易收支。通常,吸收政策会降低对进口商品的国内需求,抑制进口,同时出口商品的国内需求也会降低,从而使出口增加。但由于吸收政策也会减少对国内商品的需求,造成国内商品的过度供给,失去内部平衡,因此,必须通过货币贬值来使国内资源从国内商品的生产转移到出口商品的生产。这样,一方面可减少国内商品的供给,抵销吸收政策的不利影响;另一方面可扩大出口,减少进口,从而改善贸易收支,达到内外平衡。

吸收论具有强烈的政策搭配含义。一国为了同时达到内外平衡两个目标,必须将财政货币政策与转换政策、吸收政策这两种工具配合使用。当国际收支出现逆差时,在采用货币贬值的同时,若国内存在闲置资源(非充分就业状态),应采用扩张性财政货币政策来增加收入(生产和出口);若国内不存在闲置资源(充分就业状态),应采用紧缩性财政货币政策来减少吸收(需求),从而同时达到内部平衡与外部平衡。

吸收论将一国国际收支的决定和变动与整个宏观经济状况结合起来分析,采用一般均衡分析,克服了弹性分析法的局部均衡分析缺陷,有助于人们更深入、更全面地了解国际收支失衡和均衡性质。然而,它同样也不可避免地存在一些缺陷:

首先,吸收论是建立在国民收入核算会计恒等式的基础上的,它绝对地固定了吸收、收入与贸易收支的因果关系,但并没有对收入和吸收为因、贸易收支为果的观点提出令人信服的逻辑分析。实际上,收入与吸收固然会影响贸易收支,但贸易收支也会反过来影响收入和吸收。

其次,忽视了资本流动对国际收支的作用。

最后,前提假设不符合实际。吸收论有两个前提假设:其一是货币贬值是增加出口,改善国际收支的唯一手段;其二是资源转移机制平滑。事实上除了货币贬值外,还有其他一些因素也能促进出口。此外,在实际经济生活中,由于存在各种行政干预,闲置资源的转移会遇到一些困难。

三、国际收支货币分析法

国际收支货币分析法又称货币论,是 20 世纪 70 年代初由美国经济学家蒙代尔和约翰逊提出的国际收支调节理论。该理论的基础为 20 世纪 60 年代在美国兴起的货币主义学说,是货币主义学派理论在国际经济领域的拓展。该理论认为资本在各国间流动与商品、劳务在国际间流动的原因一样,都是为了对一国的货币存量进行调整。其核心内容是从货币的角度而不是从商品的角度,来考察国际收支失衡的原因,并提出相应的政策主张。

货币论假定:

(1) 在充分就业均衡状态下,一国的名义货币需求是收入、价格、利率等变量的稳定函数,即:

$$Md = f(Y.p.r) \tag{3-12}$$

(2) 从长期看,货币需求是稳定的,货币供给变动不影响实物产量,即货币中性。

(3) 存在一个有效率的商品市场和资本市场,并且长期内一国的价格水平接近世界市场价格水平;一国利率水平趋向国际资本市场利率水平。

(4) 只考虑固定汇率制度下的国际收支失衡及其调节。

这些假设的目的是为了排除货币之外其他因素对国际收支的影响,而直接从货币供求关系变动中分析国际收支这种货币现象。

货币分析法将一国的货币供给(Ms)分为两个部分:一是由国内银行体系所创造的国内信用(D);二是来自国外的货币供应,它通过国际收支盈余获得,以国际储备 R 作为代表。通过货币乘数 m 可得到货币供给公式:

$$Ms = m(D+R) \tag{3-13}$$

由于货币市场均衡时,$Ms = Md$,则:

$$Md = m(D+R) \tag{3-14}$$

为了分析方便且不影响最终结论,可以取 $m=1$,于是:

$$R = Md - D \tag{3-15}$$

式(3-15)是货币论的最基本方程式。它表明:国际收支是一种货币现象。国际收支逆差,实际上就是一国国内的名义货币供应量 D 超过了名义货币需求量。由于货币供应不影响实物产量，在价格不变的情况下，多余的货币就要寻找出路。对个人和企业来讲，就会增加货币支出，以重新调整它们的实际余额；对整个国家来讲，实际货币余额的调整便表现为货币外流，即国际收支逆差。反之，则为顺差。国际收支问题，实际上反映的是实际货币余额（货币存量）对名义货币供应量的调整过程。当国内名义货币供应量与实际经济变量（国民收入、产量等）所决定的实际货币余额需求相一致时，国际收支便处于平衡状态。

货币论认为，所有国际收支不平衡，在本质上都是货币现象。因此，国际收支不平衡，都可由国内货币政策来调节。所谓国内货币政策，主要是指货币供应政策。因为货币需求是收入、利率的稳定函数，而货币供应则在很大程度上可由政府控制，所以扩张性的货币政策（使 D 增加）可以减少国际收支顺差，而紧缩性的货币政策（使 D 减少）可以减少国际收支逆差。

总之，货币论政策主张的核心是：国际收支逆差的根源在于国内信贷过度扩张，应该实施紧缩性的货币政策，使货币增长与经济增长保持相对一致的速度，从而消除逆差，改善国际收支。

货币论的主要贡献在于唤醒了人们在国际收支分析中对货币因素的重新重视，它对长期内国际资金流动的分析具有一定说服力。同时，货币论本身就是一个非常简洁精巧的分析工具。它的主要缺陷则表现为：

第一，颠倒了国际经济的因果关系。把货币因素看成是决定国际收支的决定因素，而把收入、支出、贸易条件和其他实际因素看成是次要的，这些因素只通过对货币需求的影响发生作用。实际上，商品流通决定着货币流通，而不是相反。

第二，它假定货币需求函数是相当稳定的。但在短期内，货币需求往往是很不稳定的，也很难不受货币供给变动的影响。

第三，货币论还假定货币供给变动不影响实物产量，其实不然。因为货币供给变动后，人们不仅改变对国外商品和证券的支出，而且也会改变对本国商品和证券的支出，由此影响国内产量的变化。

第四，它强调一价定律的作用[即货币论假定第(3)项]，但至少从短期来看，由于交易成本、垄断因素和商品供求黏性的存在，一价定律往往是不能成立的。

四、国际收支结构分析法

传统的观点将国际收支理论归结为以上三种：弹性论、吸收论、货币论。进入 20 世纪 70 年代，发展中国家普遍感到原有的国际收支理论不能很好地解释其国内某些现象，也不能很好地对其国际收支调节提供理论指导，于是一种新的国际收支调节理论——结构分析法就诞生了。

结构分析法（structural approach）又称结构论，是作为国际货币基金组织国际收支调节规划的对立面，亦或作为传统的国际收支调节理论、特别是货币论的对立面于 20 世纪 70 年代形成的国际收支调节理论。赞成结构论的经济学家，大多数是发展中国家或发达国家中从事发展问题研究的学者。因此，结构论的理论渊源同发展经济学密切相关。

结构论认为，国际收支失衡并不一定完全是由国内货币市场失衡引起的。货币论乃至以前的吸收论都从需求角度提出国际收支调节政策，而忽视了经济增长的供给方面对国际收支的影响。就货币论来讲，它实际上通过压缩国内名义货币供应量来减少实际需求。就吸收论而言，它实际上主张的是通过紧缩性财政货币政策来减少国内投资和消费需求。

结构论认为，国际收支逆差尤其是长期性的逆差既可以是由长期性的过度需求引起的，也可以是由长期性的供给不足引起的。而长期性的供给不足往往是由经济结构问题引起的。引起国际收支长期逆差或长期逆差趋势的结构问题有经济结构老化、经济结构单一和经济结构落后，等等。国际收支的结构性不平衡既是长期以来经济增长速度缓慢和经济发展阶段落后所引起的，又成为制约经济发展和经济结构转变的瓶颈。如此，形成一种恶性循环，即一国要发展经济和改变经济结构，需要有一定数量的投资和资本与货物的进口，而国际收支的结构性困难和外汇短缺却制约着这种进口，从而使经济发展和结构转变变得十分困难。既然国际收支失衡的原因是经济结构导致的，那么调节政策的重点就应放在改善经济结构和加速经济发展方面，以此来增加出口商品和进口替代品的数量和品种供应。改善经济结构和加速经济发展的主要手段是增加投资，改善资源的流动性，使劳动力和资金等生产要素能顺利地从传统行业流向新兴行业。经济结构落后的国家要积极增加国内储蓄，而经济结构先进的国家和国际经济组织应增加对经济落后国家的投资。经济结构落后的国家通过改善经济结构和发展经济，不仅能有助于克服自身国际收支的结构性困难，同时也能增加从经济结构先进的国家的进口，从而也有助于经济结构先进的国家的出口和就业的增长。

结构论还认为，即便汇率政策或财政、货币等需求管理政策对调整一国国际收支失衡有效，那也是暂时的，并不能从根本上解决问题。要想彻底解决一国国际收支失衡，尤其是长期性失衡，就需要下大力气解决该国经济结构、生产结构和产业结构等方面存在的问题。但由于各种结构性问题都是多年累积的结果，具有明显的长期性，因此解决起来有相当难度，绝非一朝一夕就能完成。

当然，结构论也有许多不完善之处。有些批评意见认为，结构论就其本质而言讨论的是经济发展问题，而不是国际收支问题。经济发展政策对国际收支失衡的调节，常常是行之无效或收效甚微的。国际收支制约力是广泛存在的，它的存在对于维持一国经济长期均衡的发展和世界货币金融秩序是十分必要的。结构论要求以提供暂时性资金融通为主的国际货币基金组织向经济结构落后的国家提供长期性国际收支贷款，同时又不施予必要的调节纪律和恰当的财政货币政策约束，犹如把资金填入一个无底洞，既不利于有关国家经济的均衡发展，又违背了国际货币基金组织本身的性质和宪章，同时也是国际货币基金组织在客观上无力做到的。

五、国际收支跨期最优化分析方法

20 世纪 80 年代开始，国际收支经常项目的跨期最优化分析方法（intertemporal approach，简称跨期方法）被越来越多的经济学家所采用，用以分析研究一国国际收支经常项目长期的动态演进规律。

跨期方法是建立在微观经济主体效用最大化或利润最大化的决策基础上，并把最优的经济增长理论推广到开放经济条件下的宏观经济学领域。我们知道，在凯恩斯的分析框架里，一国的净出口 $X-M$（近似代替经常账户余额）是由当期的相对收入水平和对外净利息支付决定的。而跨期方法不仅要考虑当期，更要考虑未来一段期间内，一国国际收支在面对各种冲击（暂时的或持久的）后的动态变化。

跨期方法把经常项目的动态均衡（收敛）看作是建立在经济决策主体对未来预期基础上的储蓄和投资间最优抉择的结果。Buiter（1981）运用跨期方法，并引入时间偏好因子研究国际收支问题，认为在经济自然增长条件下，时间偏好率较低（更喜欢延期消费）的国家，因有更强的储蓄倾向，故经常会出现经常项目的顺差；反之，时间偏好率较高（更喜欢即期消费，超前消费）的国家，更易出现经常项目逆差。Sachs（1982）在国际收支的分析中引入了理性预期因素，认为国际收支经常项目作为因变量是当前和未来宏观经济决策变量的函数，而非进出口需求变化的函数。一国宏观经济调节在变动不居的经济环境下，要严格受到经济主体跨期预算约束的限制。Sachs 强调，经常项目余额等于零的账面平衡，从动态的视角来看绝非是有效率的政策目标。居民福利的最大化正是通过经常项目收支面对外部不同类型冲击作出相应最优反应，并表现为经常项目余额的顺差或逆差，甚至是长期的逆差或顺差状态下而实现的。Devereux（1991）在一项研究中把时间偏好因子作为内生变量对经常项目的跨期动态进行了模拟研究。结果表明：经常项目在面临冲击后的动态调整路径具有多种可能，且呈非单调变化。一国经常项目收支的动态变化与该国对外净资产头寸变动紧密相连。在稳态均衡中，一般来说，债权国在世界经济增长时期会出现经常项目顺差，债务国出现经常项目逆差。Obstfeld 和 Rogoff（1995）建立了多个由简单到复杂的国际收支经常项目跨期模型（简称为 OR 模型）。以此类模型为研究模板，他们分析了实际汇率、贸易条件、不确定性、生产率冲击、货币冲击等变量是如何影响一国经常账户跨期变化的。他们还把该跨期模型由弹性价格条件进一步拓展到黏性价格条件。他们特别强调经济主体的消费平滑（consumption smoothing）行为在经常项目余额动态变化中所起的决定作用。他们认为，在开放经济中，经常项目的核心功能在于它可以作为缓冲工具，更有助于经济主体实现跨期消费平滑，进而实现跨期效用的最大化。

总之，国际收支调节的跨期方法更符合开放宏观经济系统复杂多变的特点，也相对更能刻画出影响国际收支的众多宏观经济变量日益增强的波动性特征。在跨期动态一般均衡分析框架下，随着研究的不断深入，人们对国际收支的认知被带到一个更广、更深的层面，其强调的时间偏好因素、消费平滑思想、暂时性冲击和持久性冲击的不同冲击效应等，都会为我们在一国国际收支的动态调整实践操作过程中提供极富有参考价值的理论准备。

第五节　中国的国际收支

一、中国国际收支统计

目前，中国国际收支统计已经开始使用国际货币基金组织发布的《国际收支和国际投

资头寸手册》(第六版)进行编制,其间的发展经历了如下几个阶段:

第一阶段:1980年之前。我国仅编制外汇收支统计,其主要项目是进出口贸易以及非贸易。

第二阶段:1980—1984年,国际收支统计制度初步建立。1980年4月,我国恢复了在IMF的合法地位,作为该组织的成员国需要定期报送国际收支平衡表。1981年8月,国家统计局会同原国家进出口管理委员会、国家外汇管理局、中国人民银行总行等部门,结合我国实际情况,参照国际货币基金组织的有关规定,建立了我国国际收支统计报表制度,从1982年开始按照当时IMF《国际收支手册》第四版正式编制和公布中国国际收支平衡表。

第三阶段:1985—1995年,国际收支统计制度不断改进。1985年9月2日,我国首次正式公布了1982—1984年中国国际收支平衡表。并自1988年开始,每年公布上一年的中国国际收支平衡表。

第四阶段:1996—2015年。1996年1月1日正式实施中国人民银行制定的新版《国际收支统计申报办法》;1997年中国国际收支平衡表按照IMF新制定的《国际收支手册》第五版的原则和方法编制;1998年开始有了中国国际收支平衡表的季度表;2006年开始公布中国国际投资头寸表(IIP)。

第五阶段:2016年至今。2016年中国国家外汇管理局(SAFE)已经开始按照新的《国际收支和国际投资头寸手册》(第六版)要求编制中国国际收支平衡表。2017年9月发布了最新的按照《国际收支和国际投资头寸手册》(第六版)编制的2013—2016年度中国国际收支平衡表。

国际收支统计从宏观上反映一个国家内部经济与国外经济往来的总体状况,是国民经济核算体系的重要组成部分,也是国家制定货币政策、汇率政策的重要依据。

为适应国际收支统计申报工作的变化,2003年2月21日中国国家外汇管理局发布了新的《国际收支统计申报办法实施细则》,并从2003年3月1日起执行。

国际收支统计申报是各国政府搜集国际收支统计所需数据的方式。它可以采取直接申报的办法,即申报人与国外发生交易的居民(个人或机关、企事业单位)向政府部门直接申报的办法;也可以采取间接申报的办法,即申报人通过金融机构向政府部门申报。申报办法往往不能覆盖所有的涉外交易,还需要采取抽样调查或普查的方式搜集信息。

国际收支统计申报范围为中国居民与非中国居民之间发生的所有经济交易以及中国居民对外金融资产、负债状况。

负责我国国际收支统计的国家外汇管理局,根据我国国情和已有的经验,参照国际惯例,建立了国际收支统计申报办法,规定了申报人通过金融中介机构等间接申报与直接向外汇管理部门申报、逐笔申报与定期申报有机结合的方法。包括以下申报内容:

(1) 我国居民通过境内各类金融机构与非居民进行的各类交易均须在办理业务时进行申报。

(2) 我国居民与非居民进行证券、期权、期货等交易的须由证券商、交易商向外汇管理部门进行申报。

(3) 我国境内各类金融机构自身对外业务情况须定期、直接向外汇管理部门报告。

(4) 在我国境外开立账户的我国非金融机构，须定期直接向外汇管理部门报告其境外账户的情况。

(5) 我国境内的外商投资企业，在境外有直接投资的企业及有对外资产或负债的非金融机构须定期直接向外汇管理部门报告。

其中，通过金融机构进行的国际收支统计申报为间接、逐笔申报，即交易主体必须通过相关金融机构逐笔申报其对外交易情况；其他统计申报为报告者定期地直接向外汇局申报其对外交易状况及对外资产负债和分红派息情况。

二、中国国际收支：历史与现状

改革开放以来，随着我国对外经济规模的不断扩大，我国国际收支总量增长迅速。虽然由于受国内经济体制改革，尤其是外贸体制改革和国民经济波动的影响，在改革初期国际收支差额曾出现了较大的波动。中国自 1987 年出现了国际收支的第一个"双顺差"(two-surplus)，到 2020 年止，除个别年份经常账户或者资本与金融账户出现逆差外，均是"双顺差"状态。特别是进入 20 世纪 90 年代以来，除 1993 年那次 119 亿美元的经常项目逆差外，中国国际收支经常项目已经形成单边顺差态势。中国国际收支的关键账户经常账户曾经出现过连续多年大于 5%的高额顺差，这在大国经济体中是极为罕见的。例如，2005—2009 年中国经常账户年度顺差占同期中国 GDP 之比分别为 5.94%、8.58%、10.13%、9.12%、5.23%。后受 2008 年美国金融海啸等外部不利冲击影响以及中国主动调整经济结构向更加倚重内需转变，从 2011 年以来中国经常项目顺差相对规模大幅收窄到 3%以内，这是一个比较合理、适度的范围。但资本与金融项目波动加大，出现了大额逆差，需引起特别关注。2004—2017 年中国国际收支结构如表 3-6 所示。

表 3-6　2010—2020 中国国际收支结构　　单位：亿美元

年份	经常账户差额①	①/GDP	非储备性质资本金融账户差额②	②/GDP
2010	2 378	3.9%	2 822	4.6%
2011	1 361	1.8%	2 600	3.4%
2012	2 154	2.5%	−360	−0.4%
2013	1 482	1.5%	3 430	3.6%
2014	2 360	2.3%	−514	−0.5%
2015	2 030	2.6%	−4 345	−3.9%
2016	1 913	1.7%	−4 161	−3.7%
2017	1 887	1.5%	1 095	0.9%
2018	241	0.2%	1 727	1.2%
2019	1 029	0.7%	73	0.1%
2020	2 740	1.9%	−778	−0.5%

数据来源及说明：依据国家外汇管理局，国家统计局的相关数据由编著者整理制表。

由于多年来中国国际收支"双顺差"尤其是经常项目顺差的持续存在，中国储备资产特别是外汇储备保持了较快增长。截至 2021 年 10 月底中国外汇储备余额为 32 176 亿美元(中国外汇储备余额的历史峰值出现在 2014 年 6 月,为 3.99 万亿美元),居世界第一位,约占全球外汇储备的 3 成。

需要关注的问题是,近些年来,我国的国际收支平衡表中的误差与遗漏项规模之大超出了一般统计误差的合理范围(国际标准一般认为净错误与遗漏账户余额与该国同期进出口总额之比不大于 5%),这反映了游离于国际收支监管范围之外的“热钱”流动可能存在较大规模。

2016 年之前我国国际收支平衡表是按照国际货币基金组织《国际收支手册》第五版规定的各项原则编制,采用复式记账原则记录所有发生在我国大陆居民(不包括港、澳、台地区)与非居民之间的经济交易,是全面反映我国对外经济收支平衡状况的报表。该报表由国家外汇管理局根据有关部门的资料汇总编制。表的内容分成四个部分:经常项目、资本与金融项目、储备资产、净误差与遗漏。但有一点需引起注意,就是此阶段中国国际收支平衡表的编制虽然基本依照 IMF《国际收支手册》第五版的要求,但作了轻微调整,把原属金融项目中的储备资产(reserve assets)项单独拿出,作为和经常项目、资本与金融项目平行的一级项目看待。

2016 年,中国国家外汇管理局(SAFE)开始按照国际货币基金组织《国际收支和国际投资头寸手册》(第六版)的要求编制中国国际收支平衡表。和第五版相比,内容有所调整,主要的调整和改变在资本和金融。新版国际收支平衡表分为如下三部分:第一部分,经常项目(第五版中的子项目,“收益”和“经常转移”被第六版的“初次收入”①和“二次收入”②替换);第二部分,资本和金融账户(第五版的“金融项目”的分项调整为新版的“非储备性质的金融账户”和“储备资产”。其中,“非储备性质的金融账户”又细分为:直接投资、证券投资、金融衍生工具和其他投资);第三部分,净误差与遗漏。同时,表中原称“项目”的均改为“账户”。

按照《国际收支手册》第六版编制的 2020 年中国国际收支平衡表表例如表 3-7 所示。

表 3-7 2020 年中国国际收支平衡表 单位:亿美元

项目	行次	2020 年
1. 经常账户	1	2 740
贷方	2	30 117
借方	3	−27 377
1. A 货物和服务	4	3 697
贷方	5	27 324
借方	6	−23 627

① 初次收入包括雇员报酬、利息、公司的已分配收益、再投资收益和租金。

② 二次收入包括对所得、财富等征收的经常性税收,非寿险净保费,非寿险索赔,经常性国际转移,其他经常转移,养老金权益变化调整。

（续表）

项目	行次	2020 年
1.A.a 货物	7	5 150
贷方	8	24 972
借方	9	−19 822
1.A.b 服务	10	−1 453
贷方	11	2 352
借方	12	−3 805
1.A.b.1 加工服务	13	127
贷方	14	132
借方	15	−5
1.A.b.2 维护和维修服务	16	43
贷方	17	77
借方	18	−34
1.A.b.3 运输	19	−381
贷方	20	566
借方	21	−947
1.A.b.4 旅行	22	−1 163
贷方	23	142
借方	24	−1 305
1.A.b.5 建设	25	46
贷方	26	126
借方	27	−81
1.A.b.6 保险和养老金服务	28	−70
贷方	29	54
借方	30	−123
1.A.b.7 金融服务	31	10
贷方	32	43
借方	33	−33
1.A.b.8 知识产权使用费	34	−292
贷方	35	86
借方	36	−378

（续表）

项目	行次	2020 年
1.A.b.9 电信、计算机和信息服务	37	59
贷方	38	389
借方	39	−330
1.A.b.10 其他商业服务	40	198
贷方	41	702
借方	42	−504
1.A.b.11 个人、文化和娱乐服务	43	−20
贷方	44	10
借方	45	−30
1.A.b.12 别处未提及的政府服务	46	−11
贷方	47	25
借方	48	−36
1.B 初次收入	49	−1 052
贷方	50	2 417
借方	51	−3 469
1.B.1 雇员报酬	52	4
贷方	53	147
借方	54	−144
1.B.2 投资收益	55	−1 071
贷方	56	2 244
借方	57	−3 315
1.B.3 其他初次收入	58	16
贷方	59	26
借方	60	−10
1.C 二次收入	61	95
贷方	62	376
借方	63	−281
1.C.1 个人转移	64	4
贷方	65	42
借方	66	−38

（续表）

项目	行次	2020 年
1.C.2 其他二次收入	67	91
贷方	68	334
借方	69	−244
2. 资本和金融账户	70	−1 058
2.1 资本账户	71	−1
贷方	72	2
借方	73	−2
2.2 金融账户	74	−1 058
资产	75	−6 263
负债	76	5 206
2.2.1 非储备性质的金融账户	77	−778
资产	78	−5 983
负债	79	5 206
2.2.1.1 直接投资	80	1 026
2.2.1.1.1 直接投资资产	81	−1 099
2.2.1.1.1.1 股权	82	−836
2.2.1.1.1.2 关联企业债务	83	−263
2.2.1.1.1.a 金融部门	84	−200
2.2.1.1.1.1.a 股权	85	−215
2.2.1.1.1.2.a 关联企业债务	86	14
2.2.1.1.1.b 非金融部门	87	−899
2.2.1.1.1.1.b 股权	88	−622
2.2.1.1.1.2.b 关联企业债务	89	−277
2.2.1.1.2 直接投资负债	90	2 125
2.2.1.1.2.1 股权	91	1 700
2.2.1.1.2.2 关联企业债务	92	425
2.2.1.1.2.a 金融部门	93	200
2.2.1.1.2.1.a 股权	94	123
2.2.1.1.2.2.a 关联企业债务	95	76
2.2.1.1.2.b 非金融部门	96	1 925

（续表）

项目	行次	2020 年
2.2.1.1.2.1.b 股权	97	1 577
2.2.1.1.2.2.b 关联企业债务	98	348
2.2.1.2 证券投资	99	873
2.2.1.2.1 资产	100	−1 673
2.2.1.2.1.1 股权	101	−1 310
2.2.1.2.1.2 债券	102	−363
2.2.1.2.2 负债	103	2 547
2.2.1.2.2.1 股权	104	641
2.2.1.2.2.2 债券	105	1 905
2.2.1.3 金融衍生工具	106	−114
2.2.1.3.1 资产	107	−69
2.2.1.3.2 负债	108	−45
2.2.1.4 其他投资	109	−2 562
2.2.1.4.1 资产	110	−3 142
2.2.1.4.1.1 其他股权	111	−5
2.2.1.4.1.2 货币和存款	112	−1 304
2.2.1.4.1.3 贷款	113	−1 282
2.2.1.4.1.4 保险和养老金	114	−33
2.2.1.4.1.5 贸易信贷	115	−369
2.2.1.4.1.6 其他	116	−149
2.2.1.4.2 负债	117	579
2.2.1.4.2.1 其他股权	118	0
2.2.1.4.2.2 货币和存款	119	774
2.2.1.4.2.3 贷款	120	−354
2.2.1.4.2.4 保险和养老金	121	33
2.2.1.4.2.5 贸易信贷	122	76
2.2.1.4.2.6 其他	123	51
2.2.1.4.2.7 特别提款权	124	0
2.2.2 储备资产	125	−280
2.2.2.1 货币黄金	126	0

（续表）

项目	行次	2020 年
2.2.2.2 特别提款权	127	1
2.2.2.3 在国际货币基金组织的储备头寸	128	−19
2.2.2.4 外汇储备	129	−262
2.2.2.5 其他储备资产	130	0
3. 净误差与遗漏	131	−1 681

注：①“贷方”按正值列示，“借方”按负值列示，差额等于“贷方”加上“借方”；②本表除标注“贷方”和“借方”的项目外，其他项目均指差额；③本表计数采用四舍五入原则。

资料和数据来源：国家外汇管理局；转引自《2020 年中国国际收支报告》（国家外汇管理局国际收支分析小组，2021.3.26）。

2021 年 3 月 26 日，中国国家外汇管理局（SAFE）公布了 2020 年中国国际收支平衡表初步数据。数据显示，2020 年经常账户和非储备性质的金融账户呈现“一顺一逆”格局，储备资产增加 280 亿美元，其中外汇储备增加 262 亿美元。具体情况如下：

（1）经常账户保持合理顺差，货物进出口趋稳向好。2020 年，我国经常账户顺差 2 740亿美元，与同期国内生产总值（GDP）之比为 1.9%。国际收支口径的货物贸易顺差 5 150亿美元，其中，货物出口 24 972 亿美元，进口 19 822 亿美元，同比分别增长 5%和略降 0.6%，显示在新冠疫情冲击下我国外贸回稳向好的趋势进一步稳固。

（2）非储备性质的金融账户转为逆差。2020 年，我国非储备性质的金融账户逆差 778 亿美元，主要在于我国私人部门对外各类投资较多，具体来看：一是境内居民对外证券投资增加，多元化资产配置需求较强；二是对外直接投资总体理性有序；三是银行对外存贷款增多，主要是经常账户保持顺差使得境内外汇流动性相对充裕。同期，外国来华直接投资、证券投资、其他投资等全部对外负债均为净流入，未出现对外债务去杠杆。可见，国际收支平衡表的各账户有顺差也有逆差，最终结果是我国私人部门增加了对外净资产。

（3）储备资产保持稳定。2020 年，因交易形成的储备资产（剔除汇率、价格等非交易价值变动影响）增加 280 亿美元。其中，交易形成的外汇储备上升 262 亿美元，保持基本稳定。综合考虑交易、汇率折算、资产价格变动等因素后，截至 2020 年年末，我国外汇储备余额 32 165 亿美元，较 2019 年年末增加 1 086 亿美元。

总体来看，2020 年，在国内经济稳定恢复支撑下，我国国际收支保持基本平衡。2020 年新冠疫情全球蔓延，严重冲击全球经济和国际贸易，而我国疫情最先得到有效控制，在稳外贸、稳外资等政策措施积极推进下，经济发展稳定恢复，有效促进了国际收支基本平衡。我国经常账户顺差有所增加，继续处于合理均衡区间；非储备性质金融账户项下资金有进有出，总体呈现逆差。随着国内经济稳中向好态势进一步巩固，未来国际收支总体平衡的基础将更加坚实。

三、中国国际收支：失衡、对策、趋势

近年来，全球经济复苏缓慢，国际金融市场波动加剧。我国经济总体缓中趋稳、稳中

向好，经济运行保持在合理区间。过去多年持续出现的国际收支“双顺差”失衡问题已经得到了根本缓解甚至出现了部分逆转。

中国国际收支中的经常账户自 2011 年以来就已经大幅收窄到占同期 GDP 的 3%（见表 3-6）以内，而资本与金融账户收窄以及波动的幅度更大，甚至出现了巨额逆差。多年来人民币单边升值态势在 2016 年被打破，2016 年人民币对美元全年贬值 6.2%；由于人民币贬值，中国经济持续放缓，国内经济结构调整等多重因素叠加影响，2016 年中国资本外流严重，外汇储备减少了 3 198 亿美元，至 2016 年年底为 30 105 亿美元，其间甚至一度跌破 3 万亿美元的心理关口。

在可预见的将来，外部环境中的不稳定、不确定因素依然较多，这可能造成市场情绪多变，引起我国跨境资金流动阶段性波动。为了保持我国国际收支稳中向好的格局，中国外汇管理必须按照稳中求进的工作总基调，兼顾投资便利化和防范金融风险双重目标。为此，第一，继续扩大金融市场开放，提升贸易投资便利化水平，服务实体经济发展；第二，加强外汇市场监管，加强真实性、合规性审核，严厉打击外汇领域违规违法活动，维护良性的外汇市场秩序；第三，加强事中事后管理，构建跨境资本流动的宏观审慎管理和微观市场监管体系，防范跨境资本流动风险，切实促进外汇市场健康发展。

近期，我国已经实施了全口径跨境融资宏观审慎管理、推动银行间债券市场进一步开放、深化合格的境外机构投资者（QFII）和人民币合格境外机构投资者（RQFII）外汇管理改革等政策，从而稳定预期，便利企业融资，吸引跨境资金持续流入。“债券通”已正式启动、A 股也纳入明晟新兴市场指数（MSCI），这都将会对境外投资者投资境内证券市场产生积极影响。近几年，随着人民币汇率市场化形成机制改革继续稳步推进，人民币汇率弹性进一步增强，境内主体对外投资更趋理性，有利于促进我国跨境资本流动呈现有进有出、双向波动的格局。

从长期发展趋势看，我国国际收支有望保持基本平衡格局，其中，经常项目将维持较合理的顺差规模。随着我国经济结构优化调整的深入，我国跨境资本流动总体企稳的条件更加坚实，对内和对外直接投资可能呈现此消彼长的发展态势。未来在国内经济企稳向好、对外开放逐步加深、市场预期进一步趋稳的情况下，我国国际收支平衡的基础将更加稳固和可持续。

延伸阅读 3-1

萨缪尔森的国际收支生命周期学说与实际案例分析

著名经济学家，美国第一位诺贝尔经济学奖获得者（1970 年）保罗·萨缪尔森（Paul Samuelson，1915—2009），通过详细考察欧洲、北美和东南亚等许多国家尤其是发达经济体的国际收支历史变动情况，然后以美国为案例，研究了美国自独立战争（18 世纪后期）到 21 世纪初期的国际收支演进规律，提出一国国际收支随着经济的发展大致要经历如下四个由低级到高级的不同发展阶段：

第一阶段，年轻的和处在成长期的债务国。该阶段的特征是：进口远大于出口，大量贸易逆差或外汇缺口主要靠对外借债支付，即处于经常项目逆差（CA＜0）加资本与金融项目顺差（KA＞0）的组合阶段。该阶段对应着一国经济的不发达时期，该国无论经济结构还是产品结构都比较落后、单一，产品在国际市场上缺乏竞争力，出口以粗加工的生产原材料为主，进口的主要是先进的技术、机器设备和工业制成品。

第二阶段，成熟的债务国。此阶段该国出口大于进口，对外贸易开始出现盈余，但贸易顺差还不是很大。由于该国过去向国外的借债存量较大，股息和利息在继续增加，因此，该国的贸易顺差还不足以抵销其全部债务和利息支出。由于经常项目的收益（收入）子项目在该阶段通常为逆差，甚至存在较大的逆差，故此阶段该国国际收支经常项目总体平衡或略有逆差。在该阶段，一般来说，一国的资本净流入继续增加，但这种增加的速度在递减。或者，资本净流入维持在一个大体平衡状态。总之，成熟的债务国阶段，一国的国际收支结构较为复杂，存在较大的不确定性。经常账户和资本与金融项目存在多种组合的可能，但无论何种组合，经常项目与资本和金融项目的顺差或逆差规模都应该不是很大。这一阶段对应着该国的经济发展水平有了一个较大的提高，出口以工业制成品为主，但出口产品的技术含量较低，因而附加值也低。

第三阶段，新兴的债权国。在该阶段，一国的出口开始远大于进口，该国存在大量的贸易顺差。大量的贸易顺差使得该国的对外净资产头寸由负值转为正值，即该国实际上已经成为净的资本输出国。这一阶段，国际收支结构的特点是：经常项目顺差（CA＞0）加上资本与金融项目的逆差（KA＜0，存在对外资本输出）。在该阶段，一国的经济发展水平达到了一个更高的层次，已经接近发达国家的水平。经济结构、生产结构也得到进一步优化、升级。出口产品中，较高技术含量、较高附加值的产品占绝大比例。但服务贸易，尤其是高科技、较高知识含量的服务贸易还欠发达，服务贸易占整个对外贸易的比重还有待提高。

第四阶段，成熟的债权国。在此阶段，一国商品出口再次少于进口，对外贸易项目重新出现赤字。但因该国对外大规模投资产生出较高的利润回流，导致该国经常项目下的收入项目出现较大规模的顺差，从而即便该国经常项目总体上是逆差，但逆差规模并不算太大。该阶段的国际收支结构一般呈经常项目逆差（CA＜0）加资本与金融项目逆差（KA＜0）组合。在该阶段，也意味着一国经济经过长期发展达到一个相对成熟的发达阶段。经济结构中第三产业所占比重，无论是增加值还是就业人数都大幅度领先于第一、第二产业。尤其是电信、金融、信息技术、产品设计等高端服务业发展到了一个相当大的规模与相当高的成熟度，成为该国出口的主力。

根据萨缪尔森的分析，美国在 20 世纪 80 年代初期的国际收支状况应属于第四阶段，即成熟的债权国阶段。这里需引起注意的是，萨缪尔森把当前以日本为典型的国家所处的国际收支结构，即经常项目拥有大量顺差，但这些顺差大多以海外直接投资形式重新转换为对外的资本输出，也归类为成熟的债权国阶段。当前，美国经常项目逆差规模巨大，连续多年超过 5%的国际公认的警戒线。美国不得不再次靠大规模对外融资来平衡其规模巨大的经常项目赤字。这反映出一方面，美国国内相对于投资极低的储蓄率根本无法满足国内经济发展的要求，需要对外大量借债；另一方面，美国国内政治稳定，资本金融市场比较发达、完善，效率较高，再加上美元是关键的世界货币，从而可以源源不断地吸纳美国之外的低成本资金为其经常项目赤字融资。但这并不意味着美国的经济又重回国际收支发展历程的第一阶段。因为,无论经济的发达程度还是经济结构的先进程度美国目前无疑都属于世界最先进国家的行列。同理,中国当前的国际收支结构与日本类似,但这也绝不意味着中国已加入成熟的债权国家行列。因为当前中、日两国的国际收支存在着一个最根本性的区别:中国尽管国际收支经常项目存在大规模顺差,其程度甚至超过日本,但经常项目巨额顺差形成的海外净资产的绝大比例却不得不以收益较低的被动投资形式转换为对外资本输出,而不是采取收益较高的主动对外资本输出形式——对外直接投资。尽管一般来说,一国经济的发展程度和其结构的演变决定着该国国际收支的发展及演变,但在经济发展过程中两者也并非是时时一致对应的,即国际收支结构在一国经济发展的某一段时期有可能出现,或落后、或超前于该国经济发展阶段的情况。对于中国国际收支的演变,许少强(2003)认为,中国在 20 世纪 80 年代属于国际收支生命周期的第一阶段,90 年代进入第二阶段,当前正处于向第三阶段的过渡期。并且认为,即便我们现在处于第三阶段,在该阶段中国的国际收支结构可能要固化很长时间,即中国国际收支经常项目的顺差结构呈现出较强的刚性。杨柳勇(2002)通过对中国国际收支平衡表的仔细考察、研究后认为,中国国际收支结构在进入 20 世纪 90 年代后出现了重大转变,和中国的经济发展水平相比较,中国国际收支结构似乎已提前进入第三阶段,即新兴的债权国阶段。他认为中国国际收支结构表现出明显的超前特征。

延伸阅读 3-2

如何看待中国国际收支双顺差

2011 年 8 月 16 日,国家外汇管理局公布 2011 年二季度我国国际收支平衡表初步数据,显示我国国际收支经常项目、资本与金融项目(含净误差与遗漏)呈现"双顺差",国际储备资产继续增长。二季度,经常项目顺差 696 亿美元,资本与金融项目(含净误差与遗漏)顺差 670 亿美元,其中直接投资净流入 402 亿美元。与此同时,我国外汇储备继续积聚,二季度再增 1 369 亿美元,我国外汇储备总规模突破 3.18 万亿美元。

2011 年上半年,中国国际收支经常项目顺差 984 亿美元,资本与金融项目顺差 1 793 亿美元,国际储备资产增加 2 777 亿美元。

"双顺差"对我国而言可谓喜忧参半。海关总署 2011 年 8 月 10 日公布数据显示,2011 年 7 月我国对外贸易意外增速,贸易顺差继续扩大,创下了自 2009 年 2 月以来的新高。在欧美债务危机沉重、欧美经济普遍疲软的时候,我国外贸数据却攀新高,让人感到意外。对此,渣打银行(Standard Chartered Bank)经济分析师李炜表示,欧美债务危机的影响尚未反映在当期外贸数据上,有一定的滞后性。而且欧美经济尽管疲软,但仍在缓慢复苏,从欧美经济数据来看,尽管 GDP 增速走低,但进口并未下降。此外,在复苏初期,中国商品由于低廉的价格优势,可能更受欢迎。

"双顺差"给我国货币政策执行带来"隐忧"。因为"双顺差"直接导致外汇储备规模不断扩大,对冲外汇占款的人民币在不断增加,这无疑加大了我国的通胀压力,这也是我国近段时间宏观调控和制定货币政策的一大挑战。

“双顺差”格局形成的原因是多方面的：

一是我国经济中长期存在储蓄大于消费的结构性失衡。国家统计局相关数据显示，我国最终消费率从1978年的62.1%下降到2009年的48.6%，降幅为13.5%。消费不足肯定会带来储蓄过高，两者存在此消彼长的关系。在国内消费不足的情况下，高投资形成的过剩产能通过对外出口得以释放。

二是我国长期采取一系列鼓励出口的优惠政策，发展沿海外向型经济。这些出口导向(export orientation)政策在利好我国外向型经济发展的过程中，也使得我国出口商品竞争优势得以发挥，出口增速加快。

三是鼓励外资进入的各种优惠政策也使得国外资金可以通过合资和直接投资的方式进入中国，外商直接投资带来的外汇并非通过经常项目逆差的形式流入，而是将外汇直接卖给央行，然后用换来的人民币购买国内资本品，投资生产的产品再通过出口产生经常项目顺差。另外，由于近期信贷资金收紧，一些企业从国外银行贷款，这也导致了国际收支顺差进一步扩大。

如何促进收支平衡，改变我国长期处于“双顺差”的国际收支状况？

业内人士给出了几点建议：① 深化人民币汇率改革，实现更富有弹性的人民币汇率制度；② 进一步拓宽外汇储备的使用途径；③ 完善国内金融市场和投融资体系，以及价格形成体制，使国内储蓄能顺利转化为投资，同时充分反映资源的供求关系；④放宽外汇管制，鼓励企业对外投资，引导资金有序流出，鼓励企业在国内上市，同时鼓励新兴企业、中小型企业到海外发行上市。

资料来源：《经济日报》2011-08-19，第5版(注：本书编者对原文有改动)。

课后练习

1. 国际收支与国际投资头寸有何区别与联系？
2. 国际收支平衡表各项目间有何关系？
3. 若一国国际收支的经常项目为赤字，则该国的国际收支是否可能盈余？为何？
4. 国际收支失衡的原因有哪些？
5. 如何理解国际收支的平衡与失衡？
6. 国际收支失衡对经济有什么影响？
7. 国际收支失衡的调节措施有哪些？
8. 请说明纸币流通制度下的国际收支自动调节机制。
9. J曲线效应是如何产生的？
10. 国际收支的调节理论有哪些？请就其中三种理论给出简要说明。
11. 请说明国际收支吸收分析法和货币分析法的政策含义。
12. 中国国际收支曾经出现过长期、持续失衡，其特点是什么？如何化解？中国近几年国际收支出现了哪些新情况？

第四章 外汇市场和外汇交易

外汇市场是全球最大的金融市场。作为国际经济联系的纽带，外汇市场集中反映了国际经济、国际金融的动态和各国汇率的变化，促进国际贸易的发展，为国际投资和各种国际经济往来的实现提供了便利。在这个市场上，全球的交易者每天都进行着几万亿美元的交易，交易目的和类型多种多样。由于外汇市场汇率的频繁波动，交易者不可避免地面临着汇率风险。汇率风险的规避、转移也成为外汇市场参与者需要考虑的一个重要问题。

本章将从外汇和汇率着手，介绍外汇市场和各种类型的外汇交易，分析外汇风险及其管理办法。

案例导入

瑞郎“黑天鹅”事件

2015 年 1 月 15 日，瑞士央行(SNB)发布公告，宣布取消自 2011 年 9 月以来一直维持着的欧元兑瑞郎 1.20 的汇率下限。作为 2015 年国际金融市场飞出的第一只“黑天鹅”，瑞士央行的公告在全球市场上掀起了轩然大波，对国际金融市场的冲击无异于彗星撞地球。市场出现了 20 世纪 70 年代以来最大的震荡：瑞郎兑其他货币全线暴涨，美元兑瑞郎暴跌 27.1%至 3 年低位 0.742 6，欧元兑瑞郎暴跌 23.4%至 0.919 7，创历史新低。欧洲股市和美国股指期货瞬间跳水，瑞士股市SMI指数暴跌13%。Brent原油重挫至每桶48美元以下，史上首次低于WTI油价。黄金价格逐步走高至1 261美元/盎司，白银亦紧随其后大幅上扬，伦敦金属全线飘红。

瑞郎“黑天鹅”事件导致各大银行蒙受数亿美元的损失，三家机构因此破产。全球最大外汇经纪商之一——美国福汇遭受2.25亿美元的损失，其股票1月16日暂停交易，股价在开盘前暴跌88%，市值从6亿美元暴跌至9 000万美元。花旗银行、盈透、德意志银行等多家机构直接损失上亿美元。瑞士央行本身也遭受了巨额损失，1月15日亏损额达410亿瑞郎(425亿美元)。

第一节 外汇与汇率

一、外汇

（一）外汇的概念

外汇(foreign exchange)是国际金融领域最基本的概念之一。我们可以从动态和静态两个不同的角度理解外汇的含义。

1. 动态外汇

动态的外汇是国际汇兑的简称,“汇”是指国际异地移动,“兑”是指货币的交换。国际汇兑是指把一国货币兑换成另一国货币以清偿各国间债权债务关系的一种专门性经营活动或过程。一般来讲,各国间发生的贸易和非贸易的经济往来和交流都会引起货币收支和债权债务关系。由于各国实行不同的货币制度,使用不同的货币,国际货币收支和债权债务的清偿就必须通过银行把本国货币兑换成外国货币或把外国货币兑换成本国货币,以国际通用的支付手段来实现国际结算活动。

2. 静态外汇

静态的外汇概念是从动态的汇兑行为中衍生出来并广为运用的。它是指各国间为清偿债权债务关系而进行的汇兑活动所凭借的手段和工具,强调外汇作为一种金融工具所具有的功能。静态的外汇有广义和狭义之分。

广义的外汇是指一种以外国货币表示的、被各国普遍接受的、可用于国际债权债务结算的支付手段。国际货币基金组织曾对外汇作过明确的定义:“外汇是货币行政当局(中央银行、货币管理机构、外汇平准基金组织及财政部)以银行存款、国库券、长短期政府债券等形式所保有的在国际收支逆差时可以使用的债权。”

各国外汇管理法律法规所称的外汇就是广义的外汇。如我国于2008年8月修订通过的《中华人民共和国外汇管理条例》规定,外汇是指以外币表示的可以用作国际清偿的支付手段和资产,包括:

(1) 外币现钞,包括纸币和铸币。

(2) 外币支付凭证或者支付工具,包括票据、银行存款凭证、银行卡等。

(3) 外币有价证券,包括债券、股票等。

(4) 特别提款权。

(5) 其他外汇资产。

狭义的外汇是指以外币表示的、可直接用于国际结算的支付手段和工具。从这个意义上讲,只有存放在国外银行的外币存款,以及索取这些存款的外币票据和外币凭证才是外汇,主要包括银行汇票、支票、本票、电汇凭证等。日常生活中,人们所说的外汇是指狭义的外汇。

随着可用作国际结算的支付手段或可作为国际汇兑手段的货币和其他资产的不断增

加和扩大，外汇的外延概念也在增加和扩大。

（二）外汇的特征

一般来说，外汇必须具备以下几个特征。

1. 以外国货币表示

外汇是以外币表示的、可用于对外支付的金融资产。任何以本国货币表示的信用工具、支付手段、有价证券等对本国人来说都不能称为外汇。

2. 可自由兑换性

可自由兑换性是指外汇的持有者可以自由地将其兑换成其他货币或以其表示的支付手段。各国（或地区）货币制度不同，外汇管制宽严程度不同。为了清偿由于对外经济贸易而产生的债权、债务关系，为了在国与国之间进行某种形式的转移，被普遍接受为外汇的货币必须是能够不受限制地按一定比例兑换成其他国家货币及其他形式的支付手段。否则，要实现在不同货币制度国家或地区的收付是不可能的。

3. 可偿性

可偿性是指外汇是一种在国外能得到偿付的货币债权，能确保其持有人拥有对外币发行国商品和劳务的要求权。

（三）货币的标准代码

1973 年，国际标准化组织（International Organization for Standardization，ISO）第 68 届技术委员会在其他国际组织的通力合作下，制定了一项适用于贸易、商业和银行使用的货币和资金代码，即国际标准 ISO4217 三字符货币代码。其前两个字母代表该种货币所属的国家或地区，最后一位字母表示货币单位。国际主要币种代码如表 4-1 所示。

表 4-1 主要币种代码表

货币名称	货币代码	货币名称	货币代码
人民币	CNY	美元	USD
欧元	EUR	日元	JPY
英镑	GBP	澳大利亚元	AUD
瑞士法郎	CHF	加拿大元	CAD
墨西哥比索	MXN	瑞典克朗	SEK
新西兰元	NZD	港币	HKD

二、汇率

（一）汇率的概念

汇率（exchange rate）是两种货币之间的兑换比率。它反映了一个国家货币的对外价值，将同一种货物的国内价格和国外价格联系起来。

当一种商品参与国际交换时，就需要将该种商品以本国货币所表示的价格折算成以外国货币所表示的价格,这样就产生了两种货币之间的折算。外汇作为可以在国际上自由兑换、自由买卖的资产,也是一种特殊的商品。汇率就是外汇这种特殊商品的"特殊价格"。在国际汇兑中两种货币之间可以相互表示对方的价格。这种用一种货币所表示的另一种货币的价格就是汇率。

(二) 标价方法

外汇汇率具有双向特征,既可以用本币表示外币的价格,也可以用外币表示本币的价格。因此,折算两国货币时,需要确定以哪国货币作为标准。确定的标准不同,汇率的标价方法也就不同。

1. 直接标价法

直接标价法(direct quotation)又称应付标价法,是指以一定单位的外国货币作为标准,折算成一定数额的本国货币,即外国货币的本币价格的标价方法。这种标价方法是将外国货币视为一种普通商品,按本国普通商品的标价法用本币进行标价。世界上绝大多数国家的货币汇率都采用直接标价法,包括中国。

在直接标价法下,外国货币的数额固定不变,汇率的高低或涨跌都以相对的本国货币的数额的变化来表示。如果一定单位的外国货币折算的本国货币数额越多,说明本国货币的币值越低,外国货币的币值越高;反之,则本国货币的币值越高,外国货币的币值越低。同理,如果一定单位的外国货币折算的本国货币数额增多,说明外币汇率上涨,即外国货币币值上升或本国货币币值下降;反之,则外国货币币值下降或本国货币币值上升。

2. 间接标价法

间接标价法(indirect quotation)又称应收标价法,是指以一定单位的本国货币作为标准,折算成一定数额的外国货币,即本国货币的外币价格的标价方法。其标价方法是将本国货币视为一种普通商品,用外币进行标价。目前,美国、欧元区、加拿大、澳大利亚和新西兰等国家或地区使用间接标价法。

在间接标价法下,本国货币的数额固定不变,汇率的高低或涨跌都以相对的外国货币数额的变化来表示。如果一定单位的本国货币折算的外国货币数额越多,说明本国货币的币值越高,外国货币的币值越低;反之,则本国货币的币值越低,外国货币的币值越高。同理,如果一定单位的本国货币折算的外国货币数额增多,说明外币汇率下跌,即外国货币币值下降或本国货币币值上升。

显然,在直接标价法和间接标价法下,汇率数值互为倒数。两国货币之间的汇率对一个国家是直接标价法,对另一个国家则是间接标价法。

3. 美元标价法

美元标价法(dollar quotation)是指以一定单位的美元为标准来计算能兑换多少其他货币。直接标价法和间接标价法都是针对本国货币和外国货币之间的关系而言的。相对于某个国家或某个外汇市场而言,本币以外的其他各种货币之间的比价则无法用直接或间接标价法来表示。随着外汇市场的发展,为了便于在各国间进行外汇交易,目前世界各金融中心的国际银行所公布的外汇牌价,都是美元对其他主要货币的汇率。非美元货币之间的汇率则通过各自对美元的套算,作为报价的基础。

各种标价方法下数量固定不变的货币为标准货币、基础货币或被报价货币，数量变化的货币为标价货币或报价货币。

（三）汇率的种类

按照不同的划分方法，汇率可以分成不同的类别。

1. 买入汇率、卖出汇率和中间汇率

按银行买卖外汇的角度来划分，汇率可以分为买入汇率和卖出汇率。

买入汇率（buying rate）也称买入价，是指银行向客户买入外汇时使用的汇率。卖出汇率（selling rate）也称卖出价，是指银行向客户卖出外汇时使用的汇率。银行等金融机构买卖外汇的目的是盈利，因此，卖出价必然高于买入价。外汇市场越发达，交易量越大，这个差价就越小。银行同业之间进行批量外汇交易时使用的买入价和卖出价称为同业汇率，其差价相对更小，具体受交易量和外汇供求情况影响。

需要注意的是，买入价和卖出价都是站在报价银行的立场来说的，而不是站在询价银行或银行客户的角度。

中间汇率（middle rate）也称中间价，是买入价与卖出价的算术平均数，即：

$$中间价=(买入价+卖出价)\div 2$$

中间汇率并不是外汇交易中的实际成交价格，它通常用于报道汇率消息以及汇率的综合分析。

通常我们说的买入汇率和卖出汇率是指现汇汇率。实际上，银行买卖外币现钞时使用的汇率是现钞汇率（bank note rate）。一般国家都不允许外国货币在本国流通，外国货币只有换成本国货币后才能购买本国的商品和劳务，因此，产生了买卖外币现钞的汇率。一般外汇现钞的卖出价与现汇卖出价相同，而外汇现钞买入价比现汇的买入价低。这是因为银行买入外币现钞要经过一段时间，积累到一定金额后才能将其运送到该种外币的发行国存入银行。在这个过程中，银行要承担一定的利息损失和运输费用，因此，会将其转嫁给卖出现钞的客户。中国银行于 2021 年 12 月 23 日 21 时 22 分发布的即期外汇牌价如表 4-2 所示。

表 4-2　中国银行即期外汇牌价　　单位：人民币/100 外币

货币名称	现汇买入价	现钞买入价	现汇卖出价	现钞卖出价	发布时间
美元	635.84	630.74	638.26	638.26	2021-12-23 21:22:01
欧元	718.14	697.60	722.97	722.97	2021-12-23 21:22:01
港币	81.52	80.86	81.82	81.82	2021-12-23 21:22:01
日元	5.550 8	5.392 1	5.588 1	5.588 1	2021-12-23 21:22:01
英镑	852.42	828.04	858.15	858.15	2021-12-23 21:22:01
澳大利亚元	459.18	446.04	462.26	462.26	2021-12-23 21:22:01
加拿大元	495.03	480.87	498.36	498.36	2021-12-23 21:22:01
泰国铢	18.92	18.33	19.05	19.05	2021-12-23 21:22:01

（续表）

货币名称	现汇买入价	现钞买入价	现汇卖出价	现钞卖出价	发布时间
新加坡元	466.97	453.61	470.11	470.11	2021-12-23 21:22:01
瑞士法郎	689.67	669.94	694.30	694.30	2021-12-23 21:22:01
丹麦克朗	96.58	93.82	97.23	97.23	2021-12-23 21:22:01
澳门元	79.14	78.51	79.44	79.44	2021-12-23 21:22:01
挪威克朗	71.73	69.68	72.21	72.21	2021-12-23 21:22:01
新西兰元	432.41	420.04	435.32	435.32	2021-12-23 21:22:01
菲律宾比索	12.419 0	12.419 0	13.374 0	13.374 0	2021-12-23 21:22:01
卢布	8.63	8.36	8.69	8.69	2021-12-23 21:22:01
瑞典克朗	69.71	67.71	70.17	70.17	2021-12-23 21:22:01
新台币	21.55	21.55	23.20	23.20	2021-12-23 21:22:01
南非兰特	40.37	38.40	40.64	40.64	2021-12-23 21:22:01

2. 即期汇率和远期汇率

按外汇交易的交割期限，汇率可以分为即期汇率和远期汇率。交割是指交易双方各自按照对方的要求，将卖出的货币解入对方指定的账户的行为。

即期汇率(spot rate)又称现汇汇率，是指买卖双方在成交后的两个营业日内办理交割手续时所使用的汇率。

远期汇率(forward rate)又称期汇汇率，是指外汇买卖双方事先约定，据以在未来约定的期限办理交割时所使用的汇率。

在外汇交易报价时，报价银行一般都会直接报出即期汇率。但是对远期汇率的报价一般有两种方法。一种叫完整汇率(outright rate)，是指直接将各种不同交割期限的远期买入价和卖出价完整地表示出来，这种报价方法与即期汇率的报价方法完全相同。这种方法一般用于银行对客户的报价上。另一种叫远期差价报价方法，又称掉期率(swap rate)或点数汇率(points rate)，是指不直接报出远期汇率，而是先报出即期汇率与远期汇率的差价，再根据即期汇率和远期差价计算完整的远期汇率。远期差价可以分为升水(premium)和贴水(discount)。升水是指远期汇率高于即期汇率；贴水是指远期汇率低于即期汇率；如果远期汇率等于即期汇率，则为平价(at par)。

在直接标价法下：远期汇率＝即期汇率＋升水

远期汇率＝即期汇率－贴水

在间接标价法下：远期汇率＝即期汇率－升水

远期汇率＝即期汇率＋贴水

在外汇市场上，升水、贴水的幅度一般用基本点(point)来表示。基本点简称为“点”，是表示汇率的基本单位。一般情况下，一个基本点为1‱货币单位，即0.000 1。极少数货币因面额较大，其基本点有所不同。例如，日元的价格变动主要在小数点后的两位数上，因此，其基本点为 0.01 单位。

远期差价报价方法简明扼要，一般用于银行同业之间的交易报价。根据即期汇率和掉期率，我们可以算出完整的远期汇率，计算法则如下：左小右大往上加，左大右小往下减。也就是说，掉期率左小右大说明被报价货币升水，报价货币贴水，远期汇率等于即期汇率加上掉期率。掉期率左大右小则正好相反。

【例题 4-1】 某日香港外汇市场的外汇报价为：即期汇率 USD1＝HKD7.845 0/55，3 个月远期 30/40。

因为掉期率点数左小右大，所以美元远期升水，港币远期贴水，故使用加法，即 3 个月远期汇率：USD1＝HKD(7.845 0＋0.003 0)/(7.845 5＋0.004 0)＝HKD7.848 0/95

决定远期汇率的因素很多，如远期外汇供求状况、利率差异以及汇率预期等。其中，最直接的因素是远期外汇供求状况。当远期外汇的需求大于供给时，远期外汇汇率上升；反之，则远期外汇汇率下跌。决定远期外汇汇率的间接因素是两种交易货币国的短期利率差异。这是因为银行在为客户进行远期外汇交易时，有可能由于两种货币的利率差异而遭受损失。为了将遭受的损失转嫁到远期外汇买卖者身上，银行会提高远期外汇汇率，即使远期外汇升水；反之，当其从利率差异中获利时，则是降低远期外汇汇率，即使远期外汇贴水。因此，一般来说，利率较高的货币远期汇率表现为贴水，利率较低的货币远期汇率为升水。从理论上来说，升(贴)水与利率间的关系可用如下公式表示：

$$\text{升(贴)水}=\text{即期汇率}\times\text{两地利差}\times\frac{\text{月数}}{12} \tag{4-1}$$

为了方便升(贴)水幅度与利率的比较，可将升(贴)水值换算为升(贴)水率(表示两种交易货币因利差存在的收益率或成本率)，其计算公式如下：

$$\text{升(贴)水率}=\frac{\text{升(贴)水}\times 12}{\text{即期汇率}\times\text{远期月数}}\times 100\% \tag{4-2}$$

3. 基本汇率和套算汇率

按制定汇率的方法划分，汇率可以分为基本汇率和套算汇率。

由于外国货币种类繁多，因而在制定本币汇率时，本国货币不能对所有的外国货币都单独制定汇率，一般只能选择某一货币为关键货币，并制定出本币对关键货币的汇率。这一汇率就是基本汇率(basic rate)。它是确定本币与其他外汇之间汇率的基础。关键货币是指本国国际收支中使用最多、在外汇储备中所占比重最大，同时又可以自由兑换、国际上可以普遍接受的货币。

目前大部分国家都把美元当作关键货币，制定基本汇率。实际上，在国际外汇市场上，几乎所有的货币都与美元有一个兑换率。因此，其他任何两种无直接兑换关系的货币都可以通过美元计算出它们之间的兑换比率，这种计算出来的汇率称为套算汇率(cross rate)，或交叉汇率。

套算汇率的计算通常有两种情况：

(1) 两种货币对第三种货币均为间接标价法(或均为直接标价法)，采用交叉相除法。

【例题 4-2】 即期汇率行市 USD1＝CAD1.288 5/90，USD1＝HKD7.845 0/55，则：

$$CAD1 = HKD\frac{7.845\ 0}{1.289\ 0}\Big/\frac{7.845\ 5}{1.288\ 5} = HKD6.086\ 1/89$$

（2）两种货币对第三种货币的标价分别为直接标价法和间接标价法时，采用同边相乘法。

【例题 4-3】 即期汇率行市 GBP1＝USD1.234 5/50，USD1＝HKD7.845 0/55，则：

$$GBP1 = HKD(1.234\ 5 \times 7.845\ 0)/(1.235\ 0 \times 7.845\ 5) = HKD\ 9.684\ 7/92$$

4. 电汇汇率、信汇汇率和票汇汇率

按外汇交易的结算方式，汇率可以分为电汇汇率、信汇汇率和票汇汇率。

电汇汇率（telegraphic transfer rate，简称 T/T Rate）是指银行以电报、电传或 SWIFT 等方式委托其国外分支机构或代理行付款给收款人所使用的一种汇率。在国际支付中，大额的资金调拨一般都采用电汇。由于电汇付款时间快，一般可以当天到达，银行无法占用客户的资金头寸。国际电报、电传费用也较高。电汇汇率较信汇汇率、票汇汇率高。电汇汇率在外汇交易中占有较大的比重，成为计算框定其他汇率的基础，因此，电汇汇率又称基础汇率。

信汇汇率（mail transfer rate, M/T Rate）是用信函通知付出外汇时的汇率。邮寄信函需要一定时间，银行在这段时间内可以占用客户的资金。因此，需把邮程时间的利息在汇率内扣除，于是信汇汇率比电汇汇率低。

票汇汇率（banker's demand draft rate, D/D Rate）是指银行通过签发一纸由其在国外的分支行或代理行付款的支付命令给汇款人，由其自带或寄往国外取款的一种汇率。由于卖出汇票与支付外汇间隔一段时间，因此，票汇汇率也需在电汇汇率的基础上对利息因素作些调整。

5. 名义汇率和实际汇率

按纸币制度下汇率是否经通货膨胀调整来划分，汇率可以分为名义汇率和实际汇率。

名义汇率（nominal exchange rate）是由官方公布的，或在市场上通行的、没有剔除通货膨胀因素的汇率。它是银行买卖外汇的汇率或一般市场汇率。它表示一个单位的某种货币名义上等于多少个单位另一种货币，至于所兑换到的另一种货币实际上能购买多少商品和劳务，则未能表示出来。

实际汇率（real exchange rate）又称真实汇率，指名义汇率经由两国价格调整后的汇率。它反映了有关国家商品和劳务的国际竞争力。设直接标价法下名义汇率为 R，实际汇率为 r，P^* 和 P 分别表示外国和本国的物价指数，则：

$$r = R \times \frac{P^*}{P} \tag{4-3}$$

当两国价格水平不变时，如果本国货币名义汇率贬值（R 值上升），则本国货币的实际汇率也贬值（r 值上升），此时本国的商品和劳务在国际市场上的竞争力上升，本国的商品和劳务出口趋于上升;如果本国货币的名义汇率不变,但外国价格水平相对上升(P^*/P 值上升),则本国货币实际汇率仍然贬值,本国商品和劳务的国际竞争力同样上升。

6. 银行间汇率和商业汇率

按交易对象划分,汇率可以分为银行间汇率和商业汇率。

银行间汇率(inter-bank rate)又称同业汇率,是指银行同业之间进行外汇交易时所使用的汇率。由于银行同业间的外汇交易一般有最低交易金额的限制,因此,又称外汇的批发价格。同业汇率的买卖差价一般较小。

商业汇率(merchant rate)是指银行与顾客之间进行外汇交易时所使用的汇率,又称为外汇的零售价。商业汇率是在同业汇率的基础上适当增加(卖出价)或减少(买入价)而形成的,故其买卖价差一般较大。

7. 双边汇率和有效汇率

汇率通常指的是两种货币的比价关系,也就是双边汇率(bilateral exchange rate)。但是实际上,在一段时间内,某种货币可能相对于一些货币的汇率上升,而相对于另一些货币的汇率则下降,这时该货币相对于任何货币的双边汇率变动趋势和幅度都不能全面反映该货币的变动趋势和幅度。这时有效汇率(effective exchange rate)便能较全面地度量这种货币的走势。有效汇率是指一种货币相对于其他多种货币双边汇率的加权平均数。

常见的有效汇率是以贸易比重为权数,其计算公式如下:

$$A\text{ 国货币的有效汇率} = \sum_{i=1}^{n} A\text{ 国货币对 } i\text{ 国货币的汇率} \times \frac{A\text{ 国对 } i\text{ 国的进出口贸易额}}{A\text{ 国对外进出口贸易总额}} \quad (4\text{-}4)$$

第二节　外汇市场

一、外汇市场的概念

外汇市场(foreign exchange market)是指个人、企业、银行和经纪人从事外汇交易的组织系统、场所或网络。外汇市场不像商品市场或证券交易所那样存在于某个特定的建筑物或场所里,而是遍布世界各地主要的金融中心。在全世界商业银行的外汇交易室里可以找到各种外汇市场,这些交易室彼此通过电话、电传等电讯方式洽商业务,然后拍板成交。

外汇市场的参与者主要有四类:外汇银行、外汇经纪人、顾客和中央银行。

(1) 外汇银行是外汇市场的主要参与者,是指由各国中央银行指定或授权经营外汇业务的银行,包括专营或兼营外汇业务的本国商业银行和其他金融机构,设立在本国的外国银行分支机构等。外汇银行从事的外汇交易主要分成两类:一是接受客户委托,代客户买卖外汇,赚取差价收入;二是银行根据自身平衡头寸的需要或对汇率的预期而进行的外汇交易。

（2）外汇经纪人是指充当交易双方的中介人，即对买卖指令进行配对，从交易中获取佣金收入的公司或汇兑商。外汇经纪人主要依靠他们与外汇银行的密切联系，熟知外汇供求情况的优势，利用现代化的通信工具，接洽外汇交易，促使各种市场参与者找到合适的交易价格和交易对手成交。

（3）顾客是指外汇的实际供应者和需求者，如进出口商、跨国公司、国际投资者、跨国旅游者、留学生等。他们是出于交易、保值或投资性需要而参与外汇市场交易的企业或个人。

（4）中央银行也是外汇市场的重要参与者。但是其参与外汇市场交易的目的不同于外汇银行或其他顾客。作为一国货币政策的制定者和实施者，中央银行参与外汇市场交易的主要目的是干预市场，使外汇市场上由供求关系自发决定的汇率相对地稳定在某一水平，减少由于国际短期资本流动造成的本国货币汇率的剧烈波动。此外，中央银行也常常通过外汇市场交易调整外汇储备货币结构。

二、外汇市场的特征

外汇市场具有一般市场的特征，也就是商品、服务或金融资产进行买卖的场所。但是由于货币买卖的特殊性，外汇市场存在一些区别于其他市场的特征。

（一）外汇市场 24 小时运行

由于时差的存在，世界各主要外汇市场或顺承相接或相互交错。从全球范围来看，外汇市场是一个 24 小时全天运行的昼夜市场。欧洲时间的 13:00 到 15:00 是世界外汇市场交易量最大、最活跃、最繁忙的时间。因为此时世界几大交易中心如伦敦、法兰克福、纽约和芝加哥等均在营业，是大额交易顺利成交的最佳时间段。各国中央银行和大的外汇交易商一般都选择在这一时间段进行交易。

（二）外汇市场汇率波动剧烈、频繁

自从 1973 年布雷顿森林体系崩溃以后，西方国家普遍实行浮动汇率制度，外汇市场上货币汇率的动荡不稳成为一种难以避免的现象。特别是进入 20 世纪 80 年代以来，由于各国经济发展不平衡程度加剧以及国际资本流动进一步自由化，大量国际游资不断冲击各国货币的汇率，导致国际外汇市场上各国货币的汇率更加动荡。例如，在 1997 年的东南亚金融危机期间，泰铢曾一度贬值超过 100%。

此外，由于外汇市场上存在大量的交易者，同时外汇市场行情受各国通货膨胀率、利率、政府干预、市场预期等各种因素的影响，汇率瞬息万变。外汇市场上汇价频繁甚至剧烈的波动给从事对外经济活动的主体带来了汇率风险。

（三）外汇市场交易币种相对集中

在外汇市场上交易的币种基本相同，大多数交易所用的币种集中在美元、欧元、英镑、瑞士法郎、日元、加拿大元、港币等。随着人民币国际化进程的加快，人民币在全球外汇交易中所占的比重也越来越大，跻身十大交易货币行列。

2019 年 4 月全球外汇平均日交易量及币种构成如表 4-3 所示。

表 4-3　2019 年 4 月全球外汇平均日交易量及币种构成

排名	币别	日交易量(10 亿美元)	占比
1	美元	5 824	88.3%
2	欧元	2 129	32.3%
3	日元	1 108	16.8%
4	英镑	844	12.8%
5	澳元	447	6.8%
6	加元	332	5.0%
7	瑞士法郎	327	5.0%
8	人民币	285	4.3%
9	港币	233	3.5%
10	新西兰元	137	2.1%
11	其他货币	1 526	23.1%
合计		6 595	200.0%

注:由于每笔交易涉及两种货币,单个货币占比总和为 200%,而并非 100%。
资料来源:国际清算银行网站。

(四)外汇市场全球一体化

外汇市场的分布呈全球化格局,同时全球外汇市场高度一体化。全球各地的外汇市场在交易规则、方式上趋同,有很大的同质性,相互联系日益紧密。它在空间上表现为各外汇市场横向联系加强、外汇管制取消或放宽、跨国银行的大量涌现以及现代化电信网络的完善。这就使交易商能够突破地理界限,迅速完成跨地区的外汇交易。如果不同市场的汇率存在差异,电脑自动交易程序就会发现并进行相应的套汇行为,从而使各外汇市场的汇率趋于均等化。在时间上它表现为外汇交易的连续化。亚洲、欧洲、北美和大洋洲的外汇市场分处于不同时区,其开市、闭市时间既有交错,又能首尾衔接,外汇交易商可以不受时间限制地进行外汇交易,在任何时间都能够找到某一外汇市场执行其交易指令,而处于不同时区的各国中央银行也能够在干预外汇市场汇率方面采取联合行动。

三、外汇市场的种类

(一)有形外汇市场和无形外汇市场

按照组织形态划分,外汇市场可分为有形外汇市场和无形外汇市场。

1. 有形外汇市场

有形外汇市场(visible market)是指有固定交易场所即外汇交易所的外汇市场。参加外汇交易的各方按照规定的营业时间和交易程序在交易所内进行交易。历史上,它流行于欧洲大陆国家,所以又被称为大陆型外汇交易市场,比较典型的有法国的巴黎外汇市场、德国的法兰克福外汇市场、比利时的布鲁塞尔外汇市场、荷兰的阿姆斯特丹外汇市场以及意大利的米兰外汇市场。目前这种外汇市场的交易十分有限，一般只做部分当地现货交易。

2. 无形外汇市场

无形外汇市场(invisible market)是指没有固定交易场所，也没有规定的开盘和收盘时间的外汇市场。在这种外汇市场上，交易商通过电子计算机终端、电话、电传和其他通讯手段达成交易。无形外汇市场最初流行于英国和美国，因此称为英美式外汇市场。现在，无形外汇市场广泛流行于全世界，是全球外汇交易的主要组织形式。世界上最大的外汇市场都是无形外汇市场，如伦敦、纽约、东京和苏黎世等外汇市场。

(二) 批发市场和零售市场

按照外汇交易的参与者划分，外汇市场可分为银行间外汇市场和客户市场。

1. 银行间外汇市场

银行间外汇市场(inter-bank market)是指银行同业之间的外汇市场。包括同一外汇市场和不同市场上各商业银行之间的外汇交易，中央银行同商业银行之间的外汇交易以及各国中央银行之间的外汇交易等。商业银行同业之间的外汇交易目的在于弥补银行业务经营过程中产生的外汇头寸，以避免由此引起的汇率变动风险，调整银行自有外汇资金的头寸。中央银行参与外汇交易则是对市场的政策性干预或为了调整本国外汇储备的币种结构。同业交易占整个外汇市场上总交易额的90%以上，其特点是交易额大，每笔交易最低金额为100万美元，所以又称为批发市场。外汇批发市场也称为狭义外汇市场，一般人们所说的外汇市场多指狭义外汇市场。

2. 客户市场

客户市场(customer market)又称零售市场，是指银行与一般客户之间进行的外汇买卖，客户包括个人、进出口商、一般金融交易者等。外汇银行一方面从顾客手中买入外汇，另一方面又将外汇卖给顾客，从而成为外汇需求者和供给者之间的中介，赚取外汇的买卖价差。相对于银行同业市场而言，客户市场的交易规模较小，其交易量占外汇市场交易总量的比重不足10%。

外汇零售市场和外汇批发市场共同构成了广义的外汇市场。

(三) 国际外汇市场和国内外汇市场

按照外汇市场的经营范围划分，外汇市场可分为国际外汇市场和国内外汇市场。

1. 国际外汇市场

国际外汇市场是发达的、基本上完全自由的外汇交易市场，不受所在国金融管制，实行货币自由兑换并容许各国交易方自由参与买卖。交易货币包括多种国际上自由兑换的货币，可以是本国货币和外国货币之间，也可以是外国货币和外国货币之间的自由交易。交易主体可以是本国的供需方，也可以是凭借现代通信设施参与的国外交易方。国际外汇市场通常是无形外汇市场。

2. 国内外汇市场

国内外汇市场是指本国金融管制较严的外汇市场。这种市场一般是发展中国家的外汇市场；交易主体限于境内国家允许的金融和非金融机构。世界上重要的外汇市场都是由于本国经济强大，本国货币充当世界贸易的结算货币而逐步发展和壮大起来的。随着本国货币在国际经济交往中作用的加强，更多的国家逐渐放松和解除金融管制，从而使本国外汇市场融入国际外汇市场。

四、世界主要外汇市场

目前世界上有30多个外汇市场，其中最重要的有伦敦、纽约、东京、新加坡、苏黎世、巴黎和中国香港，它们各具特色并分别位于不同的国家和地区，相互联系形成了全球统一的外汇市场。

（一）伦敦外汇市场

作为世界上历史悠久的国际金融中心，伦敦外汇市场是世界上最早形成的外汇市场。早在第一次世界大战之前，伦敦外汇市场就已初具规模。1979年10月，英国全面取消了外汇管制，伦敦外汇市场迅速发展起来。

伦敦外汇市场由经营外汇业务的银行及外国银行在伦敦的分行、外汇经纪人、其他经营外汇业务的非银行金融机构和英格兰银行构成。伦敦外汇市场约有300家领有英格兰银行执照的外汇指定银行，其中包括各大清算银行、商业银行、外国银行设在伦敦的分支机构及英国银行的海外分行。它们向顾客提供各种外汇服务，并相互之间进行大规模的外汇交易。伦敦外汇市场上的外汇经纪商有90多家，这些外汇经纪人组成经纪人协会，支配了伦敦外汇市场上银行同业之间的交易。在伦敦外汇市场上，外汇银行以外的机构进行外汇交易，必须通过专业外汇经纪人。英格兰银行是英国的中央银行，它参与外汇市场的目的在于通过制定和颁布一系列条例来对外汇市场进行管理和监督，以维持正常的交易秩序。英格兰银行本身也参与外汇的买卖，直接干预外汇市场，其主要是利用自己掌管的英国财政部“外汇平准基金”来稳定英镑的汇率。

由于伦敦特殊的地理位置，地处两大时区交汇处，连接着亚洲和北美市场。在东京、中国香港和新加坡中午闭市后，伦敦市场开盘。而且由于伦敦外汇市场的营业时间改为欧洲大陆标准时间，它与欧洲各大外汇市场形成了一个同步的大市场。午后，纽约市场开盘，与伦敦市场同时交易半天。因而从时区上考虑，伦敦外汇市场成为外汇交易者安排外汇交易的最佳市场，对整个外汇市场走势有着重要影响。目前伦敦外汇市场是世界上最大的外汇市场。

伦敦外汇市场上的交易货币几乎包括所有的可兑换货币，其中规模最大的是英镑对美元的交易，然后是英镑对欧元、瑞士法郎和日元的交易。此外，像美元对欧元、欧元对瑞士法郎等交易，在伦敦外汇市场上也普遍存在。在伦敦外汇市场上的外汇交易类别有即期外汇交易、远期外汇交易、外汇互换交易、外汇期货交易和期权交易等。伦敦也是欧洲最大的外汇期货和期权交易市场。

（二）纽约外汇市场

第二次世界大战后，随着美元成为世界性的储备和清算货币，纽约成为全球美元的清算中心。纽约外汇市场迅速发展成为一个完全开放的市场，是世界上第二大的外汇交易中心。目前世界上90%以上的美元收付通过纽约的“银行间清算系统”进行，因此，纽约外汇市场具有美元清算和划拨的功能，地位不可取代。

纽约外汇市场是一个无形市场。外汇交易通过现代化的通信网络与电子计算机进行，所有货币结算都可以通过纽约地区银行同业清算系统和联邦储备银行支付系统进行。市场的参与者主要是公司财团、个人、商业银行、外汇经纪人和中央银行。在经营业务方面，美国没有外汇管制，所以并不存在指定的经营外汇业务的专业银行，任何一家美国的商业银行均可自由地经营外汇业务。商业银行在外汇交易中起着极为重要的作用，外汇交易主要通过商业银行办理。

纽约外汇市场由三部分组成：一是银行与客户之间的外汇交易市场；二是纽约银行间的外汇交易市场；三是纽约各银行与国外银行的外汇交易市场。其中纽约银行间的外汇交易市场是交易量最大的市场，占整个外汇市场交易量的 90%。在纽约外汇市场上交易的货币主要有欧元、英镑、加拿大元、瑞士法郎、日元等。

（三）东京外汇市场

日本在第二次世界大战后实行“贸易立国”发展战略，东京外汇市场是随着日本对外经济的发展而发展起来的。20 世纪 80 年代以来日本积极推动日元国际化战略，国际收支长期顺差，外汇储备迅速增长，这些都促进了东京外汇市场的发展。同时，亚太地区经济的快速增长，也使东京外汇市场的地位日益提高。目前东京外汇市场是亚洲最大的外汇市场，在世界上排名第三，仅次于伦敦和纽约。

东京外汇市场的结构和伦敦、纽约外汇市场相似，也是由银行间的批发市场和银行与客户间的零售市场组成，其中银行间的批发市场是外汇市场的核心。银行间市场由外汇指定银行、外汇经纪行和日本中央银行（即日本银行）构成。日本的外汇经纪行是外汇市场的中枢神经，是日本银行向市场传达各种政策的中介。当汇率大幅度波动，引起外汇投机并使进出口以及国内经济受到不良影响时，日本银行就会介入外汇市场进行干预。干预的方式是利用其以大藏大臣代理人身份管理的资金介入外汇市场。客户市场的客户由非银行金融机构、贸易公司、厂商及国外客户组成。

东京外汇市场的外汇交易类别主要包括即期外汇交易、远期外汇交易和外汇掉期交易三种。市场交易集中于日元和美元两种货币的交易，美元兑日元买卖交易占交易总额的 80%以上。近年来，欧元、英镑、瑞士法郎等其他货币的交易量也有较快的增长。

（四）苏黎世外汇市场

瑞士是永久中立国，政局稳定，其货币实行自由兑换制度，并且瑞士银行实行严格的存款保密制度，因此吸引了大量外来资金。苏黎世外汇市场因此而发展起来，成为著名的国际外汇交易中心和清算中心。在苏黎世外汇市场上，外汇交易通过电话、电传、电报等直接在各银行间进行，是典型的无形外汇市场。交易货币主要是美元，市场汇率以美元对瑞士法郎的汇率为基准汇率，其他货币对瑞士法郎的汇率是由其他货币对美元的汇率折算的。苏黎世外汇市场上的外汇交易以即期外汇交易和远期外汇交易为主。

（五）新加坡外汇市场

新加坡外汇市场是亚洲第二大外汇市场，日平均交易量仅次于东京。新加坡地处欧亚非三洲的交通要道，时区优越，上午可与香港、东京和悉尼进行交易，下午可与伦敦、苏黎世、法兰克福等欧洲市场进行交易。市场主要参与者是外汇银行、外汇经纪人、商业客户和新加坡金融管理局。

新加坡外汇市场上银行间的交易都是通过经纪人进行的，但外汇经纪人只能获准作为银行的代理进行外汇交易，不能以本身的账户直接与非银行客户进行交易。而新加坡银行与境外银行的交易一般都可以直接进行。新加坡金融管理局是为了监督和管理外汇银行、干预外汇市场而参加外汇市场的。

新加坡外汇市场属于无形外汇市场，各种主要外国货币都可以互相买卖，如美元、欧元、日元、英镑、瑞士法郎、意大利里拉等，交易类别主要包括即期外汇交易和远期外汇交易。

（六）中国香港外汇市场

香港外汇市场在亚洲居于第三位，仅次于东京和新加坡。香港外汇市场是无形外汇市场，地理位置和时区条件与新加坡相似，可以十分方便地与其他国际外汇市场进行交易。市场是由各商业银行、非银行的外汇交易商以及外汇经纪人，通过电话和电传等联系所形成的交易网络。

香港外汇市场由两部分组成：一是传统外汇市场。这是港币兑换外币的市场，其中交易的币种包括美元、日元、欧元、英镑、加拿大元、澳大利亚元等主要货币和东南亚国家的货币。二是20世纪80年代之后发展起来的美元兑换其他外汇的市场。这个市场交易的目的在于完成跨国公司、跨国银行间资金的国际调拨。其主要市场参与者是外资银行，其总行往往在香港之外，但为了保持其外汇交易的连续性，选择香港市场作为填补纽约外汇市场收市后到伦敦外汇市场开市前的空隙。

第三节　外汇交易

一、外汇交易概述

（一）交易类型

外汇交易的类型很多，交易技术也纷繁复杂。最常见的有即期外汇交易、远期外汇交易、掉期交易、套汇和套利交易、外汇期货交易、外汇期权交易等。

（二）交易报价

外汇交易的报价（quotation）是交易双方达成交易的基础和关键。在外汇市场上，通常把提供交易价格的机构称为报价者，一般由外汇银行充当这一角色。对应地，把向报价者询价的其他外汇银行、外汇经纪商、个人、企业和中央银行等称为询价者。外汇交易通常采用双向报价方式，即报价者同时报出被报价货币（标准货币）的买入价格和卖出价格。报价排列顺序是先小后大，斜线前面是买入一单位被报价货币价格，斜线后面是卖出一单位被报价货币价格。所报汇率一般用5位有效数字表示，分成大数和小数两部分。大数是汇价的基本部分，通常交易员不会报出，只有在需要确认交易的时候或是在汇率变化剧烈的市场才会报出。小数是汇价的最后两个数字。一般外汇市场上汇率的小数变化非常活跃，而大数则相对稳定。因此，外汇银行之间的报价一般采取省略方式，通常只报最末两位数，即两个基本点。

在外汇报价中，除特殊标明外，所有货币的汇率都是针对美元报价的，即美元标价法。除欧元、英镑、爱尔兰磅、澳大利亚元和新西兰元的汇率报价是采用间接标价法(美元为标价货币)外，其他可兑换货币的汇率报价均采用直接标价法(美元为基准货币)。

(三) 交易日和交割日

交易日(transaction date)是指在外汇交易中交易双方达成交易的日期，即双方约定交易金额、汇率、货币交付时间等交易要素的日期。

交割日(delivery date)是指外汇交易买卖双方交割货币的日期，又称结算日，也称起息日(value date)。交割(delivery)是指买卖双方成交后"钱货两清"的行为，在外汇交易中是指交易双方进行货币清算，将资金交付对方的行为。在银行同业的外汇交易中，通常要求货币的卖方将所出售的货币划进买方指定的银行账户。从本质上讲，外汇交易是交易双方互相交换货币，任何一方在买进一种货币的同时也卖出另一种货币，因此，双方都需要将自己卖出的货币交付对方。如日本东京银行以日元向纽约花旗银行购买即期美元，在进行交割时，花旗银行需要将美元及时划进日本银行指定的银行账户；同时，东京银行也要将日元及时划进花旗银行指定的银行账户。

不同的外汇交易的交割日往往不同。交割日必须是交易双方都营业的时间，如遇到节假日，交割日应按节假日天数顺延。

二、即期外汇交易

(一) 概念

即期外汇交易又称现汇交易(spot transactions)，是指买卖双方约定在外汇买卖成交后两个营业日内，按成交时的市场汇率进行交割的外汇交易方式。即期外汇交易的成交汇率称为即期汇率。

即期交易是外汇市场上最常见、最普遍的交易形式，其基本作用在于：满足临时性的付款需求、调整外币币种结构、进行外汇投机等。即期外汇汇率构成整个外汇市场汇率的基础。即期外汇交易的交易金额一般比较小，但交易双方无论出于什么目的进行外汇买卖，都必须交割足额的资金。

(二) 交割日

即期外汇交易并不是立即进行交割的交易，只要在成交后的两个营业日内进行外汇的交割即属于即期外汇交易。因此，即期外汇交易的交割日有三种情况：①"T＋0"交割(value today)，即双方在成交的当天进行交割；②"T＋1"交割(value tomorrow)，即双方在成交后的第一个营业日(遇节假日顺延)进行交割；③"T＋2"交割(value spot)，即双方在成交后的第二个营业日(遇节假日顺延)进行交割。目前，大部分的即期外汇交易采用"T+2"交割。

(三) 交易程序

一笔完整的即期外汇交易一般包括5个步骤:询价、报价、成交或放弃、确认和交割。

(1) 询价(asking price)。询价是指一家银行向另一家银行询问某种外汇交易的汇率。当一家银行接到客户委托,要求代为买卖外汇,或者该银行自身要调整外汇头寸而买卖外汇时,交易员要先通过电话或电传向其他银行进行询价。询价时通常需要自报家门,询价的内容必须简洁明快,一般包括交易类型、交易币种、交易金额和交割期限。交易金额通常以百万为单位,以 million 表示,可以缩写为 MIO 或 M,甚至可以省略。

(2) 报价(quotation)。报价是指银行专门从事外汇交易的操作员,在接到询价后作出的应答,即对有关货币的现汇报出价格。报价是外汇交易的关键环节,因为报价合理与否直接关系到外汇买卖是否能成交。报价银行要同时报出买入价和卖出价,并且通常只报出交易汇率的最后两位。报价银行的报价具有法律约束力,只要询价方愿意按照报价交易,报价方就要承担按此报价成交的责任。

(3) 成交(done)或放弃(nothing)。询价银行根据报价迅速作出答复,表示买入(buy)或卖出(sell)某种货币及其数量。一旦报价银行的交易员承诺愿意买或卖,这就说明成交,交易合约即告成立,双方要受交易合约的约束。若询价银行不满意报价,则可答复"Thanks Nothing",表示谢绝交易,此时报价便对双方无效。若询价方略有迟疑,报价方通常会说"Urrisk",表示刚才的报价已经取消,询价方还想交易就必须再次询价。

(4) 确认(confirmation)。成交后,交易双方就交易的内容进行一次完整的重复证实。报价方需要对询价方的接受予以确认,确认交易币种、金额、汇率、起息日,以及交割货币所解入的银行账户。通过路透交易系统达成的外汇交易,通信工具的多通道话音记录仪会把交易对话一字一句地记录下来。在打印纸上的记录即可作为交易的原始凭证或交易合约,不需要进一步的电传确认。如果交易借助电话进行,则需要通过电传再次确认。

(5) 交割(delivery)。这是外汇交易业务的最后一个程序,也是一个最有实质性意义的环节,即交易双方各自按照对方的要求,将卖出的货币及时准确地解入对方指定的银行账户。

【例题 4-4】 即期外汇交易示例。

A: Hi, Bank of China Shanghai, calling for spot JPY, pls?

B: 45/60.

A: Your USD 5 (Sell USD 5).

B: Ok, done. I buy USD 5 Mio against JPY at 104.45 value July 12, USD pls to XYZ Bank N.Y. for A/C No. 647065.

A: Ok, all agreed JPY to ABC Bank Tokyo for our A/C No. 234667, TKS.

注:美元兑日元即期汇率的大数为104.——。

在这笔即期外汇交易中,A即中国银行为询价方,向B询问美元兑日元的即期汇率。B为报价方,报价遵循双向报价原则,同时报出了买入价和卖出价的最后两位数。A接受报价后，愿意卖出 500 万美元买入相应的日元。B 随后确认了双方的交易：B 按照 1 美元兑 104.45 日元的汇率买入 500 万美元，交割日为 7 月 12 日，美元解入 B 在 XYZ 银行纽约分行账号为 647065 的账户。A 购买的日元将汇入其在 ABC 银行东京分行的账号为 234667 的账户。

三、远期外汇交易

（一）概念

远期外汇交易（forward transaction），又称期汇交易，即预约购买或出售外汇的业务。

远期外汇买卖的双方事先签订外汇买卖合约，但当时并不实际进行支付，而是到了规定的交割日，才根据合同约定的币种、汇率和金额办理交割。远期外汇交易合同约定的汇率即远期汇率。远期外汇交易的期限一般为 1 个月、3 个月、6 个月、9 个月，最长为 12 个月，常见的是 3 个月。

（二）交割日

远期外汇交易交割日的确定，是以即期交易的交割日为基准，加上远期交易的期限。主要规则是：日对日，不跨月，遇节假日顺延。例如，一个月远期外汇交易的成交日是 3 月 10 日，3 月 12 日为即期交易的标准交割日，则 1 个月远期外汇交易交割日为 4 月 12 日。但是如果 4 月 12 日为节假日，则交割日应顺延到下一个工作日，即 4 月 13 日。不跨月是指远期外汇交割日不能跨过交割日所在的月份。如即期外汇交易交割日为 3 月 30 日，2 个月远期外汇交易交割日为 5 月 30 日，但 5 月 30 日、31 日均不是营业日，则交割日不能再顺延到 6 月份，而是要退回到 5 月 29 日。若即期外汇交易的交割日是月份的最后一个营业日，如 1 月 30 日，则 1 个月远期外汇交易交割日为 2 月的最后一个营业日。

【例题 4-5】 远期外汇交易示例。

A：Hi, Bank of China Shanghai, calling Yen forward outright value 6th July for 5 USD.

B：Swap 135/130 Spot 45/60.

A：5 mine.

B：Ok, done.At 104.30 we sell USD 5 Mio against Yen value July 6th. Yen to Bank of Tokyo for A/C 23154.

A：USD to Bank of China NY for our A/C 57423.

注：美元兑日元即期汇率的大数为 105.——。

在这笔远期外汇交易中，A 为询价方，向 B 询问交割日为 7 月 6 日的美元兑日元远期汇率。B 为报价方，报出了掉期率和即期汇率。A 接受报价后，愿意买入 500 万美元。B 随后确认了双方的交易：B 按照 1 美元兑 104.30 日元的汇率卖出 500 万美元，交割日为 7 月 6 日。日元汇入东京银行账号为 23154 的账户。A 购买的美元将汇入中国银行纽约分行的账号为 57423 的账户。

（三）类型

按交割日是否固定，远期外汇交易可以分为固定交割日远期外汇交易和择期远期外汇交易。

1. 固定交割日远期外汇交易

固定交割日远期外汇交易（fixed forward transaction）又称定期远期外汇交易或标准交割日的远期外汇交易，即交易双方成交时事先规定具体交割日的远期交易，交割日既不能提前也不能推迟。

2. 择期远期外汇交易

择期远期外汇交易（optional forward transaction）又称非标准交割日的远期交易，是不固定交割日的远期外汇交易，即交易双方在签订远期外汇交易合同时不预先规定交割日，而只规定一个期限，买卖双方可以在这个预定期限内选择适当的任何一天进行交割。择期远期外汇交易主要是为了弥补固定交割日远期外汇交易的局限性而产生的。因为有很多银行客户特别是进出口商不能预先知道收款和付款的确切时间，因此，他们需要更灵活的交割日，择期远期外汇交易正是为了适应这类客户的需求而产生和发展起来的。

无论是固定交割日远期外汇交易还是择期远期外汇交易，都需要交易双方在交割日将其卖出的货币交付给对方。而无本金交割远期外汇交易（non-deliverable forward transaction，NDF）则不同，外汇买卖双方在成交时约定参考汇率、交易金额和交割日期。在交割日，双方只需要进行参考汇率和交割日即期汇率之间的差额支付。

（四）作用

远期外汇交易是国际上最常用的规避外汇风险的方法。从事国际贸易的进出口商，可以通过远期外汇交易锁定未来外汇收入对应的本币收益或未来外汇支出对应的本币成本，避免汇率波动的风险，也便于经济核算。在利用远期外汇交易套期保值时，交易者在规避汇率的不利波动的同时，也不能获得因汇率有利变动带来的收益。

远期外汇交易也为外汇投机者提供了机会。利用远期外汇交易进行投机是基于投机者对汇率变化的准确预测，具体可以分为买空（buy long）和卖空（sell short）两种形式。买空是先买后卖的投机交易，是指投机者预期某种货币未来升值，因而在外汇市场上买入远期合约。如果合约到期时市场即期汇率高于远期合约汇率，则投资者按照远期合约交割，然后到现汇市场上卖出，获取差价收益。卖空是先卖后买的投机交易，是指投机者预期某种货币未来贬值，因而在外汇市场上卖出远期合约。如果合约到期时市场即期汇率低于远期合约汇率，则投资者可在现汇市场上买入现汇来交割远期合约，同样可以获取差价收益。但是，如果实际汇率的变动与投机者预测的汇率变动方向相反，那么他就会受到损失。

从事外汇业务的银行也可以通过远期外汇交易来调整外汇头寸。外汇银行和客户交易后会产生相应期汇或现汇的外汇超买或超卖，从而处于汇率波动的风险中。为了避免汇率风险，外汇银行需要对不同期限，不同货币头寸的盈亏进行抵补，来平衡外汇头寸。

【例题 4-6】 某日，外汇市场上的即期汇率为 USD/CNY＝6.311 5/25，3 个月远期差价点数30/40。假设当天某中国进口商从美国进口价值100万美元的机器设备，按照合同约定将在3个月后支付美元。为了规避汇率风险，该中国进口商采用远期外汇交易进行保值。

问：

(1) 该进口商应该如何利用远期外汇交易套期保值？其进口设备的本币成本是多少？

(2) 若该进口商没有采用远期外汇交易进行保值，而3个月后美元升值到USD/CNY＝6.331 0/20，该进口商需要支付多少人民币才能买到100万美元支付给美国出口商？

解：

(1) 该进口商应该通过3个月的远期外汇交易购买100万美元。

3个月远期汇率 USD/CNY＝(6.311 5＋0.003 0)/(6.312 5＋0.004 0)＝6.314 5/6.316 5。

中国进口商购买3个月远期美元，需支付人民币为：1 000 000×6.316 5＝6 316 500(元)。

(2) 若进口商没有采用远期外汇交易进行保值，则3个月后其在即期市场上买入100万美元，需支付人民币为：1 000 000×6.332 0＝6 332 000(元)。

两种方法相比，通过远期外汇交易，中国进口商避免因美元汇率上升带来的人民币损失为：6 332 000－6 316 500＝15 500(元)。

通过远期外汇交易，中国进口商锁定了进口商品的本币成本，规避了汇率波动带来的风险，同时也方便成本核算。

四、掉期交易

(一) 概念

掉期交易(swap transaction)是指外汇交易者在买进(或卖出)某种货币的同时，卖出(或买进)金额相等、交割期限不同的同种货币的外汇交易方式。也就是说，掉期交易实际上是由两笔外汇交易组成的，两笔交易买卖方向相反，交割期限不同，但是交易的币种和金额完全相同。因为银行在办理掉期交易时，只收取一次手续费，所以客户承担的交易成本较低。

(二) 类型

按照两笔交易的交割期限，掉期交易可以分为即期对即期掉期，即期对远期掉期和远期对远期掉期。

1. 即期对即期掉期

即期对即期掉期(spot-spot swap)是指买进或卖出一笔即期外汇的同时，卖出或买进相同币种和金额，但交割日期不同的另一笔即期外汇。这种交易主要用于银行之间的隔夜资金拆借，目的在于避免敞口头寸而导致的汇率风险。即期对即期掉期交易具体又可以分为：

(1) 今日对明日掉期(over-night,O/N),也称隔夜掉期,前一个交割日是成交当天,后一个交割日是明天,即交割后的第一个营业日。

(2) 明日对后日掉期(tomorrow/next,T/N),又称隔日掉期,前一个交割日是明天,即交割后的第一个营业日,后一个交割日是交易后的第二个营业日。

2. 即期对远期掉期

即期对远期掉期(spot-forward swap)是指买进或卖出一笔即期外汇的同时,卖出或买进相同币种和金额的远期外汇。这是最常见的掉期交易形式,广泛应用于客户调整资金的期限结构、进行抵补套利(也称抛补套利)、银行轧平头寸、调整交割日等外汇交易活动中,以避免汇率变动的风险。即期对远期掉期交易具体又可以分为:

(1) 即期对次日掉期(spot/next,S/N),即在即期交割日买进(卖出),至下一个营业日卖出(买进)。这种交易一般用于外汇银行间的资金调拨。

(2) 即期对一周掉期(spot/week,S/W),即在即期交割日买进(卖出),一个星期后做相反交割。

(3) 即期对整数月掉期,即在即期交割日买进(卖出),过几个月后做相反交割。

3. 远期对远期掉期

远期对远期掉期(forward-forward swap)是指同时做两笔不同交割期限的远期外汇交易,币种和金额相同而买卖方向相反。这种交易可以使银行利用有利时机在汇率变动中获利。

(三) 作用

利用掉期交易,交易者可以轧平不同期限的外汇头寸,调整交割日从而达到保值的目的;投资者也可以利用掉期交易将闲置的货币转换为所需求的货币,并进行运用获利。此外,投机者可以根据对利率变化的预期,作出对未来某个时刻市场汇率的预期,并根据这种预期进行投机性的掉期交易,从中获得利润。

【例题 4-7】 某中国公司从欧洲进口设备,1 个月后将支付 100 万欧元。同时该公司向欧洲出口产品,3 个月后将收到 100 万欧元货款。假设外汇市场上当日的汇率报价为:

即期汇率:EUR1=CNY7.828 5/95

1 个月远期差价:20/30

3 个月远期差价:45/55

问:

(1) 该公司为了规避外汇风险,该如何做掉期交易?

(2) 该掉期交易的损益情况如何?

解:

(1) 该公司可以进行 1 个月远期对 3 个月远期掉期交易,即买入 1 个月远期的 100 万欧元,同时卖出 3 个月远期的 100 万欧元。

(2) 1 个月远期汇率为:EUR1=CNY(7.828 5+0.002 0)÷(7.829 5+0.003 0)=7.830 5/7.832 5。

该公司买入 1 个月远期 100 万欧元支付人民币为:

$$1\ 000\ 000 \times 7.832\ 5 = 7\ 832\ 500(\text{元})$$

3个月远期汇率为：EUR1＝CNY(7.828 5＋0.004 5)÷(7.829 5＋0.005 5)＝7.833 0/7.835 0。

该公司卖出3个月远期100万欧元收到人民币为：

$$1\ 000\ 000 \times 7.833\ 0 = 7\ 833\ 000(\text{元})$$

通过掉期交易，可获得人民币收益为：

$$7\ 833\ 000 - 7\ 832\ 500 = 500(\text{元})$$

要特别提醒的是，在这里该中国公司进行掉期交易的目的是为了进行套期保值，规避汇率风险，因此，收益并不是考虑的重点。为了进行资金调度或套期保值，交易者在交易过程中承受的损益，称为掉期成本。

五、套汇和套利交易

（一）套汇交易

1. 概念

套汇(arbitrage transaction)是指利用同一时刻某种货币在不同外汇市场、不同交割期限上的汇率差异而进行的外汇交易。

汇率差异是套汇交易产生的前提。但是套汇交易结束后，原先汇率较低的外汇市场上，该种货币的需求大于供给，从而使得该货币的汇率上升；原先汇率较高的外汇市场上，该种货币的供给大于需求，使该种货币的汇率下降。这样，各个市场的汇率差异逐渐减少，趋于消失。

2. 种类

广义上来说，套汇交易一般可以分为时间套汇和地点套汇。时间套汇(time arbitrage)是指套汇者利用不同交割期限所造成的汇率差异，在买入或卖出即期外汇的同时，卖出或买入远期外汇；或者在买入或卖出远期外汇的同时，卖出或买入期限不同的远期外汇，借此获取时间收益。因此，时间套汇在本质上与掉期交易相同。地点套汇(space arbitrage)是指利用两个或两个以上外汇市场中某种货币在汇率上的差异，在汇率较低的市场上买入该种货币，在汇率较高的市场上卖出该种货币，从而赚取差价的交易活动。通常所说的套汇一般是指地点套汇，地点套汇可以分为直接套汇和间接套汇。

1) 直接套汇

直接套汇(direct arbitrage)又称两地套汇或两角套汇，是指套汇者利用同一时间两个外汇市场存在的汇率差异进行低买高卖，从中赚取汇差收益的外汇交易。这是最简单的套汇方式。

【例题4-8】 某日某时伦敦和纽约外汇市场的汇率如下：

伦敦外汇市场：GBP1＝USD1.423 0/40

纽约外汇市场：GBP1＝USD1.430 0/10

请用 142.3 万美元进行套汇。

解：

根据对伦敦和纽约外汇市场的汇率比较，发现英镑在伦敦市场的价格比在纽约市场的价格低，而美元在伦敦市场的价格比在纽约市场的价格高。

根据低价买入高价卖出的原则，可进行以下操作。

(1) 用 142.4 万美元在伦敦市场买入相应英镑：

$$1\ 424\ 000 \div 1.424\ 0 = 1\ 000\ 000(\text{GBP})$$

(2) 同时在纽约市场卖出 1 000 000 英镑，买回美元：

$$1\ 000\ 000 \times 1.430\ 0 = 1\ 430\ 000(\text{USD})$$

(3) 本次套汇收益：

$$1\ 430\ 000 - 1\ 424\ 000 = 6\ 000(\text{USD})$$

2) 间接套汇

间接套汇(indirect arbitrage)又称三地套汇或三角套汇，是指套汇者利用同一时间三个或三个以上不同外汇市场存在的汇率差异，在多个市场间调拨资金，低买高卖，从中赚取汇差收益的外汇交易。间接套汇涉及多个外汇市场，情况比较复杂。因此，交易前要先判断是否存在套汇机会，然后再进行套汇操作。

以三地套汇为例，套汇的步骤如下：

第一，判断是否存在套汇机会。先将不同市场的汇率统一成直接标价法或间接标价法，然后汇率连乘。如果乘积等于 1，说明不存在套汇机会；如果乘积不等于 1，说明存在套汇机会。

第二，判断不同市场的汇率差异。利用计算套算汇率的方法，将两个市场的汇率进行套算，将该套算汇率与第三个市场的汇率进行比较，找到某种货币在不同市场上的价格高低，判断套汇的线路。

第三，套汇。在某货币价格比较高的市场上将其卖出，然后经过另两个市场的转换最后在相对便宜的市场上将其买回，完成套汇过程。

【例题 4-9】 某日，伦敦、法兰克福、纽约三地外汇市场报价如下：

伦敦外汇市场：GBP1＝USD1.434 5

法兰克福外汇市场：GBP1＝EUR1.142 0

纽约外汇市场：EUR1＝USD1.246 5

问：

(1) 三地是否存在套汇机会？

(2) 若存在套汇机会，投资者用 100 万英镑应如何套汇？

(3) 套汇收益如何？

解：

(1) 统一标价方法后，三地都用直接标价法，则各外汇市场行情如下：

伦敦外汇市场：USD1＝GBP(1/1.434 5)

法兰克福外汇市场：GBP1＝EUR1.142 0

纽约外汇市场：EUR1＝USD1.246 5

将汇价连乘(1/1.434 5)×1.142 0×1.246 5≠1，故存在套汇机会。

(2) 通过法兰克福外汇市场和纽约外汇市场的套算，计算出英镑对美元的汇率：

GBP1＝USD(1.142 0×1.246 5)＝USD1.423 5

与伦敦市场的汇率比较，显然英镑在伦敦外汇市场的价格更高。因此，

第一步：投资者应在伦敦外汇市场卖出100万英镑，买入相应美元：

1 000 000×1.434 5＝1 434 500 (USD)

第二步：将美元在纽约外汇市场卖出，买入相应欧元：

1 434 500÷1.246 5＝1 150 822(EUR)

第三步：将欧元在法兰克福市场卖出，买回英镑：

1 150 822÷1.142 0＝1 007 725(GBP)

(3) 套汇收益为：

1 007 725－1 000 000＝7 725(GBP)

在现实套汇交易中，外汇银行报价为双向报价，故情况会更复杂一些。

需要注意的是，随着现代通信技术的发展，外汇市场与外汇交易已经趋于全球化。因此，不同市场的汇率差异在迅速减少，套汇机会也大大减少了。

(二) 套利交易

1. 概念

套利交易(interest arbitrage)也称利息套汇，是指投资者利用不同国家或地区市场利率的差异，将资金由利率较低的国家或地区转移到利率较高的国家或地区进行投资，从中获取利息差额收益的行为。由于在套利活动中往往涉及货币的兑换，因此，其可以视为因转移资金而派生出来的外汇交易。

由于目前各国外汇市场联系十分密切，一有套利机会，大银行或大公司便会迅速投入大额资金进行交易。他们的交易最终促使各国货币利差与货币远期升(贴)水率趋于一致，使套利无利可图。因此，套利活动使各国的货币利率和汇率形成了一种有机的联系，两者互相影响，推动国际金融市场的一体化。

2. 交易类型

根据套利者是否对套利交易所涉及的汇率风险进行抵补，套利可以分为非抵补套利和抵补套利。

1) 非抵补套利

非抵补套利(uncovered interest arbitrage)是指投资者单纯根据两国市场利率的差异，将资金从低利率货币转向高利率货币，从中谋取利差收益。这种套利对面临的汇率风

险不加以抵补，投资者要承担高利率货币贬值的风险。

【例题4-10】 假设英国的1年期存款利率为5%，美国的1年期存款利率为7%，市场的即期汇率为GBP/USD=1.435 0。有一个英国投资者，手中有100万英镑闲置资金想做1年的投资。这时，他面临两个选择：

① 将100万英镑投资于国内1年期存款，投资期满后获得本息合计：

$$1\ 000\ 000\times(1+5\%)=1\ 050\ 000(\text{GBP})$$

② 将100万英镑按即期汇率换成美元投资于美国的1年期定期存款，投资期满后在即期市场将收回的美元本息换回英镑。假设1年后市场的即期汇率还是GBP/USD=1.435 0，则该投资者将会收回英镑合计：

$$1\ 000\ 000\times1.435\ 0\times(1+7\%)\div1.435\ 0=1\ 070\ 000(\text{GBP})$$

两者相比，投资于美国市场将会给投资者带来20 000(1 070 000－1 050 000)英镑的额外收益。

但是实际上，由于市场汇率在不断变化。1年投资期满后如果英镑升值，汇率可能是GBP/USD=1.465 0，则投资者将会收回英镑：

$$1\ 000\ 000\times1.435\ 0\times(1+7\%)\div1.465\ 0=1\ 048\ 089(\text{GBP})$$

和直接投资于国内相比，投资于美国的收益少了：

$$1\ 050\ 000-1\ 048\ 089=1\ 911(\text{GBP})$$

如果1年内英镑升值的幅度更大，则投资者投资于美国与投资于英国国内的收益差距将更大，甚至有可能损失本金。

由此可见，由于汇率的变化，投资者获取的高利息收入可能被汇率的不利波动抵销，甚至造成亏损。因为没有规避汇率风险，非抵补套利的结果是不确定的。

2) 抵补套利

抵补套利(covered interest arbitrage)是指投资者根据两国市场汇率的差异，将资金从低利率货币转向高利率货币的同时，在外汇市场上远期卖出高利率货币，以避免汇率风险。这种交易实际上是将远期外汇交易和套利交易结合起来。

在[例4-10]中，如果投资者在即期市场上将100万英镑换成美元，投资于美国1年期定期存款的同时，在1年期远期市场上卖出1年后将收到的美元本息，买回英镑。

假设1年期远期汇率为GBP/USD=1.4550。则1年期末其将收到的英镑为：

$$1\ 000\ 000\times1.435\ 0\times(1+7\%)\div1.455\ 0=1\ 055\ 292(\text{GBP})$$

相比于投资于国内，该投资者通过抵补套利将获得额外收益：

$$1\ 055\ 292-1\ 050\ 000=5\ 292\ (\text{GBP})$$

由此可见，通过抵补套利，投资者可以获得确定的收益，不会受到汇率波动的影响。由于抵补套利是市场不均衡的产物，随着套利活动的不断进行，货币市场和外汇市场的均衡关系会重新得到恢复，抵补套利的机会也随之消失。

在实际市场中，进行套利交易必须注意以下几点：套利活动必须以有关国家和地区对货币的兑换和资金的转移不加任何限制为前提；两国货币市场利率的比较，是基于同一性质或同一类型金融工具而言的；套利活动涉及的投资是短期的，一般不超过 1 年；抵补套利也会涉及一些交易成本，如管理费、手续费等，它们将降低抵补套利的收益。

六、外汇期货交易

（一）概念

外汇期货交易（foreign exchange futures transaction）又称货币期货交易（currency futures），是一种重要的金融期货。它是指期货交易者或者经纪人根据公开竞价方式买进或卖出未来某一日期交割的、标准化的外汇期货合约的一种外汇交易方式。外汇期货合约是交易双方承诺在未来某个确定的日期、按事先确定的价格交割特定标准数量某种外汇的合约。因此，外汇期货交易可以认为是一种标准化的外汇远期交易。

外汇期货交易是在 20 世纪 70 年代初发展起来的新型外汇交易业务，最早起源于美国。1972 年 5 月，芝加哥商业交易所的国际货币市场分部正式开办外汇期货交易业务，推出了包括英镑、加拿大元、德国马克、日元、瑞士法郎、意大利里拉和墨西哥比索在内的 7 种外汇期货合约。1982 年 9 月，伦敦国际金融期货交易所开办外汇期货交易。随后，其他国家和地区也纷纷开办外汇期货交易，外汇期货市场获得迅速发展。

（二）特点

外汇期货交易具有以下特点。

1. 外汇期货合约标准化

外汇期货合约是标准化的，也就是说每一种外汇期货合约的交易币种、交易金额、交割月份等都有统一的规定，在交易中唯一变动的是价格，也就是约定汇率。不同交易所的外汇期货合约的规格不尽相同，但其内容基本相同。芝加哥商品交易所的国际货币市场外汇期货标准化合约的主要内容如表 4-4 所示。

表 4-4　国际货币市场(IMM)外汇期货标准化合约

币种	英镑	欧元	日元	瑞士法郎	加拿大元	澳大利亚元
标准代码	GBP	EUR	JPY	CHF	CAD	AUD
合同规格	62 500	125 000	12 500 000	125 000	100 000	100 000
最小变动价位	0.000 2	0.000 1	0.000 001	0.000 1	0.000 1	0.000 1
最小变动值(USD)	12.5	12.5	12.5	12.5	10	10
合约月份	3 个月、6 个月、9 个月、12 个月					
交割日期	合约月份的第 3 个星期三					
交割地点	结算所指定的货币发行国银行					

2. 交易所交易

外汇期货市场是一个有形的市场，所有的外汇期货交易都必须在期货交易所内进行。

外汇期货交易采用公开叫价方式，竞争性地买卖外汇期货合约。交易所实行会员制度，交易双方不直接接触，买卖的具体执行都由经纪商代理。在交易所内的会员可以进行两类交易：一是代客买卖，充当经纪人收取佣金；二是作为交易商，进行自营交易，赚取利润。期货交易所的主要功能是为交易提供场所和各种交易设施；收集和传播最新的市场行情和影响市场行情的信息；指定并监督执行有关交易规则；仲裁交易活动中发生的争执和纠纷。

此外，在期货交易中，期货交易所的清算所作为期货合约各方的交易对手出现：对于期货合约的买方来说，清算所是卖方；对于合约的卖方来说，清算所是买方。因此，外汇期货合约的买卖双方不需要考虑交易对手的身份，也不需要担心其履约能力。这种清算机制提高了市场的流动性。

3. 保证金制度

期货交易实际上是保证金(margin)交易。按期货交易所的规定，外汇期货交易双方在进行期货交易时必须缴纳一定数额的保证金，以确保期货交易双方履约并承担价格风险。保证金分为：

(1) 初始保证金，是指当每张外汇期货合约交易成交时，买卖双方均需按照各类合约的有关规定缴纳一定金额的保证金。初始保证金的多少在不同的期货交易所内并不一样，一般为合约金额的5%～10%，该比例也会随着合约金额的大小及参与客户身份的不同而不同。

(2) 维持保证金，是指经逐日清算后，保证金必须维持的最低水平。维持保证金通常为初始保证金的75%。在交纳初始保证金之后，期货交易所的清算所根据外汇期货价格的变动，逐日清算未交割合约的盈亏，并通知客户补缴或撤回部分保证金。

4. 逐日盯市制度

逐日盯市(mark-to-market)也称每日清算，是指每个交易日结束后，交易所的结算部门——清算所会对每笔交易进行清算，检查保证金账户余额，并适时发出保证金追加单(margin call)，以使交易者的保证金账户余额始终维持在一定水平。

按照这项制度，清算所负责清算交易双方每日的盈亏，凡未平仓的每笔交易均需按照当日市场的收盘价逐日清算。盈余时，客户可以将超过初始保证金的部分提走；亏损时，亏损额将从保证金账户扣除。若保证金账户余额低于维持水平，经纪公司会通知客户补足，使之回升至初始水平。如果客户不能及时追加保证金，交易所将有权强行平仓。逐日盯市制度对于控制外汇期货交易的风险至关重要。

【例题4-11】 某星期一早晨，投资者买入一份星期三下午到期的国际货币市场英镑期货合约，约定价格GBP1＝USD1.415 1。星期一收盘时，价格上升到GBP1＝USD1.425 1；星期二收盘时，价格进一步上升到GBP1＝USD1.435 1；星期三收盘时，价格下降到GBP1＝USD1.422 1；合约到期，投资者按当时的即期汇率进行对冲。计算每天的清算结果，投资者的盈利(损失)是多少？

解：

星期一收盘时：(1.425 1－1.415 1)×62 500＝625(USD)，投资者盈利；

星期二收盘时：(1.435 1－1.425 1)×62 500＝625(USD)，投资者盈利；

星期三收盘时：(1.422 1－1.435 1)×62 500＝－812.5(USD)，投资者损失。

因此，投资者投资的这份期货合约最终盈利：625＋625－812.5＝437.5(USD)。

(三) 交易类型

根据交易参与者交易动机的不同，外汇期货交易可分为保值性交易和投资性交易。

1. 保值性交易

保值性外汇交易是指为了控制汇率风险，从事国际经贸活动的主体在期货市场上叙做一笔与现货头寸相反、期限对称、金额相等的外汇期货交易，以达到保值的目的。

【例题 4-12】 美国 A 公司于 2018 年 3 月 10 日从法国 B 公司进口价值为 1 250 000 欧元的商品，计价结算货币为欧元，3 个月后付款。为了规避汇率风险，A 公司打算在国际货币市场做外汇期货套期保值，当时期货合约价格为 EUR/USD＝1.233 0，市场即期汇率为 EUR/USD＝1.233 0/40。到了 6 月 10 日付款日，市场即期汇率为 EUR/USD＝1.236 0/70，当天 6 月到期欧元期货合约价格为 EUR/USD＝1.235 0。

问：

(1) 为了规避汇率风险，进口商 A 公司应该如何做外汇期货交易？

(2) 通过外汇期货交易套期保值，进口商 A 公司实际进口成本是多少？

解：

(1) 进口商 A 公司签订合约后，因为计价结算货币为欧元，担心欧元升值导致进口成本提高。因此，其应该买入 10 份 6 月份到期的欧元期货合约，合约金额为 1 250 000 欧元。

(2) 到了 6 月 10 日付款日，A 公司卖出 10 份 6 月到期欧元期货合约进行对冲。该 A 公司从期货交易中可获得盈利：

$$1\ 250\ 000\times(1.235\ 0-1.233\ 0)=2\ 500(\text{USD})$$

同时 A 公司在现货市场上购买 1 250 000 欧元用于支付货款，支付的美元为：

$$1\ 250\ 000\times1.237\ 0=1\ 546\ 250\ (\text{USD})$$

所以进口商 A 公司实际进口成本为：

$$1\ 546\ 250-2\ 500=1\ 543\ 750\ (\text{USD})$$

2. 投机性交易

投机性交易是指交易者根据其对货币汇率的市场走势的预测和判断，通过买卖外汇期货合约，从中赚取买卖差价的期货交易。

[例 4-12]中，如果 A 公司并没有因为进口商品而需要在 3 个月后支付欧元，而只是预期欧元将升值而买入 10 份 6 月份到期的欧元期货合约。则到期后其将期货合约卖出获利 2 500 美元。当然如果它的预期不准确，就将承担欧元贬值带来的损失。这就属于投机性交易。

外汇期货合约一般有两种了结方式：一是等期货合约到期交割；二是在到期日前交易者叙做一笔方向相反但相同合约数量和到期日的期货交易实现对冲。实际上，期货合约到期交割只占很小的比例，大部分的合约通过对冲方式予以了结。

七、外汇期权交易

（一）概念

外汇期权交易（foreign exchange option transaction）又称货币期权（currency option），期权合约买方在支付一定的费用后，可以获得在约定时间内按照预先确定的汇率买卖约定数量的某种货币的权利。在外汇期权交易中，交易双方实际上买卖的是一种“选择权”，买方为获得这种权利要向卖方支付费用。在买进“选择权”后，当外汇市场行情对买方有利时，期权买方就执行期权合约，即按照约定的汇率向期权卖方买进（或卖出）某种外汇；当外汇市场行情对买方不利时，期权买方就放弃期权合约，即不按照合约规定向期权卖方买进（或卖出）某种外汇。

期权费（premium），又称期权价格或保险费，是指期权合约成交后，由期权的买方向期权的卖方支付的费用，也就是“选择权”的费用。无论期权合约最后是否被执行，这笔费用都归期权卖方所有。影响期权费的因素很多，主要包括：期权类型、到期日、汇率的波动性、执行价格、利率走势等。

执行价格（exercise price）又称协定价格（Strike Price）或履约价格，是指期权合约交易双方约定的买卖外汇资产的价格。期权买方在到期日是否决定执行期权，取决于期权执行价格和市场价格的比较。

（二）期权类型

1. 欧式期权和美式期权

欧式期权（european option）是指买方只能在合约到期日执行权利的期权。

美式期权（american option）是指买方在合约到期日之前的任何一个营业日都可以执行权利的期权。

相比而言，美式期权具有更大的灵活性，因此，卖方承担的汇率风险更大。美式期权的期权费比欧式期权更高。目前，在期权交易所内进行的期权交易多为美式期权；而在场外进行交易的多为欧式期权。

2. 看涨期权和看跌期权

看涨期权（call option）又称买权，是指期权的买方有权按照执行价格买进约定数量的某种外汇的期权。通常在预期外汇汇率有上升趋势时，为避免汇率风险，进口商或投资者可以购买看涨期权。一旦日后外汇汇率上升，看涨期权的买方就可以执行期权，以低于市场汇率的执行价格向期权卖方买进约定数量的外汇；相反，若日后外汇汇率下跌，买方则可放弃期权合约，损失仅限于前期支付的期权费。

看跌期权（put option）又称卖权，是指期权的买方有权按照执行价格卖出约定数量的某种外汇的期权。通常在预期外汇汇率有下跌趋势时，为避免汇率风险，出口商或投资者可以购买看跌期权。一旦日后外汇汇率下跌，看跌期权的买方就可以执行期权，以高于市场汇率的执行价格向期权卖方卖出约定数量的外汇；相反，若日后外汇汇率上升，买方则可放弃期权合约，损失仅限于前期支付的期权费。

3. 场内期权和场外期权

场内期权(exchange traded option)又称交易所期权,是指在外汇交易中心和期权交易所内进行交易的期权。该类期权合约标准化,流动性强。期权的到期日、协定价格、保证金制度、交割地点、合约各方头寸限制、交易时间等都由外汇交易中心和期权交易所制定,交易者只需要考虑合约的价格和数量,遵守外汇交易中心和期权交易所的规定。场内期权交易只要求期权开立者(期权卖方)缴纳保证金,而对期权持有者(期权买方)无保证金要求,因为后者在支付了期权费后不承担履行合约的义务。场内期权是外汇期权交易的主体。

场外期权(over-the-counter option)又称柜台期权,是指金融机构和大公司双方直接进行交易的期权。场外期权主要是适合个别客户的需求,其合约不必像场内期权那样标准,可以根据客户的需求对期权进行定制。合约涉及的金额至少为一百万美元,因此,场外交易只对大公司开放。签发场外期权的通常是资信良好的大公司和银行,以伦敦、纽约为中心的银行同业外汇期权市场为代表。

(三)特征

1. 买卖双方的权利义务不对称

外汇期权交易和其他外汇交易不同,其交易对象是一种将来可以按执行价格买卖某种外汇的权利,而不是外汇本身。因此,期权买方可以比较市场汇率和执行价格来决定是否行使这种权利。而期权的卖方收取了期权费之后,就要履行义务。如果期权买方要求执行期权合约,卖方必须执行。

2. 期权费无追索权

期权费作为期权的价格,是期权买方为了获得将来按执行价格买卖某种外汇的权利而支付的代价,也是期权卖方承担履约义务的收益。期权买方需在期权合约成交时一次付清。无论最后期权买方是否执行期权,都不能索回期权费。

(四)履约

1. 对冲

大多数外汇期权的买方和卖方在期权到期时或到期日前都会选择对冲方式来结清期权头寸,即期权的买方在期权到期日之前,卖出同样币种、执行价格、到期日等内容的期权合约,以对冲初始多头期权头寸;而期权的卖方则在期权到期日之前,买入同样币种、执行价格、到期日等内容的期权合约,以对冲初始空头期权头寸。

2. 执行期权

只有期权的买方才有权力要求履行合约,行使买进或卖出的权利。当期权具有内在价值,即看涨期权的执行价格低于期权执行日的市场汇率或者看跌期权的执行价格高于期权执行日的市场汇率时,期权买方才会行使期权。此时,期权的卖方必须按照外汇期权合约的规定无条件履约,并按期权交易所的清算制度进行清算。

3. 自动失效

当期权不具有内在价值时,即看涨期权的执行价格高于期权执行日的市场汇率或者看跌期权的执行价格低于期权执行日的市场汇率时,期权的买方就不会行使期权,而会任其到期失效。此时，期权买方的损失即其购买期权时支付的期权费。

【例题4-13】 美国某进口商从德国进口一套价值125万欧元的机器，3个月后交货付款。签订合约时的市场即期汇率为EUR1=USD1.241 2。为了避免3个月后货到付款时由于欧元升值带来的汇率风险，该进口商决定购买欧元看涨期权(欧式期权)进行保值。他买入10份(每份金额为12.5万欧元)执行价格为EUR1=USD1.243 2的欧元看涨期权，期权费为每欧元2美分。

问：

若期权到期日市场即期汇率是下面5种不同情况时，该进口商是否会执行期权？此时其实际进口成本是多少？与不购买期权进行保值相比，其损益情况如何？

(1) 期权到期日市场即期汇率为EUR1=USD1.241 0；

(2) 期权到期日市场即期汇率为EUR1=USD1.243 2；

(3) 期权到期日市场即期汇率为EUR1=USD1.244 0；

(4) 期权到期日市场即期汇率为EUR1=USD1.263 2；

(5) 期权到期日市场即期汇率为EUR1=USD1.268 0。

解：

购买看涨期权时，该进口商支付的期权费为：1 250 000×0.02=25 000 (EUR)

(1) 若期权到期日市场即期汇率为EUR1=USD1.241 0，则：

因欧元贬值，市场即期汇率<执行价格，则进口商应放弃期权。其去即期市场购买125万欧元，需支付美元为：

1 250 000×1.241 0=1 551 250(USD)

因此，该进口商总共付出的美元成本为期权费加购买欧元支付的美元，即：

25 000+1 551 250=1 576 250(USD)

这种情况下，相比于不采用期权保值，进口商多支付了期权费。

(2) 若期权到期日市场即期汇率为EUR1=USD1.243 2，则：

因市场即期汇率=执行价格，客户执行期权购买欧元和从即期市场购买欧元的价格一致，执行不执行期权合约并无差别。其购买欧元支付的美元为：

1 250 000×1.243 2=1 554 000(USD)

因此，该进口商总共付出的美元成本为：25 000+1 554 000=1 579 000(USD)

这种情况下，相比于不采用期权保值，进口商多支付了期权费。

(3) 若期权到期日市场即期汇率为EUR1=USD1.244 0，则：

因市场即期汇率>执行价格，客户执行期权购买欧元，其购买欧元支付的美元为：

1 250 000×1.243 2=1 554 000(USD)

因此，该进口商总共付出的美元成本为：

25 000+1 554 000=1 579 000(USD)

若该进口商没有采用期权进行保值，则其在3个月后直接去市场购买欧元，其购买欧元支付的美元为：1 250 000×1.244 0=1 555 000(USD)。

采用期权进行保值和不采用期权相比，进口商要多支付美元：1 579 000－1 555 000=24 000(USD)。

这种情况下，因欧元小幅升值，执行期权可以以较低的汇率购买欧元，但是其带来的利益不足以弥补期权费。

(4) 若期权到期日市场即期汇率为EUR1=USD1.263 2，则：

因市场即期汇率>执行价格，客户执行期权购买欧元，其购买欧元支付的美元为：

$$1\ 250\ 000\times1.243\ 2=1\ 554\ 000(\text{USD})$$

因此，该进口商总共付出的美元成本为：25 000+1 554 000=1 579 000(USD)。

若该进口商没有采用期权进行保值，则其在3个月后直接去市场购买欧元，其购买欧元支付的美元为：

$$1\ 250\ 000\times1.263\ 2=1\ 579\ 000(\text{USD})$$

采用期权进行保值和不采用期权相比，进口商支付的美元相等。

这种情况下，欧元升值，当市场即期汇率=执行价格+期权费时，执行期权合约获得的收益正好弥补期权费。

(5) 若期权到期日市场即期汇率为EUR1=USD1.268 0，则：

因市场即期汇率>执行价格，客户执行期权购买欧元，其购买欧元支付的美元为：

$$1\ 250\ 000\times1.243\ 2=1\ 554\ 000(\text{USD})$$

因此，该进口商总共付出的美元成本为：

$$25\ 000+1\ 554\ 000=1\ 579\ 000(\text{USD})$$

若该进口商没有采用期权进行保值，则其在3个月后直接去市场购买欧元，其购买欧元支付的美元为：

$$1\ 250\ 000\times1.268\ 0=1\ 585\ 000(\text{USD})$$

采用期权进行保值和不采用期权相比，进口商要少支付美元：

$$1\ 585\ 000-1\ 579\ 000=6\ 000(\text{USD})$$

这种情况下，欧元升值，当市场即期汇率>执行价格+期权费时，执行期权合约获得的收益大于期权费。

综合上述5种情况，可以将期权买卖双方的损益情况用表格表示，如表4-5所示。

表4-5 外汇看涨期权买卖双方的损益

市场即期汇率	期权执行情况	买方单位损益	卖方单位损益
即期汇率<执行价格	放弃	损失=期权费	收益=期权费
即期汇率=执行价格	放弃或执行	损失=期权费	收益=期权费

（续表）

市场即期汇率	期权执行情况	买方单位损益	卖方单位损益
执行价格＜即期汇率＜执行价格＋期权费	执行	损失＝期权费－（市场即期价格－执行价格）	收益＝期权费－（市场即期价格－执行价格）
即期汇率＝执行价格＋期权费	执行	零	零
即期汇率＞执行价格＋期权费	执行	收益＝（市场即期价格－执行价格）－期权费	损失＝（市场即期价格－执行价格）－期权费

第四节　外汇风险

一、外汇风险概述

（一）概念

外汇风险（foreign exchange risk）又称汇率风险（exchange rate risk）或汇兑风险（exchange risk），是指经济主体在持有和运用外汇的经济活动中，因汇率变动而产生损失或获得收益的可能性。汇率变动的最终结果要根据经济主体的净外汇头寸和汇率变动的方向而定。

外汇风险针对的是经济主体持有外汇的敞口头寸（exposure position），而不是其持有的所有外汇资产或外汇负债。敞口头寸是指经济主体所持有的外汇资产和外汇负债的差额。在现实经济生活中，外汇头寸表现为以下三种基本状态：头寸轧平（square），即经济主体持有的外汇资产等于外汇负债；多头（long position），即经济主体持有的外汇资产大于外汇负债；空头（short position），即经济主体持有的外汇资产小于外汇负债。如果经济主体预期的外汇收入大于外汇支出或者外汇资产大于外汇负债，则当外汇汇率上升而本币汇率下跌时，有外汇收益；反之，则有外汇损失。

（二）构成要素

外汇风险有两个构成要素：外币和时间。一个经济实体在开展国际业务时所发生的业务包括：外币应收和应付账款、外币资本的借出和借入等，都需要使用本币进行结算，以便考核其经营成果。只要企业在经营活动中以外币计价结算，并且存在时间间隔，就会产生外汇风险。一般来说，未清偿的外币债权债务金额越大、间隔时间越长，外汇风险也就越大。

从构成外汇风险的要素来看，可以从两个方面防范外汇风险：一是防范由于外币因素所引起的风险；二是防范由于时间因素所引起的外汇风险。前者可以通过以本币结算彻底消除外汇风险；或使同一种外币表示的债权和债务金额相等；或通过选择计价结算的外币种类，以消除或减少外汇风险。后者可以通过把将来外币与本币的兑换提前到现在进行，以彻底消除外汇风险，或者根据对汇率走势的预测，适当调整将来外币收付的时间，以减少外汇风险。

二、外汇风险的种类

（一）交易风险

交易风险（transaction risk）是指在以外币计价的交易中，由于外币和本币之间的汇率波动使交易者蒙受损失的可能性。

（二）会计风险

会计风险（accounting risk）又称折算风险，是指经济主体对外币资产和负债进行会计处理时，由于将必须转换成本币的各种外币计价项目加以折算时使用的汇率与当初入账时的汇率不同而产生的账面差异。它是一种存量风险。

（三）经济风险

经济风险（economic risk）又称经营风险（operation risk），是指由于意料之外的汇率变动影响企业的生产成本、销售价格，进而引起产销数量的变化，影响企业在未来一定时期的收益变化的可能性。

交易风险和会计风险的影响是一次性的，而经济风险对企业的影响是长期的。因此，经济风险的影响比交易风险和会计风险的影响更大。

三、外汇风险的管理办法

外汇风险的管理是指通过风险识别、风险衡量、风险控制等方法，预防、规避、转移或消除外汇业务经营中的风险，从而减少可能的经济损失，实现在风险一定条件下的收益最大化或在收益一定条件下的风险最小化。

在现行国际货币体系以及金融全球化、自由化的环境中，外汇风险是客观存在的。涉外经济主体必须充分重视外汇风险存在的客观事实，经济主体开展涉外经营活动的过程本身就是承受风险的过程。因此，涉外经济主体需要根据各项业务发生风险的概率，适度安排业务比例和规模，分散风险，确保收益足以弥补所处经济环境中一般情况下的平均风险，使自身清偿力足以弥补经济环境中一般情况下的最大风险。

1. 提前或推迟外汇收付

当预计计价货币将出现贬值时，出口企业应尽早签订出口合同，并以即期收款方式收回出口货款，在即期市场兑换成本币，以避免计价货币汇率下跌造成的损失。如果有外汇应收账款，可以在给予对方一定折扣的基础上请其提前支付货款，然后通过即期交易兑换成本币，用换回的本币进行短期投资，所得收益用于弥补折扣的损失。而进口企业则应尽量要求延期支付或推迟向国外购货，以便在计价货币贬值后，能用较少的本国货币换取计价货币进行支付。

反之，当预计计价货币将出现升值时，出口企业可以推迟交易，或在适当提高价格的情况下允许进口方延期付款，从而获得计价货币汇率上升的收益；而进口企业则应提前购买，或者可以要求在优惠价格的情况下预付货款，以避免汇率上升后进口成本提高。

2. 选择货币法

对企业来说，在交易中应尽量选择以本国货币计价。那么无论是进口业务还是出口业务，也无论汇率如何波动，该企业都能从根本上消除外汇风险。但是，这种方式将汇率风险转嫁给了交易对方，因此在实际谈判中会存在一定的困难。如果不能以本国货币计价，企业应在出口业务中争取以硬货币计价，而在进口业务中以软货币计价。一些交易金额比较大的企业可以采用多种货币组合的办法，以使汇率大幅波动的影响大大降低。要注意的是，各种货币的“硬”和“软”是相对的，因此要密切关注货币汇率的变动趋势，才能作出正确的选择。

3. 加列保值条款

在国际经济合同中，交易双方可以通过加列黄金保值条款或外汇保值条款，或用“一篮子”货币保值条款来规避汇率风险。

(1) 黄金保值是指根据签订合同时计价货币的金平价对原货币进行支付。也就是说，交易双方在签订合同时，确定合同计价货币的含金量。到实际支付日，如果合同货币的含金量发生变动，则对合同款项作出相应调整。该条款适用于固定汇率时期，目前由于各国货币已与黄金脱钩，加之黄金本身价格不稳定，现在已基本不用。

(2) 外汇保值条款是指在贸易合同中，规定某种软货币为结算货币，某种硬货币为保值货币，签订合同时按照当时软货币与硬货币的汇率将货款折算成一定数量的硬货币，到货款结算时再按当时的汇率，将硬货币折回软货币来结算。此方法一般同时规定软货币与硬货币之间汇率变动的幅度，在规定的幅度内，货款不做调整；超过规定的幅度，货款则要作调整。

(3) “一篮子”货币保值条款。在贸易合同中，规定某种货币为结算货币，并以“一篮子”货币为保值货币。具体做法是：首先，确定“一篮子”货币的构成；其次，规定收付总额中各种保值货币所占的比重，签订合同时按照当时的汇率将货款分别折算成各保值货币；再次，到货款支付日，再按当时的汇率将各保值货币折回成结算货币来结算。由于“一篮子”货币中的各种货币汇率有升有降，因此能分散汇率风险，或者把汇率风险控制在较小的范围内。

4. 利用金融交易

该法是指利用金融市场和金融工具，特别是外汇市场和货币市场的交易，来规避交易风险。常用的金融交易包括远期外汇交易法、货币互换和利率互换、外汇期货交易法、外汇期权交易法等。

(1) 远期外汇交易法是指当经济主体在未来拥有一笔外汇资产或负债的情况下，通过卖出或买入一定数量的远期外汇合同，预先将汇率固定下来，从而将外汇资产和负债转化成确定数量的本币资产和负债，避免日后汇率波动造成的风险。在一般情况下，进出口商为了避免从签订合同到实际支付这段时间内汇率变动带来的损失，就可以和银行签订远期外汇合同按远期汇率预先买进或卖出远期外汇。这样，进出口商不仅可以转移了汇率风险，还可以事先算出交易成本和利润，保证企业稳定经营。此外，外汇资金借贷者为了避免其国外投资或国外债务到期时因汇率变动而蒙受损失，也可以预先买进或卖出远期外汇。这种保值方式比较灵活，手续简便，避险效果好，成本低，因此是目前国际上防范外汇风险中广泛适用的方法。

(2) 货币互换是指两个独立的筹资者，在各自筹集到的货币价值相等、期限相同，但币种不同、计息率不同的债务，或币种不同、计息率相同的债务后，进行货币和利率的互换。货币互换通常出于以下原因：进口商获得优惠条件下的出口信贷，但是币种不是其所需要的；投资者认为用本币调换外币比直接购买外币更经济；借款人为了套取低利率的资金等。

(3) 利率互换是指两个独立的筹资者，根据各自的筹资优势，在分别借到币种一致、金额和期限相同，但计息方法不同(固定利率与浮动利率或者两个基准利率不同的浮动利率)的债务后，双方(通过中介人)对利率进行调换，以期获得成本较低的资金。

(4) 外汇期货交易法是标准化的远期外汇合约，经济主体通过买入外汇期货合约或卖出外汇期货合约，锁定了未来交割的货币的汇率，从而规避汇率波动的风险。若经济主体在未来将拥有外汇资产，则其卖出一定数量的外汇期货合约，即空头套期保值；若其在未来将拥有外汇负债，则其现在买入一定数量的外汇期货合约，即多头套期保值。

(5) 外汇期权交易法是指利用期权交易中合约的买方具有选择权的特点，经济主体可以购入外汇期权合约，通过选择是否执行期权合约，可以规避汇率不利波动给经济主体带来的风险，同时又可以获得汇率有利波动带来的收益。外汇期权交易法比远期外汇交易法和外汇期货交易法灵活，但经济主体为此需要支付期权费。在经济主体未来将拥有一笔外汇资产时，其可以买入看跌期权；若其未来将有一笔外汇负债时，则买入看涨期权。

5. 利用国际信贷

利用国际信贷实际上是综合利用借款、即期外汇交易和投资，以达到消除汇率风险的目的。

为了规避外汇应收账款的汇率风险，经济主体先从银行借入与应收账款相同数额、相同币种、相同期限的外币；然后将借入的外币通过即期外汇交易换成本币；再将换得的本币进行投资，投资期限与借款期限和应收账款的期限一致，到期后收回本币本金和利息。等应收账款期满，经济主体收回账款用于偿还银行借款本金；同时收回投资利息用于弥补银行借款的利息。投资到期收回的本币本金即业务收入，其金额在即期交易时即确定下来。通过这种方式，经济主体将外币应收账款转换成了确定的本币收入。

为了规避外汇应付账款的汇率风险，经济主体先从银行借入与应付账款相同价值、相同期限的本币；然后将借入的本币通过即期外汇交易换成与应付账款币种相同的外币；再将换得的外币进行投资，投资期限与借款期限和应付账款的期限一致，到期后收回外币本金和利息。等应付账款期满，经济主体将收回的外币本金用于支付应付账款；收回投资利息用于弥补银行借款的利息。应归还银行的本币本金即为业务成本，其金额在交易最初借入本币时即确定下来。通过这种方法，经济主体将外币应付账款转换成了确定的本币成本。

6. 参加汇率风险保险

许多国家的政府为了鼓励出口，专门建立了汇率变动保险制度及相关保险机构，在对外投资、经贸和借贷活动中发生的以外币计价的债权债务可以投保。所谓汇率风险保险，是指由投保人按期缴纳一定的保险费，承保机构则以负担全部或部分汇率波动风险作为回报。一般保险公司预先规定投保货币汇率的波动幅度，对规定幅度内的汇率波动损失，保险公司负责赔偿；对超过规定幅度的损失，不负责赔偿责任。由于汇率波动产生的收益，则归保险公司所有。通过参加汇率保险，可以把外汇风险转嫁给保险公司，有利于增强本国企业在对外经济活动中应付汇率风险的能力，保险公司也可以得到保险收益。

防范和规避汇率风险的方法多种多样，随着各国对外经济往来不断发展，还会出现一些新的避险方法。需要注意的是，各种避险方式都有各自的特点和不同的适用条件。而且各种方式运用的实际效果也有所不同。经济主体需要认真分析各种避险方法的利弊，根据不同类型的汇率风险的特点，选择适宜的避险方法，以期最大限度地降低外汇风险。

延伸阅读 4-1

中国外汇市场

1994 年 1 月我国外汇体制进行了重大的改革，实行汇率并轨和银行结售汇制度，在原有外汇调剂市场的基础上建立全国统一的银行间外汇市场，由此形成了以市场供求为基础的、单一的、有管理的浮动汇率制度。从此我国的外汇市场进入了新的发展阶段。

从市场结构来看，目前我国外汇市场分为两个层次：第一层次是外汇指定银行与客户之间的零售市场，又称银行结售汇市场。外汇指定银行每天根据中央银行公布的人民币对外币的中间价，在一定的浮动范围内制定对客户的挂牌价，与客户进行外汇买卖。第二层次是银行之间的外汇交易市场，也称银行间外汇市场。其基本功能是生成人民币市场汇价，是汇率形成机制的核心。凡在中国境内营业的金融机构，其之间的外汇交易，均应通过银行间外汇市场进行。银行间外汇市场是建立在现代化技术基础上，以银行和非银行金融机构为交易主体的外汇交易体系，其交易载体是中国外汇交易中心的联网交易系统。中国外汇交易中心成立于 1994 年 4 月 18 日，总部设在上海，它通过计算机网络与全国各地的分中心实行联网交易。中央银行既是外汇市场的调控者，又是银行间外汇市场的交易员。它在外汇交易中心设立公开市场操作室，参与银行间外汇市场交易，对人民币汇率进行适时和适度的宏观调控。

银行间外汇市场的组织结构和运行机制包括以下几个方面。

(1) 实行计算机联网交易。中国外汇交易中心通过计算机网络与全国各地的分中心和调剂中心实行联网交易。

(2) 实行会员制。经中国人民银行批准设立、国家外汇管理局准许经营外汇业务的金融机构可向中国外汇交易中心申请，成为外汇交易中心的会员，参与国内外外汇市场交易。会员分为自营会员和代理会员两类。自营会员可兼营代理业务，代理会员只能从事代理业务，不得兼营自营业务。

(3) 实行分别报价、撮合成交的竞价交易方式。在中国外汇交易的系统中，交易员报价后，由交易系统按照价格优先、时间优先的原则撮合成交。当买入报价和卖出报价相同时，报价即为成交价；当买入报价高于卖出报价时，成交价为买入报价与卖出报价的算术平均数。当买卖双方报价数额相等时，买卖双方所报数额全部成交；当买卖双方报价数额不相等时，成交数额为所报数额较少者，未成交部分可保留、变更或撤销。

（4）实行本外币资金的集中清算。在中国外汇交易的系统中，人民币资金实行二级清算，即各个分中心负责当地会员之间的清算，总中心负责各分中心的差额清算。人民币资金清算通过在中国人民银行开立的人民币账户办理。外汇资金实行一级清算，即总中心负责会员之间的清算。外汇资金清算通过中国外汇交易中心在境外开立的外汇账户办理。本外币资金清算速度均为 T+1。

（5）在全国统一的银行间外汇市场，交易时间和交易品种都有明确的规定。一般情况下，交易市场每周一至周五开市，国内法定节假日不开市。交易币种有美元、港币、日元等。

根据国家外汇管理局统计数据显示，2021 年 1 月至 10 月，中国外汇市场（不含外币对市场，下同）总计成交 191.49 万亿元人民币（等值 29.61 万亿美元）。其中，银行对客户市场成交 28.80 万亿元人民币（等值 4.45 万亿美元），银行间市场成交 162.69 万亿元人民币（等值 25.16 万亿美元）；即期市场累计成交 75.58 万亿元人民币（等值 11.69 万亿美元），衍生品市场累计成交 115.91 万亿元人民币（等值 17.92 万亿美元）。

资料来源：中国外汇交易中心、国家外汇管理局。

延伸阅读 4-2

中信泰富澳大利亚元巨亏案

中信泰富是中国大型央企中信集团在香港联交所上市的 6 家子公司之一。其业务集中在香港及内地，公司三大主营业务为：钢铁、航空、地产。由于铁矿石是钢铁产业的主要成本，中信泰富为了降低成本，于 2006 年 3 月底以 4.15 亿美元收购西澳大利亚两个分别拥有 10 亿吨磁铁矿开采权的公司 Sino-Iron 和 Balmoral Iron 的全部股权。中信泰富收购的澳大利亚铁矿项目，是当时澳大利亚已规划开发的规模最大的磁铁矿项目，项目中很多设备和投入都必须以澳大利亚元来支付。整个投资项目的资本开支，除当时需支付的 16 亿澳大利亚元外，在项目进行的 25 年期内，还将在全面营运的每年投入至少 10 亿澳大利亚元。为了降低项目涉及的汇率风险，中信泰富与花旗银行香港分行、瑞信国际、法国巴黎百富勤、美国银行、摩根士丹利、汇丰银行、德意志银行等 13 家外资银行签订了数份杠杆式外汇买卖合约以对冲风险。其中金额最大的是澳大利亚元累计期权合约，总额为 90.5 亿澳大利亚元，锁定汇率是 0.87。合约规定在此后两年多内，中信泰富以 0.87 美元/澳大利亚元的平均兑换汇率，向交易对手支付美元接受澳大利亚元，最高累计金额约 94.4 亿澳大利亚元。

中信泰富签订这一系列衍生品合约的背景是澳大利亚元在当时十分强势，并且短期内预期不会出现大幅下跌。当时澳大利亚元的利率已高达 7.25%，居几大工业国利率榜首。澳大利亚元大宗商品在一片繁荣的背景下和加息预期因素的影响下，成为汇市热门货币。然而，2008 年 7 月份，澳大利亚元汇率波动开始加大，短短一个月间澳大利亚元开始出现持续贬值，澳大利亚元兑美元跌幅也高达 10.88%，几乎抹平了 2008 年以前的涨幅。

2008 年 10 月 20 日，中信泰富发布公告称，公司为降低西澳大利亚铁矿项目面对的货币风险，签订若干杠杆式外汇买卖合约而导致亏损，实际已亏损 8.07 亿港元。至 10 月 17 日，仍在生效的杠杆式外汇合约按公平价定值的亏损为 147 亿港元。换而言之，相关外汇合约导致已变现及未变现亏损总额为 155.07 亿港元，而且亏损有可能继续扩大。公告当日，中信泰富股价开盘即暴跌 38%，盘中更一度跌至 6.47 港元，跌幅超过 55.4%，当日收报于 6.52 港元，跌幅达 55.1%，远远超过业界预计的 20%左右跌幅。

外汇期权本是企业有效规避汇率风险的交易方式，为什么中信泰富却因此而遭受了重大损失？分析主要原因如下：

首先是错误地选择了投机工具。对于中信泰富而言，为了开发澳大利亚西部的铁矿石项目，其目标应是锁定购买澳大利亚元的成本。在绝大多数情况下，通过对远期、期货、互换、期权等进行简单的组合，就可以达到企业特定的套期保值需求。中信泰富却选择了复杂的、自己并不精通的累计期权。这类合约，无论从定价到对冲机制上都很复杂，一般投资者根本不知道产品应如何估值、如何选择行使价，以及如何计算与控制风险。因此，很容易约定过高的行权价，同时低估其潜在的风险。

其次是量的错配。根据中信泰富在 2008 年 7 月签订的 16 份合约，当澳大利亚元兑美元的价格走势对其有利时，其最少也必须购买 36 亿澳大利亚元；而当价格大幅下跌时，则要被迫购买 90 亿澳大利亚元。而中信泰富的真实需求却只有 16 亿澳大利亚元。其套期保值头寸远远超过了需要的套保产品头寸，这样做不仅增加了公司保证金从而扩大了对现金流的需求，而且价格波动所带来的风险也随之放大。

外汇期权是理想的外汇避险产品，给予了投资者更加多样和灵活的套保方式，但也对投资者的风险控制以及对新工具的了解提出了更高的要求。我们在利用期权做套保的时候应当吸取历史的教训，充分了解金融工具的使用，才能达到套保的目标。

资料来源：21 世纪经济报道。

课后练习

1. 什么是外汇？外汇具有哪些特征？
2. 如何理解直接标价法和间接标价法下外汇汇率升降的含义？
3. 什么是外汇的买入价和卖出价？
4. 外汇市场的主要特征有哪些？
5. 即期外汇交易中的交割日及报价是如何规定的？
6. 什么是远期外汇交易？其基本动机是什么？
7. 套汇和套利交易的前提和影响是什么？
8. 抵补套利和非抵补套利的主要区别是什么？

9. 比较远期外汇交易和外汇期货交易的异同。

10. 什么是掉期交易？掉期交易与一般的套期保值有什么不同？

11. 外汇期权的期权费和执行价格分别是什么标的的价格？

12. 外汇期权可以分为哪些类型？

13. 简述外汇风险的含义和分类。

14. 某日某时伦敦外汇市场上，英镑和加拿大元的即期汇率为1.827 6/88，3个月远期掉期率为30/40，计算英镑对加拿大元的3个月远期汇率。

15. 某日外汇市场行情为：即期汇率USD/CNY＝6.274 0/50，3个月远期点数为20/30。假设中国一进口商从美国进口一套价值50万美元的设备，3个月后支付货款。如3个月后市场即期汇率变为USD/CNY＝6.278 0/95。

问：

(1) 若该进口商3个月后去即期市场购买50万美元用于支付货款，其将付出多少人民币？

(2) 若该进口商签订合同时即购买了3个月的50万远期美元，则到期时其将交割多少人民币？

(3) 两种情况比较，远期外汇交易给该进口商带来了什么好处？

16. 某日外汇市场的行情如下：

伦敦外汇市场：GBP/USD＝ 1.419 0/95

纽约外汇市场：USD/HKD＝ 7.846 0/75

香港外汇市场：GBP/HKD＝ 11.127 5/85

问：

(1) 判断是否存在套汇机会。

(2) 如存在套汇机会，如何用100万英镑进行套汇？收益多少？

第五章 汇率的决定与汇率制度

汇率问题是一个重要的实践问题，也是一个重大的理论问题，更是国际金融学中的核心内容。汇率的波动取决于哪些因素，汇率波动又会产生哪些经济影响？在汇率决定的基础这个问题上，经济学家从不同角度，运用不同的方法进行剖析。随着时代的发展，汇率理论也不断发展，形成了购买力平价等传统的汇率理论，也发展出资产市场说等现代汇率理论。同时，在汇率制度的选择与安排上，以固定汇率制度与浮动汇率制度为代表的汇率制度也不断发展。

本章就是从决定汇率的因素与汇率波动的经济影响入手，详细介绍主要的汇率决定理论，继而探讨汇率制度改革、人民币国际化等现实问题。

案例导入

"巨无霸"指数

"巨无霸"指数是由《经济学人》于 1986 年 9 月推出的，此后该报每年出版一次新的指数。该指数在英语国家里衍生了 Burgernomics(汉堡包经济)一词。

购买力平价的大前提为两种货币的汇率会自然调整至同一水平，使"一篮子"货物在该两种货币的售价相同(一价定律)。在“巨无霸”指数里,该“一篮子”货品就是一个在麦当劳连锁快餐店里售卖的“巨无霸”。选择巨无霸的原因是,该产品在多个国家均有供应,而它在各地的制作规格也大致相同,由当地麦当劳的经销商负责为材料议价。这些因素使该指数能有意义地比较各国货币。

两国的“巨无霸”的购买力平价汇率的计算方法,是以一个国家的“巨无霸”价格,除以另一个国家的“巨无霸”价格。该商数用来跟实际的汇率比较;要是商数比汇率为低,就表示第一国货币的汇价被低估了(根据购买力平价理论);相反,要是商数比汇率为高,则第一国货币的汇价被高估了。

用汉堡包测量购买力平价是有其限制的。比方说,当地税收、商业竞争力及汉堡包材料的进口税可能无法代表该国的整体经济状况。在许多国家,像在麦当劳这样的国际快餐店进餐要比在当地餐馆贵,而且不同国家对“巨无霸”的需求也不一样。例如在美国,低收入的家庭可能会一周几次在麦当劳进餐,但在马来西亚,低收入者可能从来就不会去吃“巨无霸”。尽管如此,“巨无霸”指数被经济学家广泛引述。

在 2004 年 1 月,《经济学人》推出了 Tall Latte Index(中杯鲜奶咖啡指数)。其计算原理和“巨无霸”指数一样,但“巨无霸”被一杯星巴克咖啡取代,标志着该连锁店的全球扩展。在 1997 年,该报也出版了一份“可口可乐地图”,用每个国家的人均可乐饮用量,比较国与国间的财富;可乐饮用量越多,国家就越富有。

资料来源:摘自百度文库,https://wenku.baidu.com/view/9e8d403348d7c1c709a1453a.html? from=search。

第一节　汇率决定概述

各国货币之间的汇率，从本质上说体现着各种货币之间的相对价值。因此，货币具有的或者代表的价值量汇率决定的基础，汇率在此基础上受到其他各种因素的影响。现实的汇率水平是各方面因素的综合反映，不同货币制度下，汇率决定的基础和影响汇率变动的主要因素也各不相同。

一、汇率决定的基础

（一）金本位制下汇率决定的基础

在国际金本位制下，两种货币之间的兑换比率（汇率）是由它们的含金量之比来决定的，所以常被称为金平价。实际上，每种货币的内含金量体现的就是内在价值，而金平价体现的则是其外在价值。由于黄金是贵金属，本身具有十足的价值，所以在金本位制下，由货币的含金量所体现的购买力是完全真实的。因此，货币的金平价所体现的外在价值，与货币本身含金量所体现的内在价值是一致的。

在国际金本位制下，由于外汇的市场汇率只能够围绕着金平价在黄金输送点所限定的狭窄的范围内变动，所以即使是市场汇率也不会偏离金平价太远，因而货币的内在价值与其外在价值仍然比较接近。

以英国和美国为例，在1929年经济危机之前，英国规定1英镑的含金量是113.001 6格令，美国规定1美元的含金量是23.22格令，由此英镑与美元的铸币平价即为：113.001 6/23.22＝4.866 5，这就是在当时的条件下，英镑与美元之间的汇率的决定基础。

铸币平价是汇率决定的基础，但外汇市场上的汇率水平还要取决于外汇供求关系等因素，并不一定等于铸币平价。但在金本位制下，由供求关系变化所造成的外汇市场汇率的变化并不是无限制地上涨或者下跌，而是被限定在铸币平价上下一定的界限范围之内，这个界限就是黄金输送点。

还以当时的英国和美国为例，两国之间输送黄金的费用约为黄金价值的5‰～7.5‰，如果按6‰计算，那么英镑对美元的汇率就不会超过4.895 7美元[4.866 5×(1＋6‰)]的上限，也不会跌破4.837 3美元[4.866 5×(1－6‰)]的下限。

因此，在金本位制下，受制于黄金输送点的制约，外汇市场上的汇率波动总是限制在一定的范围内，最高不超过黄金输出点，最低不低于黄金输入点，汇率波动范围有限，汇率制度也比较稳定，金本位制也因此被认为是固定汇率制度。

（二）金块本位制和金汇兑本位制下汇率决定的基础

第一次世界大战以后，典型的金本位制遭到严重的破坏，原来实行金本位制的国家无力恢复典型的金本位制而分别实行了金块本位制和金汇兑本位制。金块本位制和金汇兑本位制是被严重削弱了的金本位制。在实行金块本位制的国家，没有金币发行和金币流通，货币的发行是以黄金作为准备金，流通中的货币是黄金符号，国家规定黄金符号的含金量,并允许在一定的限额以上可与黄金兑换。例如,英国在 1925 年规定银行券兑现,只能兑换净重 400 盎司的金块;法国在 1928 年规定至少需要 215 000 法郎才能兑换黄金。

在实行金汇兑本位制的国家,也没有金币发行和金币流通,货币的发行是以外汇和黄金作为准备金,流通中的货币是黄金符号,国家以法律的形式规定黄金符号的含金量,黄金符号在本国不能兑换黄金,但可以通过兑换成实行金块本位制国家的货币后再兑换成黄金。

因此,在这两种货币制度下,汇率是由各自货币所代表的含金量之比来确定的。两种货币含金量的比称为黄金平价,黄金平价是汇率决定的基础。

(三) 纸币制度下汇率决定的基础

纸币制度是金本位制崩溃之后产生的一种货币制度,当货币符号完全不能与黄金兑换以后,货币符号也就完全纸币化。纸币制度可以划分为两个时期,一个是纸币仍然有法定含金量时期,另一个是纸币无法定含金量时期。前一个时期就是布雷顿森林体系时期,通过"国际货币基金协定"以国际法的形式规定了成员国之间汇率制定的基础。该体系确定了美元的含金量和黄金的官价,即 1 美元的法定含金量为 0.888 671 克纯金,每一盎司黄金的官价为 35 美元。其他成员国如果其货币规定了含金量,则该种货币含金量与美元含金量的比是黄金平价,黄金平价是汇率决定的基础。

如果其货币未规定含金量,则以法律形式直接规定该种货币与美元的比价,称为货币平价,货币平价也是汇率决定的基础。各成员国货币与美元的市场汇率以黄金平价或货币平价为基础波动,上下波动幅度不得超过 1%。其他成员国之间的货币汇率也以黄金平价或货币平价为基础制定。

20 世纪 70 年代以后,美元的法定含金量与其在市场上实际代表的金量越来越脱节,实际代表的金量远远小于其法定的含金量。最终,1976 年修改后的"国际货币基金协定"宣布各国货币与黄金彻底脱钩。

在这之后,汇率决定的基础变为货币的一般购买力。纸币所具有的购买一定数量商品的能力表现了纸币在流通中所代表的价值,汇率取决于两种货币所代表的价值之比。在纸币制度下,两种货币的价值之比等于两种货币的购买力之比,两种货币购买力之比被称为购买力平价。因此,这时汇率决定的基础是购买力平价。

二、影响汇率变动的主要因素

在纸币制度下,影响汇率变动的因素主要有以下几个方面。

(一) 相对通货膨胀率

通货膨胀是影响汇率变动的长期因素,在纸币流通的条件下,两国货币之间的比率,是由各自所代表的对内价值的多少来决定的。货币的对内价值就是该货币在法定流通区域内购买力的大小。通货膨胀发生后货币所代表的对内价值下降,导致汇价下跌。

通货膨胀可以通过进出口贸易和资本流动的变化对汇率变动产生影响。一国发生通货膨胀,出口商品的成本相对提高,将会引起出口的下降;而进口商品则显得相对较为便宜,这就容易刺激进口商品的增加。这些变化将使一国的贸易收支恶化,并对外汇市场上的供求产生影响，促使货币汇率下降。另外，如果一国的通货膨胀率高于其他国家，名义利率保持不变时，则该国的实际利率下降，导致短期资金流出，本国货币汇率下降。

因而，持续的通货膨胀将长期影响汇率的走势，使汇率向其实际购买力所决定的内在价值水平回归。

（二）国际收支差额

国际收支是影响汇率波动的中期因素。一国的国际收支直接决定着该国外汇供求状况。国际收支的收入项目形成了该国的外汇供给，如商品和劳务的出口以及资本的流入等；国际收支的支出项目形成了该国的外汇需求，如商品和劳务的进口以及资本的外流等。当国际收支出现顺差时，外汇储备增加，使外汇的供给大于需求。当国际收支出现逆差时，外汇储备减少，使外汇的需求大于供给，而外汇的供求就会直接影响汇率的变动。一般来说，在没有政府干预和其他因素影响的情况下，当一国国际收支处于逆差状态时，该国为了弥补逆差，增加了对外汇的需求，必然会引起外汇汇率的上升，本币汇率下降；相反，若一国国际收支出现顺差，必然会引起外汇汇率下降，本币汇率上升。从国际上看，各国国际收支的不平衡反映在外汇市场上，导致外汇供求不平衡，也直接影响了汇率的变动。

（三）相对利率水平

在开放经济条件下，利率对汇率的影响是通过不同国家的利率差异所引起的资本，特别是短期资本的流动发生作用的。作为金融资产的价格，利率的高低反映和影响着借贷资本和金融资产的供求。如果一国的利率水平比其他国家高，就意味着本国金融资产的收益率较高，对投资者更具有吸引力，这会增加外国资金流入，减少本国资金流出，本币有升值压力；相反，如果一国的利率水平比其他国家低，就意味着外国金融资产的收益率较高，对投资者更具有吸引力，这会促使本国资金外流，减少外国资金流入，本币有贬值的压力。

需要注意的是，对于在国际上追逐高利润的短期资本来说，在选择投资方向时，除了要考虑利率差异外，还要考虑汇率因素。只有在两国利率差异大于两国远期汇率、即期汇率预期变动时，资金才会从利率低的国家流向利率高的国家，即利率通过资本流动影响汇率，而汇率的预期变动又会对这一资本流动产生抵销作用。这就是国际资本套利活动中的利率平价原理。

（四）经济增长率

国内外经济增长率差异对一国货币的汇率有多方面的影响。

首先，一国经济增长率较高，意味着该国收入较高，收入较高会增加进口，从而会恶化本国的国际收支。

其次，一国经济增长率高，意味着生产率提高较快，由此可以降低生产成本和提高本国产品的国际竞争力，有利于增加出口，抑制进口，从而有利于改善本国的国际收支。

最后，一国经济增长率较高，意味着一国的投资利润率较高，由此可以吸引国外资金流入，进行直接投资，从而有利于改善资本与金融项目收支。

因此,经济增长率对汇率的影响是综合的。一般而言,高经济增长率在一定时期内由于贸易收支问题,可能会导致本币对外贬值,但从长期看,高经济增长率却是支持本币成为国际货币市场上硬通货的有利因素。因为经济和生产力增长到一定的水平,一国的出口竞争力和对外投资能力会明显地得到增强,到一定时候,它将有效地改善一国的经常项目收支,从而导致一国货币升值。

(五)预期因素

人们的市场预期对汇率变动有较大的影响。如果人们预期某种货币将贬值,那么市场上可能出现抛售该货币的行为,造成该种货币立即贬值。相反,如果人们预期某种货币将会升值,那么市场上就会出现抢购该货币的行为,促使该货币立即升值。

由于当前的国际金融市场上,短期资本的规模庞大,投机性极强,这些巨额资金对世界各国政治、经济、军事等因素十分敏感,一旦出现某种预期,便会发生大规模的资金流动,对外汇市场造成巨大的冲击。或者可以这样认为,"热钱"流动的动因就是预期因素。因此,预期因素是短期内影响汇率波动的最主要因素之一。

(六)政府干预

尽管第二次世界大战后西方各国政府纷纷放松了对本国的外汇管制,但政府的市场干预仍是影响市场供求关系和汇率水平的重要因素。各国央行为维护本国经济稳定,避免汇率波动对国内经济造成不利影响,往往对外汇市场进行干预。在开放的市场经济条件下,央行介入外汇市场进行干预,对汇率的影响最直接,效果也最明显。通常央行干预外汇市场会采取如下措施:直接在外汇市场上买进或卖出外汇;对资本流动实行管制;在国际范围内公开发表导向性言论以影响市场心理预期;与国际金融组织和有关国家合作,政策协调,联合干预。

央行对外汇供求的影响虽不能从根本上改变汇率,但在短期内确实可以对汇率产生较大影响。固定汇率制度在第二次世界大战后仍维持了25年之久,足以显示央行干预的成效。特别是20世纪80年代以来,发达国家对汇率的联合干预,更使央行的行为成为外汇市场上影响汇率不可忽视的力量。

(七)宏观经济政策

宏观经济政策主要包括货币政策、财政政策和汇率政策。紧缩性的财政政策和货币政策往往会使该国货币汇率上升;扩张性的财政政策和货币政策则可能使该国货币汇率下降。汇率政策是一国货币当局对于本国货币相对于外国货币币值的一种指导性的政策。在全球经济一体化的大背景下,汇率政策的实施直接关系到国际贸易往来、短期资本和长期资本的流动,乃至本国证券市场的兴衰。因此,汇率政策对汇率的中长期趋势将产生较为深远的影响。

以上因素分析的一个基本前提是,假定其他因素不变,只考虑某一因素变化对汇率的影响。然而,实际情况要复杂得多。这些因素之间相互联系,相互制约,甚至相互抵销,现实中的汇率变动是各种因素综合作用的结果。因此,在分析汇率变动时,不能只从某一角度和某一因素进行,而要从不同角度全面综合分析。同时,在众多因素中,由于国家不同,时间不同,各因素的影响程度也会不同。因此,分析汇率变动还要与一定的社会经济条件和特定的时间相联系,以保证分析的客观性和全面性。

三、汇率变动对经济的影响

汇率变动对经济各方面产生的作用和影响是不同的,下面主要以本币对外贬值为例,分析汇率变动对一国国际收支、国内经济和世界经济几方面产生的影响。

(一)贬值对一国国际收支的影响

1. 本币贬值对贸易收支的影响

一国货币汇率贬值,表明一定数量的本国货币只能兑换较少的外国货币,而一定数量的外国货币却能兑换更多的本国货币。这就会使以外币表示的出口商品价格降低,有利于扩大出口;而以本币表示的进口商品的成本价格上升,不利于进口。如果一国进出口弹性符合马歇尔—勒纳条件,这将有助于贸易收支状况的改善。这是贬值最重要的经济影响,也是一国货币当局进行贬值或促成货币贬值时所考虑的主要因素。

2. 本币贬值对非贸易收支的影响

贬值对经常项目中旅游和其他劳务的收支状况也会起到改善的作用。因为贬值以后,外国货币的购买力相对提高,贬值国的商品、劳务、交通、导游、住宿等费用,就变得相对便宜,这无疑对外国游客增加了吸引力。对其他无形贸易收入的影响也大致如此。相反地,贬值后,国外的旅游和其他劳务开支对本国居民来说相对提高,进而抑制了本国的对外劳务支出。

但是,一国货币贬值后,如果国内价格不变,一般对该国的单方转移收支会产生不利影响。

3. 本币贬值对国际资本流动的影响

就长期资本流动而言,本币贬值的影响不大,因为长期资本流动注重的是投资整体环境的好坏。但在其他条件不变的情况下,本币贬值后,外币的购买力相对上升,会促使外国资本流入,有利于吸引外国投资。同时,本币贬值后,本币购买力相对下降,会减少本国资本的流出。

对于短期资本而言,汇率变动对其影响较大。而且从动态角度分析,本币贬值过程中,在将贬未贬时,会引起资本外逃。而贬值发生后,甚至出现贬值过度时,又会促使资本流入。

汇率变动对于资本流动的影响方向和影响程度还受其他因素,如政府管制、资本投资的安全性等方面的制约。

4. 本币贬值对国际储备的影响

汇率变动后,会对一国国际收支平衡表中的经常项目和资本项目产生影响,进而影响一国的官方储备。如果汇率变动有利于增加经常项目和资本项目的顺差,则该国的官方储备将增加。如果汇率变动不利于该国的经常项目和资本项目顺差的增加,或者扩大了经常项目和资本项目的逆差,则官方储备减少。

同时,汇率变动还将使持有储备货币的国家的储备资产的实际价值发生变动。

（二）贬值对国内经济的影响

1. 本币贬值对国内物价水平的影响

本币贬值对物价的影响有两个方面。一是通过贸易收支改善的乘数效应，引起需求拉上的物价上升。本币贬值，扩大了出口，抑制了进口，导致本国商品市场上商品供应相对减少；同时，本币贬值，出口增加，收入增加，扩大了货币的供应量，导致国内商品需求大于供给，推动物价水平上升。二是通过提高国内生产成本推动物价上升。本币贬值后，导致进口商品用本币表示的价格上升，其中进口消费品的价格上升会直接引起国内消费物价某种程度的上升。而进口原材料、中间品、机器设备等的价格上升，则会造成产成品的价格上升。

2. 本币贬值对经济增长和就业的影响

本币贬值，可以扩大本国出口商品和进口替代商品在国内外市场的份额，出口商品和进口替代商品生产的扩大，又通过产业递推作用直接或间接地推动整个国民经济的发展。本币贬值还可以增加本国的外汇积累，加大投资，还可能吸引外来的直接投资，促进本国的生产能力。总之，本币贬值后，贸易收支的改善通过乘数效应会扩大总需求，带动投资、消费增长，使社会总产量倍数扩张，从而推动经济增长，扩大就业。

3. 本币贬值对国内资源配置的影响

本币贬值后，出口商品本币价格由于出口数量的扩大而上涨，进口商品本币价格上升带动进口替代品价格上涨，从而使整个贸易部门的价格相对于非贸易部门的价格上升，引发生产资源从非贸易部门转移到贸易部门。这样的话，一国的产业结构就导向贸易部门，整个经济体体系中贸易部门所占的比重就会扩大。

（三）贬值对世界经济的影响

小国汇率变动只会对贸易伙伴国的经济产生轻微的影响，主要工业国汇率的变动则不然。

第一，主要工业国的货币贬值至少在短期内会不利于其他工业国和发展中国家的贸易收支，由此可能引起贸易战和汇率战，并影响世界经济发展。

第二，主要工业国的货币一般充当各国间计价手段、支付手段和储备手段，故其汇率变动将会引起国际金融领域的动荡。如在国际贸易和借贷活动中，要收进贬值货币的经济主体会遭受损失，而要付出贬值货币的经济主体，则将从中获益。对于目前虽不运用，但大量持有贬值货币作为资产的经济主体如银行和跨国公司来说，这至少是一种潜在的损失或账面损失。除非储备手段与未来的支付手段相一致，否则在未来运用这些作为储备手段的资产时，其兑换成其他货币作为支付手段的数额会减少，使这种账面损失转化为实际损失。

第三，主要货币的汇率不稳定还会给国际储备体系和国际金融体系带来巨大的影响。目前的国际货币多样化正是其结果之一。

需要注意的是，一国货币对外贬值只有在一个适度的范围内，才可能产生正面的效应。如果一国货币贬值幅度过大，反而会使投资者失去信心，从而产生负面影响，甚至会引发货币危机。

第二节　汇率决定理论

汇率决定理论是就外汇汇率的决定与波动从理论上进行的概括与阐述，它是国际金融理论的核心。汇率决定理论也是随着经济形势和西方经济学理论的发展而发展的，因而有传统汇率决定理论和现代汇率决定理论之分。这些汇率决定理论从不同侧面探讨汇率问题，都具有一定的理论价值，也都存在一定的不足之处。

一、购买力平价理论

所谓的购买力平价理论(theory of purchasing power parity)是汇率决定理论中最有影响和争议的理论之一。该理论早在16世纪已有萌芽，正式提出这一学说的是瑞典经济学家卡塞尔(Gustav Cassel)。他在1922年出版的《1914年以后的货币与外汇》(*Money and Foreign Exchange after* 1914)一书中对这一汇率理论作了系统的论述。

(一) 基本思想

购买力平价的基本观点是：人们之所以愿意对各种外币支付一定的价格，就是因为它对发行该货币的国家的商品和劳务有一定的购买力。同样，本国向外国供给本国货币，实际上是向外国提供了自己国家的商品和劳务的购买力。因此，两国货币的汇率就是两国货币的内在购买力之比，也就是两国物价水平之反比。如果用一般物价指数的倒数来表示各自货币的购买力的话，则两国货币汇率决定于两国的一般物价水平之比。

在卡塞尔之后的经济学家把这种由两国物价水平之比所计算出来的汇率称为绝对购买力平价。但要注意的是，绝对购买力平价所用的物价不是两种商品的绝对价格，而是多种商品价格的加权平均数，即物价指数。

(二) 一价定律

绝对购买力平价是建立在一价定律的基础上的。所谓一价定律是指一国内部商品可分成两种：第一种商品为可贸易品，其在不同国家和地区之间存在的货币性价格差异可以由商品套利活动缩小并消除；第二种商品由于套利交易成本太高或实体不可转移，始终存在国家间的价格差异。如果忽略交易成本、关税等因素，则某一个可贸易品在不同地区的价格都是相同的，即“一价定律”。它的前提是位于不同地区的该商品同质；该商品的价格能够灵活调整，不存在价格黏性。

一价定律用公式来表示就是：

$$P_d = SP_f$$

S是以本币表示的单位外币，属于直接标价法；P_d是用本国货币表示的商品价格；P_f是用外国货币表示的商品价格。如果这一等式不成立，就会产生套利行为。比如，一件衣服在美国的市场价格是100美元，同样的衣服在中国的市场价格是800元人民币，那么1USD=8CNY。如果市场汇率是1USD=9CNY，那么就会出现套利机会，衣服在中国的价格转换成美元就是800CNY/9=89USD，套利者就会用89USD在中国购买一件衣服，然后到美国以 100USD 的价格卖出，获利 11USD。这种套利活动，使得衣服从中国流向美国，直到汇率水平回到 1USD＝8CNY。

（三）绝对购买力平价

一价定律是针对某一种商品，如果将单一商品推广到所有商品，就可以推导出绝对购买力平价。绝对购买力平价认为两种货币之间的汇率应该等于两国货币在同样的"一篮子"商品上具有的购买力。那么它可以简写成 $S=\frac{P_d}{P_f}$，汇率应该等于两国价格水平之比。其中 P_d 表示本国的价格水平；P_f 表示外国价格水平。根据这个公式，当本国价格水平相对上升时，本币购买力相对下降，则汇率 S 上升，本币贬值。

（四）相对购买力平价

如果两国之中，某国发生了通货膨胀，或两国同时发生了不同程度的通货膨胀，则其货币购买力就会发生变化，其汇率也会发生变化。新汇率等于旧汇率乘以两国物价指数变化率之商，即：

$$S_t = S_0 \times \frac{P_d^t / P_d^0}{P_f^t / P_f^0}$$

式中，S_t 为新汇率；S_0 为旧汇率；t 和 0 分别代表报告期和基期；P_f^t/P_f^0 代表外国的物价指数变化率；P_d^t/P_a^0 代表本国的物价指数变化率。这种以通货膨胀率计算出的平价称为相对购买力平价。相对购买力平价理论强调，基期与远期之间的通货膨胀率差别必须等同于这个期限内汇率的差别。如果不一致，就会出现套利情况，直到汇率调整到两者一致为止。在实际应用中，计算购买力平价可以用消费者物价指数、批发物价指数等表示物价水平。

（五）绝对购买力平价与相对购买力平价比较

绝对购买力平价和相对购买力平价的区别是：①绝对购买力平价将价格水平和汇率水平联系起来，而相对购买力平价将价格变动与汇率变动联系起来。所以，绝对购买力平价说明某一时点上汇率的决定，而相对购买力平价说明一段时间内汇率的变动规律。②绝对购买力平价在计算两国物价水平时，要求所参照的"一篮子"商品及其权重都相同，而相对购买力平价没有这个限制。但是相对购买力平价要求存在基期，这种先决条件很难成立。

（六）购买力平价理论的检验

购买力平价理论无法很好地解释实际数据和购买力平价理论之间的偏差。现实情况是，一国价格水平的变动与汇率变动之间很少有关系，甚至根本没有任何联系。

在检验的实证中，比较典型的就是关于一价定律的经典检验——"巨无霸"指数。1986 年，《经济学家》杂志对麦当劳快餐店的"巨无霸"汉堡包在世界各地的价格做了一次调查。之所以选择"巨无霸"汉堡包，是因为其在世界 41 个国家销售，而且配方只做了微小的改动，经济学家们认为，对"巨无霸"的价格进行比较可以对汇率是否合理作出比较公正的判断。最初的调查结果让人很吃惊，"巨无霸"在不同国家的价格换算成美元相差悬殊，如表 5-1 所示。

表 5-1 “巨无霸”的价格

国家或地区（货币）	“巨无霸”当地价格	市场汇率	“巨无霸”美元价格	购买力平价汇率	高估(＋)或低估(－)
澳大利亚(AUD)	2.65	1.51	1.75	1.04	－32%
加拿大(CAD)	2.79	1.42	1.97	1.09	－23%
中国(CNY)	9.9	8.28	1.20	3.87	－53%
日本(JPY)	280	135.00	2.08	109.00	－19%
中国香港(HKD)	10.2	7.75	1.32	3.98	－49%
美国(USD)	2.56	—	—	—	—

如何解释这一违背一价定律的现象？《经济学家》认为，除运输费用和政府管制的原因，产品差异也是另一个非常重要的原因。在有些国家，与“巨无霸”相似的替代品很多，因此，“巨无霸”的当地价格相对就低一些。除此之外，员工的工资、房租、电费等投入在不同国家价格也不相同。可见，一价定律在现实生活中并不成立，绝对购买力平价理论也难以成立。

利用“巨无霸”价格对相对购买力平价进行检验，结果略优于绝对购买力平价，但其效果也十分有限。

（七）简单评价

绝对购买力平价理论和相对购买力平价理论各有其使用的范围：绝对购买力平价理论可以用来说明汇率的决定，相对购买力平价理论可以用来解释汇率的波动。

时至今日，购买力平价理论对西方国家的外汇理论和政策仍发生着重大影响。许多西方经济学家仍然将其作为预测长期汇率趋势的重要理论之一。但是，该理论仍存在一定的缺陷：

(1) 购买力平价理论以货币数量论为基础，但货币数量论并不符合货币的基本职能。

(2) 购买力平价理论认为汇率的变动完全由购买力的变动决定，忽视了其他因素。如国民收入、国际资本流动、生产成本、贸易条件、政治经济环境等的影响，也忽视了汇率变动对购买力的影响。

(3) 以购买力统计测算汇率时，存在实际困难。如在是否选择国内一般价格指数还是使用可贸易品价格指数作为计算物价指数的样本存在争议。

(4) 由于实际存在的运费、关税、商品不完全流动、产业结构变动以及技术进步等因素的差异会引起国内价格的变化，因而一价定律在实证中很难实现。

二、利率平价理论

外汇除了用作商品交易的媒介，还被当作投资工具，用来投机获利或者规避风险，而利率又是投资回报水平的参照标准。因此，利率与汇率之间存在着必然的联系，探讨两者之间联系的学说就是利率平价理论(interest rate parity theory)，又称远期汇率理论最开始是由英国经济学家凯恩斯(J.M.Keynes)提出的，又经过西方国家一些经济学家发展而形成了现代利率平价说。

(一) 基本思想

首先，利率平价理论早期的主要内容有：由于各国间利率存在着差异，投资者为了获得较高的收益，愿意将其资本从利率较低的国家转移到利率较高的国家去投资。比如，甲国的利率高于乙国，投资者就会将资本从乙国转移到甲国。这只有以两国货币的汇率保持不变或稳定为前提条件，才能实现投资者的预期收益。如果汇率对投资者发生不利的变动，那么投资者不仅不能获得较高的收益，甚至还有遭受损失的可能。为防范汇率波动风险，投资者在按照利率、即期汇率将一种货币兑换成另一种货币进行投资以前，都要按远期汇率计算收回投资本息时的货币，同投资成本相比较，确定是否有利，以决定是否投资。由此可见，两国利率的差异，即两国投资收益的差异，影响着资本在各国间的移动。仍以上例说明，当甲国投资收益高于乙国投资收益时，资本就会从乙国流向甲国。结果，即期汇率因购买增多而上升，远期汇率则因抛售增多而下跌，从而引起利率的调整，一直到两国投资收益相等时，国际资本的移动才会停止。这是利率平价理论的基本原理。

其次，特森·格鲁贝尔、沃费克尔和威利特等人也提出了现代利率平价理论。与传统的利率平价理论不同的是，现代利率平价理论认为，套利者对远期外汇的超额需求不具有完全弹性(传统利率平价理论认为呈完全弹性)。这就是说，远期汇率不仅受套利者行为的影响，而且也受到贸易商、投资者和中央银行等诸多外汇市场的参与者的影响。因此，远期汇率就不仅由套利决定，而且与套利者对即期汇率的预期相关。

现代利率平价理论可分为无抛补利率平价(uncovered interest rate parity, UIRP)和抛补利率平价(covered interest rate parity, CIRP)两种。此两者的区别在于对投资者的风险偏好所作的假定上。根据不同的风险偏好可以把投资者分为：风险厌恶者，需要获得一定的风险报酬或者补偿才愿意持有风险资产；风险爱好者愿意获得承担风险的权利，但其会付出一定代价；而风险中立者则愿意在没有风险收益的情况下承担风险。

(二) 无抛补利率平价

无抛补利率平价是指在国际资本流动无限制的条件下，跨国投资者的自发套利消除了不同币种计价的金融资产的收益率差异，在此情况下假设利率的变化主要取决于无风险条件下投资者对境内外投资收益的判断和决定。这样会有以下可能：

(1) 在年投资期末，如果投资者持有一定的本币，且在国内所得的本币资产投资收益(如存款或债券)超过持有外币资产所获得投资收益(外币收益需要用汇率调整为本币)，即 $1+r>(1+r^*)\times\dfrac{S^e}{S}$，则投资者会放弃国外机会，选择在本国投资。

(2) 在年投资期末，投资者在国内所得的本币资产投资收益小于持有外币资产所获得的投资收益，即 $1+r<(1+r^*)\times\dfrac{S^e}{S}$，则投资者会选择在国外投资。

(3) 在年投资期末，投资者在国内所得的本币资产投资收益等于持有外币资产所获得的投资收益，即 $1+r=(1+r^*)\times\frac{S^e}{S}$，则投资者在国内外投资均可。

其中，r 表示以本币计价的资产收益率(年化收益率)，r^* 表示外币计价的同类资产的平均收益率，S 表示即期汇率(直接标价法)，S^e 表示投资期末对汇率的预期水平。

基于以上可能，当本国居民持有一定本国货币时，既可以选择将其投资于国内取得收益，也可以将其按即期汇率 S 兑换成外币投资于国外。在风险中性的前提下，投资者在比较本、外币两种资产的收益后，若收益不等，投资者就会涌向高收益资产，但资本流入国却会因投资的增加而导致收益率递减，而流出国的收益率则可能会抬高，最终两者的收益趋于相等：

$$1+r=(1+r^*)\times\frac{S^e}{S} \tag{5-1}$$

如果预期汇率的变动率为 ΔS^e，则：

$$\frac{S^e}{S}=1+\frac{S^e-S}{S}=1+\Delta S^e \tag{5-2}$$

那么式(5-1)可表述为：

$$1+r=(1+r^*)(1+\Delta S^e)=1+r^*+\Delta S^e+r^*\times\Delta S^e$$

其中，$r^*\times\Delta S^e$ 忽略不计，于是上式变为：

$$\Delta S^e=r-r^* \tag{5-3}$$

式(5-3)说明了无抛补利率平价的含义：本国利率高于(低于)外国利率的利差等于本国货币的预期贬值(升值)幅度。

(三) 抛补的利率平价

抛补的利率平价是指套利者在套利的时候，可以利用远期汇率建立与当前套利头寸方向相反的远期合约头寸(掉期交易)，以锁定在到期日交割时所使用的汇率水平，进行套期保值，保证套利收益。例如，套利者如果利用即期汇率换取外汇并投于国外，同时利用远期汇率锁定外币投资收益(假设为一年期投资到期的本金和净收益部分)其计算如下：

$$1+r=(1+r^*)\frac{F}{S} \tag{5-4}$$

式中 $\frac{F}{S}$ 可以用下式表示：

$$\frac{F}{S}=\frac{(F-S)}{S}+1 \tag{5-5}$$

将式(5-5)代入式(5-4)，得到：

$$1+r=(1+r^*)[\frac{(F-S)}{S}+1]$$

由于$r^*[\frac{(F-S)}{S}]$的乘积非常接近于零，因此可以忽略不计，上式经简化后得出抛补套利平价的近似式：

$$r-r^* \approx \frac{(F-S)}{S} \tag{5-6}$$

式(5-6)可以得到以下推论：如果本国利率r上升，超过利率平价水平，本币远期汇率有贬值可能；反之，则有升值可能。进一步说，抛补利率平价可以用于以下判断：

(1) 如果本国利率高于外国利率，则远期汇率必将升水，这就意味着本币远期将贬值。

(2) 如果本国利率低于外国利率，则本币在远期将升值。

(3) 汇率的变动会抵销两国间的利率差异，从而使金融市场处于平衡状态。

(四) 简单评价

(1) 利率平价理论从资金流动的角度指出了汇率与利率之间的密切关系，有助于正确认识现实外汇市场上汇率的形成机制。

(2) 利率平价理论不是一个独立的汇率决定理论，它只是描述了汇率与利率之间相互作用的关系，即不仅利率的差异会影响到汇率的变动，汇率的改变也会通过资金流动影响不同市场上的资金供求关系，进而影响利率。更重要的是，利率和汇率可能会同时受到更为基本的因素的作用，如因货币供求变化而发生变化，利率平价只是在这一变化过程中表现出来的利率与汇率之间的联系。因此，利率平价理论与其他汇率决定理论之间是相互补充而不是相互对立的，它常常作为一种基本的关系式而被运用在其他汇率决定理论的分析中。

(3) 利率平价理论具有特别的实践价值。由于利率波动频繁，利率波动又直接影响汇率，利率与汇率之间存在的这一关系为中央银行对外汇市场进行灵活的调节提供了有效的途径，也为商业银行在外汇市场上创设外汇交易产品提供了机会。

三、国际借贷理论

(一) 基本思想

国际借贷理论(theory of international indebtedness)也称为国际收支理论，是第一次世界大战以前说明汇率变动的主要理论。1861年，英国经济学家戈逊最早提出了这一理论。其主要观点是：一国货币汇率取决于外汇的供给与需求，而外汇的供给和需求取决于国际借贷，国际借贷是指各国间各种经济往来所产生的债权债务关系。国际借贷分为固定借贷和流动借贷，前者指借贷关系已经形成，但未进入实际收付阶段的借贷；后者指已经进入收付阶段的借贷。也就是说，一国的对外流动借贷是指该国在一定时期内处于实际收付阶段的对外债权与对外债务。一国国际收支平衡表中的经常项目和资本与金融项目的收支，构成该国的国际借贷。戈逊认为，只有流动借贷的改变才会对外汇供求产生影响。

流动借贷对外汇供求及汇率的影响主要是：

(1) 当一国对外流动借贷出现顺差，即对外债权大于对外债务，则外汇供给大于需求，本币升值。

(2) 当一国对外流动借贷出现逆差，即对外债权小于对外债务，则外汇需求大于供给，本币贬值。

(3) 当一国对外流动借贷相等，对外债权与对外债务相等，则外汇供求平衡，本币汇率不变。

（二）简要评价

(1) 戈逊所论述的国际借贷实质上是国际收支。因此，国际借贷理论又称为国际收支理论或外汇供求理论。

(2) 在国际金本位制下，国际借贷理论能较好地解释汇率的变动，但在纸币流通条件下，汇率的变动受许多因素的影响，只用国际借贷来说明汇率的变动是不够的。

(3) 国际借贷理论主要说明短期汇率的变动。

四、资产市场理论

20 世纪 70 年代以来，国际资金流动的发展对汇率产生了重大影响，外汇市场上的汇率变动极为频繁，波动幅度也日益扩大。这启发人们将汇率视为一种资产价格。这一价格是在资产市场上确定的，从而在分析汇率的决定时应采用与普通资产价格决定基本相同的理论。这一分析方法称为汇率的资产市场理论。在 20 世纪 70 年代中后期成为汇率理论中的重要一派。

（一）基本思想

与传统的汇率理论相比，汇率的资产市场理论在分析方法上存在两点不同：

一是决定汇率的因素是存量而不是流量，即普通商品的价格变动是由于流量变化导致的，如供求关系。而汇率变动是资产存量变化，如人们对整个市场资产价值评价发生变化，从而导致价格变化，这与供求变化几乎没什么关系。

二是人们对未来的预期在汇率的决定中起着相当重要的作用。与普通商品市场不同，资产市场对未来经济条件的预期十分敏感，会迅速反映于即期价格之中。

三是由于政府力量的加大，资产市场理论将政府当作市场交易的一类主体，偏重分析政府在市场上的行为对汇率水平的影响。

资产市场理论有三个假设前提：一是外汇市场是有效的，即市场的当前价格反映了所有可能得到的信息；二是一国的资产市场包括本国货币市场、本币资产市场和外国资产市场；三是资金完全流动，套补利率平价始终成立。

依据对本币资产与外币资产可替代性的不同假定，资产市场理论可分为货币分析法与资产组合分析法。货币分析法假设本币资产和外币资产可以完全替代，因此，非套补利率平价成立。资产组合分析法则认为本币资产和外币资产不可完全替代。在货币分析法内部，又依对价格弹性的假定不同，分为弹性价格货币分析法与黏性价格货币分析法。

（二）汇率的货币分析法

汇率的货币分析法强调货币市场对汇率变动的影响。一国货币市场失衡后，国内商品市场和证券市场会受到冲击，在国内外市场紧密联系的情况下，国际商品套购机制和套利机制就会发生作用。在商品套购和套利过程中，汇率会发生变化，以符合货币市场恢复均衡的要求。在调整过程中，是国际商品套购机制还是套利机制的作用，取决于两个市场调整速度的对比。国际货币主义模型假定商品市场与证券市场一样能迅速、灵敏地加以调整，由此国际商品套购机制发生作用。而汇率超调模型则假定证券市场的反应要比商品市场灵敏得多，故短期内是由利率和汇率的变动，而不是价格和汇率的变动来恢复货币市场均衡。

1. 国际货币主义的汇率模型

弹性价格货币分析法，又称国际货币主义的汇率模型。该模型是由约翰逊（H.G.Johnson）、蒙代尔（R.A.Mundel）等经济学家在20世纪70年代初提出的，认为汇率变动是一种货币现象，强调货币市场上货币供给对汇率的决定性作用，当国内货币供给大于货币需求时，本国物价会上涨，这时国际商品的套购机制就会发生作用，其结果会使外币升值，本币贬值。相反，当国内货币需求大于货币供给时，本国物价会下跌，从而通过国际商品套购机制，使本币升值，外汇贬值。

与汇率的国际收支理论看法相反，国际货币主义认为，国民收入、利率等因素是通过影响货币需求来对汇率发生作用的，本国国民收入增加会扩大货币需求，从而使本币升值；本国利率上升，会缩小货币需求，从而使本币贬值。国际货币主义还认为，一国货币疲软，是其货币供应量增长过快所致。因此，货币供应量增长率要控制在与GNP增长率一致的水平上，才能保持汇率的稳定；否则，汇率是不稳定的。

国际货币主义的汇率模型是建立在购买力平价说这一前提之上的，但它并不是购买力平价的简单翻版，而是具有诸多创新的独立的汇率决定理论，在现代汇率理论中具有重要地位。[①] 主要表现为：

（1）该模型将购买力平价这一形成于商品市场上的汇率决定理论引入资产市场理论中，将汇率视为一种资产价格，从而抓住了汇率这一变量中的特殊性质。

（2）该模型引入了货币供应量、国民收入、利率等经济变量，分析这些变量对汇率造成的影响，使分析更加准确，更加实用。

（3）该模型是一般均衡模型，包括货币市场均衡、商品市场均衡和外汇市场均衡。

当然该模型也存在不足，如它是以购买力平价理论为前提的，但购买力平价可能不成立；它假设货币需求是稳定的，但这在实际市场上是有争议的；等等。

2. 汇率超调模型

黏性价格货币分析法简称为汇率超调模型，是由美国经济学家多恩布什（R.Dornbucsh）于20世纪70年代提出的。多恩布什接受资产市场理论的汇率变动是由货币

① 在推导汇率货币模型时需要注意并理解运用货币模型分析汇率变动的结果与传统汇率理论分析的结果存在相反的现象的原理。

市场失衡引起的观点，但认为，从短期来看，商品市场价格由于具有黏性，对货币市场失衡的反应很慢，而证券市场的反应却十分灵敏，因而利率会立即发生变动。这样，货币市场的失衡就完全由证券市场来承受，从而形成利率的超调，即利率的变动幅度大于货币市场失衡的变动幅度。如果存在资本在国家间自由流动的条件，则利率的变动必然引起套利活动和汇率的变动，而且汇率的变动幅度也大于货币市场失衡的变动幅度。这就是汇率的超调现象。

从长期来看，商品价格由于利率、汇率的变动也会慢慢变化，最终达到资产市场理论所说的长期汇率均衡。正因如此，汇率超调模型与资产市场理论同属汇率货币论，只不过汇率超调模型是一种动态分析，有助于人们认识短期内的汇率变动。这是汇率的超调模型的贡献。但它是建立在弹性价格分析法基础之上的，因此，它也具有与弹性价格分析法相同的一些缺陷。

（三）汇率的资产组合分析法

汇率的资产组合分析法形成于 20 世纪 70 年代，美国普林斯顿大学教授朗森（W. Branson）对此进行了最系统和最全面的阐述。

与货币分析方法相比，资产组合分析法的特点是假定本币资产与外币资产是不完全的替代物，风险等因素使非套补的利率平价不成立，从而需要对本币资产与外汇资产的供求平衡在两个独立的市场上进行考察。此外，资产组合分析法将本国资产总量直接引入其中。本国资产总量直接制约着对各种资产的持有量，而经常项目的变动会对本国资产总量造成影响。因此，这一分析法将流量因素与存量因素结合了起来。

资产组合分析法具有两个突出的优点，一是它区分了本币资产与外币资产的不完全替代性，又将经常项目这一流量因素纳入了存量分析之中，从而提高了汇率模型对各种因素的包容程度，使原有的各种理论都较好地被融入这一模型之中。二是资产组合分析法把政府作为一个市场主体，着重分析政府的市场行为对汇率的影响，因而具有特殊的政策分析价值。

由于较好地符合了现实中本币资产与外币资产的不完全替代性，这一分析法对政策效应的研究更加细致。例如，它首次区分了不同的货币供给量结构对汇率的不同影响，为许多国家的政府决策提供了全新依据。

资产组合分析法的不足主要体现在：该分析法虽然纳入了流量因素，但没有对流量因素本身作更为专门和全面的分析。一国的经常项目是受各种因素影响的，是在经济发展中不断调整的，不能简单地以它在长期内必然平衡而回避对经常项目状况本身的分析。而资本与金融项目的资金流动也会极大地影响一国外币资产、本国债券以及货币存量的变动，而资产组合分析法恰恰没有充分分析这个问题。

五、汇率决定理论的发展趋势

汇率决定理论不断发展，国际借贷理论、购买力平价理论、利率平价理论、国际收支理论和资产市场理论分别从货币因素、宏观基本面因素、实际市场因素、存量因素和流量因素等不同的角度对汇率的决定和变动进行了研究。这些理论都有优点，但也都有不足。

一种理论只能针对汇率决定的某一方面进行深入详尽的阐述。同一种理论在不同时期的解释能力也是不同的。到目前为止,还没有一种全能的汇率决定理论。但是这些汇率决定理论是相互补充、相互替代的,它们一起构成了多姿多彩的汇率决定理论体系。

第三节 汇率制度

汇率制度也称为汇率安排,是指一国货币当局对于确定、维持、调整和管理本国货币汇率的原则、办法、方式和机构等所作出的系统安排和规定。其主要内容包括确定汇率的原则和依据,维持和调整汇率的办法,管理汇率的法令、制度和政策,以及制定、维持和管理汇率的机构。汇率制度是国际货币体系和各国货币制度的重要组成部分,是各国对外金融管理的主要内容。

按照汇率变动的方式,汇率制度被划分为固定汇率制度和浮动汇率制度两大类。同时也包括介于两者之间的中间汇率制度,如爬行钉住制度、汇率目标区制度、货币局制度等。根据国际货币基金组织 2014 年公布的《2014 年汇兑安排与汇兑限制年报》(*Annual Report on Exchange Arrangements and Exchange Restrictions 2014*)统计,目前世界各国的汇率制度安排如表 5-2 所示。

表 5-2 目前世界各国的汇率制度安排

汇率制度	国家(或地区)数量	国家名称
无独立的法定货币	13	厄瓜多尔、巴拿马、津巴布韦等
货币局制度	12	中国香港、保加利亚、立陶宛等
传统的钉住	44	约旦、丹麦、摩洛哥、阿拉伯联合酋长国等
稳定化安排	21	新加坡、越南、埃及、斯里兰卡等
爬行钉住	2	尼加拉瓜、博茨瓦纳
类似爬行安排	15	中国、阿根廷、瑞士、白俄罗斯等
水平带钉住	1	汤加
其他管理安排	18	俄罗斯、巴基斯坦、马来西亚等
不事先公布汇率路径的管理浮动	36	韩国、巴西、新西兰、以色列等
自由浮动	29	欧盟、美国、英国、日本、加拿大等

资料来源:*Annual Report on Exchange Arrangements and Exchange Restrictions 2014*,*IMF*。

从国际货币体系的发展历史来看,在金本位制下,各国自行决定汇率制度且普遍实行固定汇率制度;在布雷顿森林体系下,各国统一实行固定汇率制度;在牙买加体系下,各国又重新自行选择汇率制度,全球开始实行多样化的汇率制度。总体来看,汇率制度经历了由固定汇率制度向浮动汇率制度发展的过程。

一、固定汇率制度

固定汇率制度(fixed exchange rate system)是指现实汇率受平价的制约,只能围绕平价在很小的范围(band)内上下波动的汇率制度。从历史发展上看,自19世纪中末期金本位制在西方主要各国确定以来,一直到1973年,世界各国的汇率制度基本上属于固定汇率制度。固定汇率制度经历了两个阶段:一是从1816年到第二次世界大战前的国际金本位制时的固定汇率制度;二是第二次世界大战后从1973年的布雷顿森林体系到牙买加体系前的固定汇率制度。

(一)金本位制下的固定汇率制度

金本位制是以一定量的黄金为本位货币的货币制度。金本位制一般分为金铸币本位制、金块本位制和金汇兑本位制三种形式,典型的金本位制则指金铸币本位制。

在金本位制下的固定汇率制度的特点有:一是决定各国货币汇率基础的是各国金铸币的含金量之比;二是市场汇率随外汇供求关系围绕铸币平价上下波动;三是波动幅度限制于黄金输送点范围内;四是汇率的形成是自发的,国际上没有对汇率进行统一安排或规定。

(二)纸币本位制下的固定汇率制度

纸币本位制下的固定汇率制度主要指的是布雷顿森林体系下建立的以美元为中心的固定汇率制度,是以黄金为基础的固定汇率制度。该固定汇率制度有以下五个特点,即一固定、双挂钩、上下限、政府干预和允许调整。

纸币本位制下的固定汇率制度的主要特点有:一是决定各国货币汇率基础的是各国纸币法定代表的含金量之比;二是市场汇率随外汇供求关系围绕黄金平价上下波动;三是汇率波动没有黄金输送点的制约,波动幅度相对扩大;四是汇率波动受政府干预控制,固定汇率制度相对稳定。

二、浮动汇率制度

浮动汇率制度(floating exchange rate system)是指现实汇率不受平价限制,而随外汇市场供求状况的变动而波动的汇率制度。

1973年2月以后,西方各主要工业国先后都实行了浮动汇率制度。在浮动汇率制度下,一国货币不再规定金平价,不再规定对外国货币的中心汇率,不再规定现实汇率的波动幅度,货币当局也不再承担维持汇率波动界限的义务。

(一)按照政府是否干预,可分为自由浮动和管理浮动

自由浮动又称清洁浮动,意指货币当局对外汇市场不加任何干预,完全听任汇率随市场供求状况的变动而自由涨落。管理浮动又称肮脏浮动,指货币当局对外汇市场进行干预,以使市场汇率朝有利于本国的方向浮动。目前各主要工业国所实行的都是管理浮动,绝对的自由浮动只是理论上的假设而已。

（二）按照浮动的形式，可以分为单独浮动、钉住浮动和联合浮动

（1）单独浮动是指本国货币不与外国任何货币发生固定联系，其汇率根据外汇市场的供求状况单独浮动。目前有美元、澳大利亚元、日元、加拿大元和少数发展中国家的货币采取这种单独浮动。

（2）钉住浮动，包括钉住某单一货币和钉住“一篮子”货币，是将本币按固定比价同某单一外币或“一篮子”货币相联系，本币对其他外币的汇率随钉住货币与其他外币汇率的浮动而浮动。根据国际货币基金组织统计，截至2014年4月，钉住美元的国家有43个，钉住欧元的国家有26个，而钉住“一篮子”货币的国家有12个。

（3）联合浮动是指货币体系或集团各成员国货币之间保持固定汇率，而对非成员国货币则采取共同浮动的做法。典型的欧盟的前身——欧洲经济共同体曾实行联合浮动，形成所谓的欧洲货币体系。

三、中间汇率制度

中间汇率制度是介于完全的固定汇率制度与完全的浮动汇率制度之间的汇率制度，主要包括爬行钉住制度、汇率目标区制度、货币局制度等。

（一）爬行钉住制度

在高通货膨胀国家，钉住汇率可以通过一系列的小幅贬值重新确定，而这种调整可以是每周一次的。第一种调整方法是汇率调整的路线是事先公布的，爬行的比率故意设得比预期的通货膨胀率低，以努力走出通货膨胀。第二种方法是放弃治理通货膨胀，汇率根据物价水平指数，以保持实际汇率的稳定。

爬行钉住汇率的缺点是如果得不到财政政策和收入政策的支持将很难维持，而通胀率指数化的汇率带来了通货膨胀惯性，可能使汇率失去名义锚的作用。

（二）汇率目标区制度

汇率目标区制度是指政府设定本国货币对其他货币的中心汇率，并规定汇率的上下浮动幅度的汇率制度，同时政府对中心汇率按照固定的、预先宣布的比率或对选取的定量指标的变化作定期调整。根据目标区区域的范围、目标区调整的范围、目标区公开程度以及对目标区进行维持的承诺程度，汇率目标区制度可以分为严格的目标区和宽松的目标区。

严格的目标区又称硬目标区，汇率波动幅度很窄，不常修订，目标区的内容也对外公开，一般是通过货币政策将汇率维持在目标区。宽松的目标区又称软目标区，汇率波动幅度较宽，而且经常修订，目标区的内容不对外公开，不要求必须通过货币政策加以维持。

（三）货币局制度

货币局制度是指在法律中明确规定本国货币与某一外国可兑换货币保持固定的兑换率，并根据对应的外汇储备额按某一固定比价发行货币，以保证履行这一法定的汇率制度。从表现形式上看，该汇率制度更偏向固定汇率制度。在该制度下，货币当局被称为货币局，而不是中央银行，因为在该制度下，发行多少货币，不是根据经济状况或者货币当局的政策目标确定，而是根据储备数量决定。中国香港特别行政区采用的就是货币局制度。① 港元由中国银行等几家商业银行负责发行。银行在发行港元时需要向外汇基金交纳美元，换取等值的港元负债证明书后，才增发港元现钞。同时政府亦承诺港元现钞从流通中回流后，发钞银行同样可以用该比价兑回美元。

四、固定汇率制度与浮动汇率制度比较

尽管国际货币基金组织对世界各国的汇率制度进行了划分，而且有多种汇率制度，但是从本质上说，各国的汇率制度无非是在固定还是浮动之间进行选择，只不过固定的方式和浮动的幅度不同而已。固定汇率制度和浮动汇率制度各有千秋，适用于不同的经济环境。

（一）固定汇率制度的优缺点

在固定汇率制度下，汇率具有相对的稳定性，汇率的波动范围或自发地维持，或人为地维持，这样就使国际商品价格的决定、国际贸易成本的计算、国际债权债务的清偿都能比较稳定地进行，减少了汇率波动风险，也抑制了外汇投机活动。因此，固定汇率制度对世界经济的发展起到了一定的促进作用。

固定汇率制度的缺点主要在于：

(1) 汇率基本不能发挥调节国际收支的杠杆作用。汇率变动可以影响国际收支，因而可用于调节国际收支。但固定汇率情况下，该功能就无法发挥作用。

(2) 固定汇率制度可能会影响一国国内经济的平衡。由于汇率政策不能发挥作用，当一国国际收支不平衡时，只能采取紧缩性或扩张性的财政货币政策，从而影响国内经济的发展。同时，货币当局为了维持汇率的稳定而采取干预外汇市场的措施也会影响本国经济的发展。

(3) 固定汇率制度可能会引发货币投机。固定汇率制度下，汇率水平很难及时有效地反映一国经济发展水平，因此，有可能导致汇率的高估或者低估。在金融市场一体化，国际游资规模越来越大的情况下，这种高估或者低估会引发大规模的货币投机，继而影响市场稳定，甚至引发货币危机。

---

① 货币发行局制度：在这个制度下，货币基础的流量和存量必须有充足的外汇储备支持，透过严谨和稳健的货币发行局制度得以实施。中国香港并没有真正意义上的货币发行局，其纸币大部分由 3 家发钞银行即汇丰银行、渣打银行、中国银行(香港)发行。法例规定发钞银行发钞时，需按 7.80 港元兑 1 美元的汇率向金管局提交等值美元，并记入外汇基金的账目，以购买负债证明书，作为所发钞纸币的支持。相反，回收港元纸币时，金管局会赎回负债证明书，银行则自外汇基金收回等值美元。由经金管局发行的纸币和硬币，则由代理银行负责储存及向公众分发，金管局与代理银行之间的交易也是按 7.80 港元兑 1 美元的汇率以美元结算。在货币发行局制度下，资金流入或流出会令利率而非汇率出现调整。若银行向货币发行当局出售与本地货币挂钩的外币(以中国香港而言，指美元)，以换取本地货币(即资金流入)，基础货币便会增加，若银行向货币发行当局购入外币(即资金流出)，基础货币就会收缩。基础货币扩张或收缩，会令本地利率下降或上升，会自动抵消原来资金流入或流出的影响，而汇率一直保持不变。这是一个完全自动的机制。为了减少利率过度波动，金管局会通过贴现窗提供流动资金。

中国香港于 1983 年成功实行的联系汇率制度。实行联系汇率制度后，维护稳定的汇率成为其货币政策的唯一目标。从诞生以来，联系汇率制度良好运作了近 40 年，使香港避免了亚洲货币贬值危机等。

资料来源：百度百科。

（二）浮动汇率制度的优缺点

1. 浮动汇率制度的优点

（1）汇率的自动浮动，可以对国际收支不平衡起到自动调节的作用。当一国国际收支出现逆差时，该国货币相应贬值，货币贬值刺激了出口，抑制了进口，从而改善国际收支逆差的状况。当一国国际收支出现顺差时，调节的原理相同。

（2）可以保持本国货币政策的独立性。在浮动汇率制度下，其货币政策可以完全服务于本国国内经济，不需要考虑扩张性货币政策所导致的本币贬值，或者紧缩性货币政策导致的本币升值。这使货币政策或财政政策服务内部经济的效用得以提高。

（3）减少了对外汇储备的需求。由于浮动汇率制度下，管理者没有维持固定汇率的义务，因此仅需要保持较低的外汇储备水平，从而有更充裕的资金可用于经济发展。

2. 浮动汇率制度的缺点

（1）在浮动汇率制度下，由于汇率频繁而剧烈地波动，给国际贸易和投资带来很大的不确定性。汇率波动对国内资源的配置产生不利影响。这就是说，当汇率大幅度下跌时，该国资源就会流入出口品和进口替代品部门，从而提高对外竞争能力。然而，一旦汇率回升时，这些资源在贸易部门就会过剩而重新流出。浮动汇率制度还会助长金融市场投机活动的盛行，不利于整个金融体系的健康发展。

（2）浮动汇率制度可能会助长国际金融市场上的投机活动，使国际金融局势更加动荡。由于汇率波动频繁、幅度较大，投机者便有机可乘，通过一系列外汇交易牟取暴利。在增加市场流动性的同时，也增加了市场的不稳定性。

（3）浮动汇率制度可能会导致竞争性货币贬值。各国为了自身的经济利益，采取以邻为壑政策，实行贬值，通过损害别国利益来改善本国国际收支逆差状况。这种做法不利于正常贸易活动，也不利于国际经济合作。

五、汇率制度的选择

没有一种汇率制度可以在所有的时候适用于所有的经济体。每一个经济体都应该根据自身的实际情况选择适合于自己的汇率制度。而在选择适合的汇率制度时，通常会考虑以下几个因素。

（一）经济规模和经济结构

一般而言，一国经济规模越大，越倾向于采用浮动汇率制度。这是因为根据著名的“三元悖论”，货币政策独立性、固定汇率制度和资本自由流动三个目标不可能同时实现。大国在实现经济目标过程中，一般不愿放弃独立的货币政策和资本自由流动，因此，浮动汇率制度成为其选择的对象。同时，大国经济结构复杂，如果选择固定汇率，在经济状况需要调节汇率时，调节成本太高。相反，小国经济结构相对单一，一般会选择固定汇率制度。其原因有：一是管理容易；二是在经济状况需要调节汇率时，调节成本低，效率高。

（二）对外开放程度

一国经济开放程度高，汇率波动的影响就越大。如果经济既开放，经济规模又小，采取固定汇率制度比较恰当。而经济开放的同时经济规模大，由于更倾向于独立货币政策，所以还是会选择浮动汇率制度，或者是采取中间路线，选择有管理的浮动汇率制度。

（三）金融市场的发达程度

金融市场越发达，金融机构和金融制度较为完善，抵御风险的能力越强，一般倾向于选择浮动汇率制度。反之，则倾向于选择固定汇率制度。

（四）区域经济合作情况

一国与其他国家或地区的合作越紧密，采取固定汇率制度对双方而言可以减少汇率风险，促进合作。欧元区是欧洲经济一体化的表现，是区域经济合作的高级表现。

第四节　人民币汇率制度

人民币作为我国的本位货币，发挥着价值尺度、流通手段、支付手段和储藏手段的作用。在对外经济关系中，人民币的汇率代表着人民币的对外价值。因此，人民币汇率制度安排是否合理，对我国开放的市场经济具有十分重要的意义。

一、人民币汇率制度的发展历程

（一）1994年以前的人民币汇率制度

我国社会经济的发展经过了很多个不同的阶段，人民币的汇率制度也随着经济的发展不断发展，大致的过程如下：

(1) 1949—1952年，我国的国民经济开始复苏，但是由于种种严重的历史遗留问题，当时国内的生产力十分落后，而且出现了通货膨胀等问题。这一阶段的人民币汇率制度实质上是单一浮动汇率制。

(2) 1953—1972年，这一阶段的人民币汇率与价格联系不大，并且具有鲜明的稳定性。当时我国采用的汇率制度是钉住美元汇率制度，属于单一固定汇率制度。

(3) 1973—1980年，当时国内外经济环境不太稳定，经济形势较为紧张和萧条，对我国经济造成了较大的影响。因此，我国实行钉住“一篮子”货币汇率制度，属于单一浮动汇率制度。

(4) 1981—1984年，在这一阶段，我国经济的突出问题是外汇储备过低，因此必须重视出口贸易的发展，因而采取了人民币双重汇率制度，即官方汇率与贸易外汇内部结算价并存。

(5) 1985—1993年，同样采取人民币双重汇率制，但改为官方汇率与外汇调剂价格并存。

这一段时期，汇率制度的主要表现是双重汇率制的运用。一方面，双重汇率制度调动了出口企业的积极性，国家的外汇储备有所增加；但另一方面，双重汇率制度造成汇率管理的混乱，是非市场化的管理。

(二) 1994—2005年的人民币汇率制度

1993年12月,国务院正式颁布了《关于进一步改革外汇管理体制的通知》,采取了一系列重要措施,具体包括:实现人民币官方汇率和外汇调剂价格并轨;建立以市场供求为基础的、单一的、有管理的浮动汇率制度;取消外汇留成,实行结售汇制度;建立全国统一的外汇交易市场,央行通过参与该市场交易管理人民币汇率,人民币对外公布的汇率即为该市场所形成的汇率。

1996年12月,中国实现人民币经常项目可兑换,从而实现了人民币自由兑换的重要一步。

1994年以后,中国实行以市场供求为基础的管理浮动汇率制度,但人民币对美元的名义汇率除了在1994年1月到1995年8月期间小幅度升值外,始终保持相对稳定状态。亚洲金融危机以后,由于人民币与美元脱钩可能导致人民币升值,不利于出口增长,中国进一步收窄了人民币汇率的浮动区间。1999年,国际货币基金组织对中国汇率制度的划分也从管理浮动汇率制度转为钉住单一货币的固定钉住汇率制度。

(三) 2005年7月21日至今的人民币汇率制度

2005年7月21日,中国完善汇率制度改革,实行以市场供求关系为基础、不再钉住单一美元,而是参考"一篮子"货币进行调节的、有管理的浮动汇率制度。这里就"一篮子"货币而言,是按照我国对外经济发展的实际情况,选择若干种主要货币,赋予相应的权重,组成一个货币篮子。

2005年7月21日人民币汇率制度改革后,中国人民银行于每个工作日闭市后公布当日银行间外汇市场美元等交易货币对人民币汇率的收盘价,作为下一个工作日该货币对人民币交易的中间价。自2006年1月4日起,中国人民银行授权中国外汇交易中心于每个工作日上午9:15对外公布当日人民币对美元、欧元、日元和港币的汇率中间价,作为当日银行间即期外汇市场(含OTC方式和撮合方式)以及银行柜台交易汇率的中间价。

此次汇改后,央行对汇率中间价的改革也不断推进,但在实际运行过程中,中间价对市场价格的反映程度还是不够高。同时,人民币外汇市场形成了中间价与即期汇率围绕中间价日波动幅度的制度安排,2012年、2014年央行两次提高了人民币即期日间波动幅度至2%。

2015年8月11日[①],央行宣布改革中间价形成机制,意味着汇率制度改革开始向纵深推进。2015年8月11日起,做市商在每日银行间外汇市场开盘前,参考上日银行间外汇市场收盘汇率,综合考虑外汇供求情况以及国际主要货币汇率变化向中国外汇交易中心提供中间价报价。这意味着中间价的形成将更注重市场自身的变动。

至此,人民币汇率已逐步形成以市场供求为基础、双向浮动、有弹性的汇率运行机制。

① 之所以选择8月11日,主要可能有两方面因素的考量:一是人民币实际有效汇率自2014年中以来累计上涨14%,对外贸构成了较大压力;二是8月份IMF发布了《SDR评估方法的回顾——初步考虑》的报告。报告表示,评估人民币相对SDR的价值,需要一个基于市场的代表性人民币兑美元汇率。目前,这个代表性汇率是在岸的汇率中间价。但是,这个汇率并非基于实际的市场交易,并可能偏离在岸市场汇率达2个百分点。

二、人民币加入 SDR 与人民币汇率制度

2015 年 11 月 30 日，国际货币基金组织正式宣布，人民币自 2016 年 10 月 1 日加入 SDR。人民币加入 SDR，是人民币国际化的一个里程碑事件，在改变国际货币体系格局的同时，也将给自身经济发展带来一系列实质好处。

人民币加入 SDR 后，其国际化步伐也得到加快。这将促进国际结算中用人民币进行结算，带来交易便利化，降低交易成本，同时规避汇率波动风险。更为重要的是，加入 SDR 后，人民币汇率可以自由浮动，汇率自由化有助于降低国际风险对国内的传导。假设有国家突然宣布债务违约而致国际金融市场发生动荡，引发新兴市场货币贬值，带来抛售潮，在此情况下，人民币作为国际储备货币，无需担心被恐慌抛售；假使出现抛售的情况，由于国际储备货币实现了汇率的自由浮动，人民币可以通过汇率的波动，抵御掉一部分风险。反之，如果汇率僵硬不自由，比如和美元挂钩，一旦被抛售，风险就会向本国国内传导。[①]

三、人民币汇率制度的未来改革

（一）当前人民币汇率制度的缺陷

（1）不可能三角。随着世界经济一体化的进一步健全与完善，不可避免地就会出现资本账户开放而带来的相应问题。主要以对外商的政策扶持来说，我国的经济政策优惠以及开放程度要远远优于部分发达国家。同时，随着我国的经济开放程度提高，而我国的人民币汇率则相对稳定，在这样的背景下，盲目追求货币政策有效性显得过于理想化。

（2）货币差别利率。我国实行的人民币利率与外币的利率政策差别很大，虽然早在 2000 年，我国已经实现了对外币开放政策，但是对人民币依旧没有实行市场化政策，同时国内金融市场尚未完善，实现人民币市场化目标并非一朝一夕的事。两者之间的差异对我国经济的发展产生了严重的影响。

（3）国际流动资本对汇率产生了较大冲击。随着世界经济一体化进程的加快，国际资本流动速度也越来越快，我国外汇储备量较大，极容易受到国际流动资本的冲击。

（4）难以维持合理的人民币汇率水平。人民币汇率水平必须与经济发展水平相适应，需要灵活调整。因此，必须保持人民币汇率水平在合理范围内，而当前人民币汇率制度尚难达到此目标。

---

① 根据中国人民大学国际货币研究所于 2012 年设计的人民币国际化指数（RII）变化趋势来看，2010—2019 年，人民币国际化指数由 0.02 增长至 3.03，处于趋势上升通道。《人民币国际化报告 2021》显示，截至 2020 年年底，人民币国际化指数（RII）达到 5.02，同比大幅增长 54.20%。人民币国际使用程度在 2020 年上半年超过日元和英镑，并连续三个季度在主要国际货币排名中位列第三，但与美元和欧元的国际化指数仍存在较大差距。

人民币作为全球外汇储备货币的规模及占比稳步提升。截至 2021 年 3 月，已有 70 多家境外央行类机构进入我国银行间债券市场，超过 75 个国家和地区的货币当局将人民币纳入外汇储备。人民币在全球央行和货币当局的外汇储备规模为 2 875 亿美元，占比 2.5%，与 2016 年加入 SDR 时相比提高 1.4 个百分点。

（二）人民币汇率制度改革方向

1. 逐步完善人民币汇率的市场环境

目前，中国人民币汇率形成的市场机制存在很多不完善之处。在未来，应当尝试建立市场化条件下的央行外汇市场干预模式，改变目前央行频繁入市干预和托盘的被动局面。改进央行汇率调节机制，建立一套标准的干预模式，给市场一个比较明确的干预信号，尽量减少直接干预，让市场主体通过自主交易形成公平价格，强化央行的服务职能。

2. 人民币汇率制度改革

2016年以来，以市场供求为基础，参考“一篮子”货币进行调节的人民币汇率制度有序运行，“收盘汇率+‘一篮子’货币汇率变化”的人民币兑美元汇率中间价形成机制进一步完善。人民币兑美元双向浮动弹性显著增强，兑“一篮子”货币汇率在保持基本稳定的同时也显现出明显的双向波动态势，市场供求在人民币汇率决定中的作用进一步显现。下一步，中国人民银行将继续坚持汇率市场化改革方向，进一步完善人民币汇率市场化形成机制，逐步增强汇率弹性，保持人民币在全球货币体系中的稳定地位。

3. 逐步实现人民币资本项目的可兑换

20世纪80年代，我国加入国际货币基金组织时，是以“第十四条款国”的身份加入的，即继续保持对经常性支付和资金转移实行汇兑限制。1996年，中国接受国际货币基金组织协定的第八条款，实行了经常项目可兑换。但是，由于种种因素的制约，人民币资本项目仍不可兑换，这样一来，在外汇市场上，人民币不可能实现真正的自由兑换，这是与我国的经济实力所不吻合的。

2016年，人民币资本项目可兑换继续稳步推进。在全国范围内实施全口径跨境融资宏观审慎管理；进一步开放和便利境外机构使用人民币投资银行间债券市场，更多类型境外主体可在境内发行人民币债券；简化人民币合格境外机构投资者管理；优化沪港通机制，取消总额度限制，启动深港通。目前人民币在7大类共40项资本项目交易中，已实现可兑换、基本可兑换、部分可兑换的项目共计37项，占全部交易项目的92.5%。下一步，将继续按照“服务实体、循序渐进、统筹兼顾、风险可控”的原则，有序推进人民币资本项目可兑换，提升跨境投资和交易的便利化，促进资源在全球有效配置，助力经济转型升级和稳定发展。①

4. 实现汇率的双向波动，完善汇率中间价的确定

近年来人民币汇率中间价形成机制不断完善。2017年2月，外汇市场自律机制将中间价对“一篮子”货币的参考时段由报价前24小时调整为前一日收盘后到报价前的15小时，避免了美元汇率日间变化在次日中间价中重复反映。中间价形成机制不断完善，有效地提升了汇率政策的规则性、透明度和市场化水平，在稳定预期方面发挥了积极作用，得到了市场的认可和肯定。

2017年5月，针对全球外汇市场和我国宏观经济运行出现的新变化，经充分研究讨论，外汇市场自律机制核心成员一致同意在中间价报价模型中增加逆周期因子，适度对冲

① 来源于中国人民银行发布的《2017年人民币国际化报告》。

市场情绪的顺周期波动，使中间价报价更充分地反映我国经济运行等基本面因素，更真实地体现外汇供求和“一篮子”货币汇率变化。从运行情况看，新机制有效抑制了外汇市场上的羊群效应，增强了我国宏观经济等基本面因素在人民币汇率形成中的作用，保持了人民币汇率在合理均衡水平上的基本稳定。

5. 促进外汇市场交易品种多样化

现阶段，我国外汇市场的交易品种涵盖范围不够广，分类不够细致，在市场交易品种多元化发展的国际大环境下，我国外汇市场交易品种需要从数量、类别、范围上加以完善。

总体而言，我国在推进人民币汇率制度改革的同时，按照“周边化—区域化—国际化”三步走的路径逐步推进人民币国际化。在中国资本项下暂不全面开放、不可兑换的前提下，人民币国际化的起步是从双边贸易的结算开始的，人民币周边化进程仍在深入。至今，人民币已初步具备人民币亚洲化的基础条件。未来较长的一段时期，人民币国际化将朝着形成“三足鼎立”的国际货币新体系方向推进，全球金融市场的稳定性和有效性将得到强化。[①]

延伸阅读 5-1

《2021 年人民币国际化报告》概要

2020 年以来，面对复杂严峻的内外部环境，特别是新冠肺炎疫情带来的严重冲击，人民银行坚持以习近平新时代中国特色社会主义思想为指导，坚决贯彻党中央、国务院决策部署，做好“六稳”工作、落实“六保”任务，推动形成以国内大循环为主体、国内国际双循环相互促进的新发展格局，稳慎推进人民币国际化，更好发挥跨境人民币业务服务实体经济、促进贸易投资便利化的作用。人民币的支付货币功能进一步增强，投融资货币功能深化，储备货币功能上升，计价货币功能有新的突破，人民币国际化取得积极进展。

2020 年，人民币跨境收付金额较快增长，银行代客人民币跨境收付金额合计为 28.39 万亿元，同比增长 44.3%，收付金额创历史新高。人民币跨境收支总体平衡，全年累计净流出 1 857.86 亿元。2021 年上半年，银行代客人民币跨境收付金额合计为 17.57 万亿元，同比增长 38.7%。据环球银行金融电信协会（SWIFT）发布的数据显示，2021 年 6 月，在主要国际支付货币中人民币排在第五位，人民币支付金额占所有货币支付金额的 2.5%，较去年同期上升 0.7 个百分点。2021 年一季度，在国际货币基金组织（IMF）官方外汇储备货币构成（COFER）中人民币排在第五位，人民币在全球外汇储备中的占比为 2.5%，较 2016 年人民币刚加入特别提款权（SDR）篮子时上升 1.4 个百分点。

经常账户和直接投资等与实体经济相关的跨境人民币结算量较快增长，大宗商品等

---

① 关于人民币国际化的发展前景，高盛、花旗、摩根士丹利三大投行均认为人民币有望在 2030 年成为世界第三大货币，高盛预计到 2030 年人民币在全球外汇储备中的占比为 6%～7%，摩根士丹利预计为 5%～10%；与此同时，全球最大对冲基金桥水基金创始人达利欧对人民币国际化的前景也非常看好。前瞻产业研究院认为，在人民币自由兑换推进的背景下，人民币国际化推进充分抓住众多历史机遇，晋级世界第三大货币指日可待。数据来源：前瞻产业研究院《中国金融行业创新趋势与企业发展战略分析报告》。

重要领域及东盟等地区使用人民币进一步增加。人民币汇率弹性增强,双向波动成为常态。为规避汇率风险,更多市场主体倾向在跨境贸易投资中选择使用人民币。跨境人民币业务政策框架更为完善,在跨境贸易投资中使用人民币更加便利。

境外投资者积极配置人民币资产,证券投资等资本项下使用人民币成为人民币跨境收支增长的主要推动力量。我国经济基本面良好,货币政策保持在正常区间,人民币相对于主要可兑换货币有较高利差,人民币资产对全球投资者的吸引力较强。截至2021年6月末,境外主体持有境内人民币股票、债券、贷款及存款等金融资产金额合计为10.26万亿元,同比增长42.8%。

下一阶段,人民银行将坚持以习近平新时代中国特色社会主义思想为指导,坚决贯彻落实党中央、国务院决策部署,坚持稳中求进工作总基调,统筹好发展和安全,以顺应需求和"水到渠成"为原则,坚持市场驱动和企业自主选择,进一步完善人民币跨境使用的政策支持体系和基础设施安排,推动金融市场双向开放,发展离岸人民币市场,为市场主体使用人民币营造更加便利的环境,同时进一步健全跨境资金流动的审慎管理框架,守住不发生系统性风险的底线。

资料来源:中国人民银行《2021年人民币国际化》,中国人民银行官网。

延伸阅读 5-2

"一带一路"上人民币国际化将实现三个突破

"一带一路"建设为人民币国际化提供了新的契机,也为人民币国际化创造了难得的投融资载体、国际分工环境和市场条件。"一带一路"建设将夯实做强人民币的区域化基础,有助于实现人民币国际化的路径突破。"一带一路"建设将助推人民币对外直接投资和人民币境外信贷的发展,有助于实现人民币国际化的模式突破。"一带一路"建设还将助推人民币在基础设施投融资、大宗商品计价结算及电子商务计价结算等关键领域突破。

1. "一带一路"建设有助于夯实做强人民币区域化基础,实现人民币国际化路径突破

从目前的国际政治经济格局看,人民币国际化的路径应当是周边化→区域化→国际化的"三步走"战略。其中,区域化是人民币国际化的重要一环。欧元国际化的成功,很大程度上正是得益于其区域化的成功。目前,人民币周边化已有了很大推进,正处于区域化发展的初期阶段。"一带一路"东连亚太经济圈、西接欧洲经济圈,能充分发挥桥梁和纽带作用,推动人民币"走出去",为人民币在周边国家和地区的使用奠定基础,也为扩大人民币跨境需求提供了实体经济支撑,有助于夯实做强人民币区域化基础。

从国际货币的职能看,目前人民币主要充当跨境贸易结算货币及部分支付货币,但人民币作为计价货币和储备货币尚处于起步阶段。"一带一路"建设以贸易圈和投资圈为基础,在夯实跨境贸易结算货币基础的同时,将助推人民币计价货币和储备货币等国际货币职能的发展。2016年,中国与"一带一路"沿线国家贸易总额为9 536亿美元,占中国与全球贸易额的25.7%。中国是"一带一路"上最大的进口国,而且对沿线国家大都是有逆差的。随着中国经济的稳步增长以及"一带一路"建设的深入推进,沿线国家对中国的经济

依赖度将进一步提高，可以说是天然的推进人民币计价的盟友和伙伴。而且，“一带一路”沿线国家的货币大多不是国际货币，这为人民币在这一区域内的使用提供了条件。借助“一带一路”平台，通过政府援助、政策性贷款、商业贷款、直接投资及发行基础设施债券等方式，解决沿线国家的资金瓶颈问题，从而使人民币得以在沿线国家推广使用。近年来，马来西亚、俄罗斯、菲律宾、尼日利亚等国已将人民币作为外汇储备的一部分，还有更多国家的央行表示愿意持有人民币。随着中国与“一带一路”沿线国家贸易圈和投资圈的不断扩大，人民币在这一区域的接受程度、使用程度和流通程度将不断提高，国际影响力将不断扩大，从而为人民币国际化开辟了重要路径。

2.“一带一路”建设有助于人民币对外投资和人民币境外信贷的发展，实现人民币国际化模式突破

迄今为止，人民币国际化的推进模式主要是通过跨境贸易人民币结算来推动。由于境外居民和机构持续增持人民币资产，因而对中国来说是一种“负债型”和经常项目为主的人民币国际化。这种初级阶段的人民币国际化模式对人民币升值预期的依赖程度较高，长久来看难以持续。2015 年下半年以来，跨境贸易及直接投资人民币结算金额大幅下降便是例证。而在美元升值，人民币贬值预期背景下，人民币融资的债务成本相对变低。尽管中国利率水平仍高于美国，但 2014 年 11 月以来，央行已连续六次降息，而且美联储步入加息周期，未来中美利差相对收窄，人民币融资成本相对变低，境外市场主体人民币融资意愿有望增强。因此，在“负债型”和经常项目为主的人民币国际化步伐明显放缓情况下，“资产型”和资本项目下人民币国际化正当其时。近年来，中资大行境外人民币贷款稳步增加便是例证。根据中资大行年报数据计算，2016 年工行、建行、中行和交行的境外贷款余额分别增长了 27%、31%、11%和 18%。而港澳地区又是中资大行境外信贷的最主要投放区域，这一地区的资金有相当部分应是人民币信贷。

2016 年，中国对“一带一路”沿线的 53 个国家直接投资 145.3 亿美元，占中国对外投资总额的 8.5%。中国企业对相关的 61 个国家新签合同额达 1 260.3 亿美元，增长 36%，占同期中国对外承包工程新签合同额的 51.6%。随着中国与“一带一路”沿线国家的贸易和投资往来的日益密切，人民币贸易圈和投资圈优势将逐步呈现出“网络效应”，相应的人民币对外直接投资和对外信贷需求将快速增长。这将为“资产型”和资本项目下人民币国际化发展提供实体经济支撑。“一带一路”建设的资金需求巨大，据估计，仅基建投资总额就可能达 6 万亿美元左右。如果人民币对外投资和境外贷款占比能达到 10%左右，那么未来五年，人民币境外投资和贷款将增加四万亿元左右。这将有力地推动“资产型”和资本项目下人民币国际化的发展，进而有助于实现人民币国际化发展模式的突破。

3.“一带一路”建设助推人民币在基础设施投融资、大宗商品计价结算及电子商务计价结算等关键领域实现突破

“一带一路”将推动人民币在国际基础设施建设投融资中成为主要货币。改善积弱的基础设施，修筑通往“富庶和繁荣之路”，已成为沿线各国的共同愿望。据市场估计，沿线国家基建投资总规模或达 6 万亿美元。亚洲开发银行报告显示，到 2030 年，亚洲基建投资需求高达 26 万亿美元。中国拥有较高的基础设施建设水平，在基础设施建设投融资方

面有着丰富的经验,形成了较为成熟的运作模式,有条件成为“一带一路”基础设施投融资体系的组织指导者和主要的资金供给者。通过亚洲基础设施投资银行、丝路基金等中国主导的金融机构,鼓励相关基础设施投融资项目优先使用人民币,有助于推动人民币发挥国际投融资货币的功能,使得人民币在国际基础设施建设中逐渐占得一席之地。

“一带一路”建设将推动人民币成为大宗商品的计价货币。“一带一路”沿线国家不少都是大宗商品主要出口国,而中国又是全球最大的大宗商品消费国,但当前全球大宗商品定价权几乎都由美国掌控,使得大宗商品经常面临价格波动和汇率波动风险。如果大宗商品贸易以人民币计价结算,沿线国家不仅可以有效规避美元计价产生的汇率风险,还可以稳定中国市场的进口需求,有利于沿线国家获得稳定的出口收入,对双边贸易增长和经济发展产生积极的推动作用 。而中国与“一带一路”沿线国家之间的大宗商品贸易往来则为人民币大宗商品计价提供了实体经济支撑。

“一带一路”建设将助推人民币成为电子商务计价结算货币。近年来,中国跨境电商连续保持着20%～30%的增长,跨境电商在进出口总额中所占份额快速上升。据估计,2016年中国跨境电商进出口贸易额达6.3万亿元左右,占中国进出口贸易的比重超过20%。预计2017年跨境电商市场规模可达7.5万亿元,市场渗透率进一步上升,中国跨境电商出口区域结构呈现“成熟市场+发展市场”的格局。不少“一带一路”沿线国家地处欧亚大陆的交通要道,正是各跨境电商“物流运输”的必经之地,而且相关国家华侨聚集,对中华文化有较高的认同感。加之“互联网+”战略指引下,跨境电子商务可在批发和零售两个渠道同时推动人民币的国际使用。阿里巴巴、支付宝等许多互联网企业在沿线国家已经具有较高的渗透率,而且正加速在“一带一路”沿线的布局。未来,“一带一路”可以成为人民币计价跨境电子商务的重点推进区域。

资料来源:节选自交通银行首席经济学家连平、交通银行金融研究中心高级研究员刘健发表的文章《“一带一路’上人民币国际化怎么走”》,2017年05月12日新浪财经。

课后练习

1. 影响汇率变动的主要因素是什么?

2. 在不同的货币汇率下,汇率的决定基础及表现形式如何?

3. 阐述购买力平价的内容。

4. 阐述利率平价的内容。

5. 阐述资产市场理论的主要内容。

6. 比较固定汇率制度与浮动汇率制度的利弊。

7. 简述人民币汇率制度改革的最新发展状况。

8. .谈谈资本项目下货币自由兑换的成本和收益。

9. 请查阅资料,简要论述香港联系汇率制度的内容。

10. 请问:假设俄罗斯的年通胀率为100%,瑞士仅为5%。根据相对购买力平价,瑞士法郎对俄罗斯卢布的汇率将如何变化?

11. 已知：假设有一笔资金为 1 000 000 美元。美国本土银行的利率是 8%(年利率)，日本银行的利率是 4%(年利率)，即期汇率：USD1＝JPY106，180 天远期汇率：USD1＝JPY103.5。试分析投资人应如何合理利用这笔资金，套利收益为多少？

12. 案例分析：以 2015 年 4 月份的数据为例，美国"巨无霸汉堡"平均价格为 2.51 美元，马来西亚最低，平均价格为 1.19 美元，以色列最高为 3.58 美元。中国排倒数第二，为 1.20 美元。在被调查的国家里，有 23 个国家的"巨无霸"比美国便宜，只有 8 个国家比美国高。请问：在 2015 年 4 月份，美元汇率相对世界上其他所有国家来说是可能高估了还是低估了？

第六章 国际储备

国际储备是国际金融的核心组成部分之一，它不仅关系到各国国际收支的调节，货币汇率的稳定，而且也会影响世界物价水平和国际贸易的发展。自布雷顿森林体系以来，国际储备一直是国际货币体系的重要内容，受到各国各地区管理者的重视。进入牙买加货币体系后，随着国际储备货币的多样化，国际金融的不稳定性日益增加，对国际储备的管理与运用提出了更高的要求。本章从国际储备的构成入手，详细介绍了国际储备的管理，并重点介绍中国国际储备的发展与管理逻辑。

案例导入

货币互换

图拉族和拉伊族分属两个部落，互为近邻，然而两个部落的生活习惯和生活方式却千差万别。图拉族以饲羊为主，拉伊族则以饲牛为主，双方需要互相购买牛羊满足日常所需。他们各自使用不同的货币，图拉族使用长条状的铜板，拉伊族使用圆形铜板。因为货币不统一，交易起来很不方便。于是他们想到一个方法，将两个部落的货币进行互换，即在一定期限内以价值相当的长条铜板交换圆形铜板，并确定利率。如此，双方便有了对方的货币，可以用于购买对方的货物，既便利了双方交易，又提高了各自的贸易出口。

2014 年年底，受东欧局势和欧洲国家经济制裁的影响，俄罗斯卢布迅速贬值，一度跌至原来的30%。然而就在此前,中俄刚刚签订卢布和人民币的互换协议。截至2021年6月,中国人民银行已与包括韩国、巴基斯坦、马来西亚、俄罗斯、白俄罗斯、蒙古、埃及、英国等超过39个国家、地区的央行、外汇管理监管机构签署了双边货币互换协议,合计金额达3.47万亿元人民币,超过5 000亿美元。

第一节 国际储备概述

一、国际储备的定义及其构成

根据1965年十国集团发布的《创造性储备资产研究小组的报告》对国际储备的定义：所谓国际储备(international reserve)是指一国金融当局所持有的、当国际收支出现逆差时可直接或有保障地通过同其他资产的兑换，用来支持其货币汇率水平的一切资产。目前狭义地来说，它是指一国官方所拥有的能够直接用于国际清偿的支付手段，随时能够兑换满足国际支付的准备金，以及用于实施外汇干预以维持汇率的干预资产。因此，它是一国货币当局所持有的，能随时用来弥补国际收支差额，维持本币汇率稳定和作为对外偿债保证的国际普遍接受的各种流动性资产的总和，又称官方储备或自有储备。

国际储备一般通过对外经济金融往来活动来积累，其本质是国家拥有的对外特殊债权，属于国家的特殊财富并由国家管理掌控用来调节货币政策、汇率政策以及经济运行。国际储备规模的增减主要反映了一国的国际收支状况，是一国宏观经济运行的结果；也反映了一国对外开放的程度，特别是国际经贸与金融投资的发展程度；此外，国际储备规模也是一国在国际金融体系和组织中的实力体现。国家拥有适度的国际储备能更好地调节国际收支，干预外汇市场，维护本币稳定，抵御金融风险，维护国家经济金融体系安全，促进国际经济、金融合作，维护世界经济和国际金融秩序稳定。

国际储备作为国家之间的流通支付手段，其内容随着历史的发展而不断变化。在国际金本位制时期，黄金无疑是国际储备的主体。到第二次世界大战结束，布雷顿森林体系确立，作为关键货币的美元与黄金共同成为国际储备的主体。20世纪60年代以后，随着一些工业化国家逐步实现货币自由兑换，国际储备中的货币资产种类不断增加。一些其他形式的国际支付手段也相继被创造出来，储备内容更为丰富，国际储备呈多元化发展。目前按照IMF对国际储备组成内容的界定，各国公认的官方储备包括以下四大类：货币性黄金、外汇储备、普通提款权(即会员国在IMF的储备头寸)和特别提款权。

(一) 货币性黄金

货币性黄金即一国货币当局作为金融资产持有的黄金(非货币用途的黄金不在此列)。黄金本身具有内在价值，购买力相对稳定，在通货膨胀和政治、金融动荡时期更是可靠的保值手段。而且，黄金不同于外汇储备，完全由拥有国自主控制，不受其他国家汇率政策和外汇干预的影响。随着历史发展黄金储备地位及其规模明显减弱和缩小，主要是由于黄金的矿藏和开采量受自然条件的限制，而且私人窖藏、工业与艺术用途的黄金需求不断增长，黄金日渐难以满足世界贸易和国际投资的扩大对国际储备的需要。1976年国际货币基金组织的《牙买加协定》生效之后，黄金同国际货币制度和各国的货币脱钩，不再成为货币制度的基础，也不用于政府间的国际收支差额清算，事实上黄金目前也不是现实的国际支付手段，需要兑换外汇用于支付。再者，保持黄金储备一般并无直接盈利，一国货币当局购入黄金时的成本价格以及其后价格波动可能带来损失，且黄金有不菲的保管费用。尽管如此，由于黄金自身的贵金属特性，长期以来它一直被人们认为是并且充当着最后的保证作用和支付手段。这种安全感和接受度，使黄金即便在随后多年处于国际储备黄金非货币化的浪潮之中，但它依然没有完全退出世界历史舞台。因此，近年来黄金虽然在整个国际储备中的占比不高，大致接近 11 亿盎司左右，但 IMF 在统计和公布成员国的国际储备时，依然把黄金储备列入其中。2019—2021 年，黄金储备排名前十的国家中，除俄罗斯、印度、日本三国合计增持黄金 730 吨（约合 2 347 万盎司）之外，其余国家并未增持黄金，世界黄金协会 2021 年 12 月最新报告显示，全球黄金官方储备共计约 34 456 公吨（每公吨合 32 151 盎司），按同期金价计算，黄金储备约占全球外汇总储备的 15.55%（全球外汇储备总额为 12.83 万亿美元）。黄金储备分布并不均匀，绝大多数发展中国家黄金储备在外汇储备中占比普遍不超过 10%，而发达国家黄金储备在外汇储备中占比高达 55%～70%。

值得一提的是，美国的黄金储备占全球总储备的 26.6%。与此同时，除了美国自己的储备，连同其他许多国家央行和国际组织名下的黄金，近世界黄金储备一半数量的实物黄金（金块）是存放于美国的。这些黄金储存在美国的两大黄金仓库中，一处位于纽约储备银行金库，另一处则是诺克斯堡军营。2018 年 1 月官方黄金储备规模前十的国家如表 6-1所示。

表 6-1　2021 年 10 月官方黄金储备规模前十的国家

国家与排名	储备规模　单位：公吨	黄金储备占外汇储备
1. 美国	8 133.5	65.7%
2. 德国	3 359.1	65.7%
IMF	2 814.0	—
3. 意大利	2 451.8	62.4%
4. 法国	2 436.3	57.2%
5. 俄罗斯	2 301.6	21.0%
6. 中国	1 948.3	3.3%
7. 瑞士	1 040.0	5.5%
8. 日本	846.0	3.4%
9. 印度	747.6	6.6%
10. 荷兰	612.5	54.9%
欧洲央行	504.8	32.1%

数据来源：世界黄金协会。

（二）外汇储备

外汇储备（foreign exchange reserve）是指一国货币当局持有的可兑换货币和用它们表示的支付手段。IMF 对外汇储备的定义与广义静态外汇定义相同，即货币当局（包括中央银行、货币机构、外汇平准基金和财政部)所保有的、在国际收支逆差时可以使用的债权,具体包括外币现钞、外币存款、外币有价证券(政府公债、国库券、公司债券、股票)、外币支付凭证(票据、银行存款凭证、邮政储蓄凭证)等。第二次世界大战以后,外汇储备增长很快,在世界国际储备总额中所占的比重越来越大,1950 年仅占 27.6%,到 1970 年已达 48.6%,进入 20 世纪 80 年代以后一直维持在 80%左右的水平。外汇储备主要来源于国际收支顺差以及央行干预外汇市场所取得的外汇。

第二次世界大战结束至 20 世纪 70 年代以前,作为关键货币的美元是各国主要的国际储备货币。70 年代以后,随着以美元为中心的布雷顿森林体系的崩溃以及多种自由外汇的出现和使用,国际储备货币出现了多样化的局面。随着欧盟的建立和发展,1999 年欧元诞生,欧元的使用和流通使几种自由外汇及其作为储备货币的角色退出了历史舞台。目前来说,当今的国际储备货币依然是多样化的,美元仍然保持着中心地位,是最主要的国际储备货币,但其比重在不断下降;此消彼长,其他货币如欧元、英镑、日元、澳大利亚元等地位则相应有所上升。特别值得一提的是,近年来随着我国经济金融改革的深化与发展,我国国力日增,在应对国际金融危机以及国际金融发展和国际货币体系事务中日益发挥着重要的稳定作用,彰显了大国责任感,并借此推进人民币国际化的进程。尽管目前人民币还不是完全自由兑换货币,但在一定区域范围和贸易金融活动中,一些与我国有着密切经贸往来的周边国家自然而适度地选择了使用人民币进行结算和储备。

外汇储备是现实的支付手段,便于政府随时动用,无论是银行存款还是其他形式的金融资产都有一定的利息收益。但是汇率的波动可能导致储备资产价值的波动,而且外汇储备资产会受到储备货币发行国主权的制约,因其汇率政策(货币对外贬值)而损失资产价值或是资产被冻结。但总的来说,外汇储备的优点远远多过其缺点,是当今世界各国储备资产中的主体。

根据 IMF 的官方外汇储备货币构成(COFER)调查,2020 年第四季度,各国央行持有的美元储备的比例下降至 59%,是 25 年来的最低水平。一些分析人士指出,这在一定程度上是由于各国央行在国际交易中使用的其他货币对美元形成竞争,美元在全球经济中的作用正在下降。由于美国近几年频繁采取的收费措施以及美联储开启印钞机模式,强美元也不断出现不利信号——目前已有伊朗、俄罗斯等 35 个国家正加速去美元化进程,有 16 个石油出口国正在绕开美元进行结算,21 个国家在减持美债。如图 6-1 数据显示,自欧元 1999 年诞生以来,美元资产在央行储备中所占比例从 71%下降到 59%,降幅为 12 个百分点。同时,欧元所占比例在 20%上下波动,而其他货币(包括澳大利亚元、加拿大元和中国人民币)所占比例在第四季度升至 9%。随着新兴市场和发展中经济体的央行寻求实现储备货币构成的进一步多元化,美元在全球储备中所占比例将继续下降。

美元在已分配外汇储备中占比下降但仍然是占主导地位的国际储备货币。欧元为全球第二大储备货币,曾于 2009 年达到占比 28%的历史峰值,但与美元差距仍然巨大。日元资产占全球外汇储备比率也在上升。IMF 自 2016 年年底人民币加入 SDR 以来开始公布人民币在各国央行外储货币当中的占比情况。2021 年三季度,人民币外储持有规模为 3 189.9 亿美元,折合人民币超过了 2 万亿元。根据国际货币基金组织数据显示,2020 年

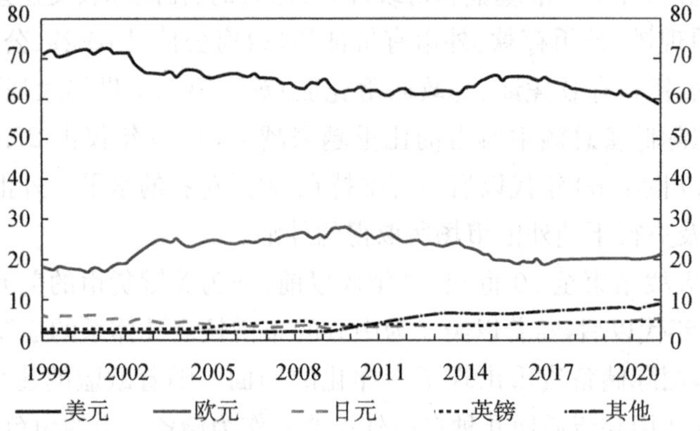

图 6-1　1999—2020 全球外汇储备货币构成(%)变化

数据来源:国际货币基金组织。

第二季度,全球外汇储备总额突破 12 万亿美元,至 2021 年第三季度,接近 12.83 万亿美元,各种储备货币占比分别为美元 59.15%,欧元 20.48%,日元 5.83%,英镑 4.78%,澳大利亚元 1.81%,加拿大元 2.19%,瑞士法郎 0.17%,人民币 2.66%(创纪录地超过了澳大利亚元、加拿大元和瑞士法郎),其他货币 2.91%。

表 6-2　2021 年世界各国外汇储备排名　　单位:亿美元

排名	国家/地区	外汇储备	排名	国家/地区	外汇储备
1	中国	32 165	12	以色列	1 712
2	日本	13 128	13	捷克	1 641
3	瑞士	8 912	14	英国	1 396
4	印度	5 422	15	印度尼西亚	1 284
5	俄罗斯	4 445	16	马来西亚	1 026
6	沙特阿拉伯	4 394	17	菲律宾	965
7	韩国	4 301	18	泰国	944
8	新加坡	3 593	19	加拿大	768
9	巴西	3 427	20	西班牙	567
10	斯里兰卡	2 460	21	法国	552
11	墨西哥	1 842	22	土耳其	484

数据来源:各国央行以及国际货币基金组织,2021 年 12 月发布。

注:此处的中国外汇储备数据未包括中国台湾、香港、澳门地区,三地外汇储备总额接近万亿美元。

(三)在国际货币基金组织中的储备头寸

在国际货币基金组织的储备头寸(reserve position),亦即普通提款权(drawing rights, DR),是指国际货币基金组织成员国在国际货币基金组织的普通资金账户中可自由提取和使用的资产,它包括储备档头寸和债权头寸。根据国际货币基金组织的规定,成员国加入组织需缴纳一定份额(相当于股份),其中25%须以黄金或外汇缴纳,其余75%以本币缴纳。成员国的份额决定其从国际货币基金组织获取贷款的限额,贷款分为黄金部分(后改为储备部分)和信贷部分。原黄金部分(即成员国向国际货币基金组织缴纳份额中25%的黄金或外汇部分)的贷款是无条件的,属于储备提款权;信贷部分的贷款共分四档,均为有条件的,档次越高,条件越高,属于债权头寸或信用提款权。当国际货币基金组织持有某成员国本国货币数额小于份额的75%时,其借款能力则相应增加,这增加的部分称为超黄金部分(super-gold tranche),这部分的借款也是无条件的。所以,某成员国在国际货币基金组织的净储备头寸等于它的黄金部分贷款加上超黄金部分贷款,也就是说,等于它的份额减去国际货币基金组织持有该成员国本国货币的数额。各成员国都把它们在国际货币基金组织的净储备头寸列为它们的官方储备资产。普通提款权在国际货币基金组织成员国国际储备资产总额中所占比重较小,平均大约为3%。

(四)特别提款权

特别提款权(special drawing rights, SDR)是由国际货币基金组织1969年开始创设的一种记账单位,为了支持布雷顿森林体系,用于补充成员国官方储备的国际储备资产。然而,在特别提款权创造后仅仅几年,布雷顿森林体系就崩溃了,主要货币转向浮动汇率制度。此外,国际资本市场的增长有利于信誉好的政府借款。这两个变化降低了对特别提款权的需求。

特别提款权不是货币,也不是对国际货币基金组织的债权,而是对国际货币基金组织成员国的可自由使用的货币的潜在求偿权。特别提款权的持有者可以通过两种方式以其持有的特别提款权换取这些货币:一是通过成员国之间的自愿交换安排;二是国际货币基金组织指定对外状况强健的成员国以可自由使用的货币从对外状况较弱的成员国购买特别提款权。除了作为补充储备资产外,特别提款权还是国际货币基金组织和其他一些国际组织的记账单位。

特别提款权是由国际货币基金组织分配给成员国的一种使用资金的权力,是对普通提款权的补充。特别提款权最初发行时与当时的美元等值,每单位为0.888 671克黄金。在1973年布雷顿森林体系解体后,1974年7月开始改用"一篮子"货币定值,其选择标准为该国(或货币联盟)对外的商品和劳务出口额以及该种货币在国际贸易中被广泛使用的程度。在较长一段时期内,特别提款权篮子包括美元、欧元、日元和英镑。特别提款权的汇率使用美元表示,由国际货币基金组织每日根据伦敦市场中午的外汇牌价计算公布于官网。成员国可以用它向国际货币基金组织指定的其他成员国换取外汇用以干预外汇市场或弥补国际收支逆差,或直接用来偿付对国际货币基金组织或其他成员国的官方债务,它可与黄金、外汇一起作为国际货币基金组织成员国的国际储备。一国国际储备中的特别提款权部分,是指该国在国际货币基金组织特别提款权账户上的贷方余额。

执行董事会每5年或在国际货币基金组织认为情况变化有必要提前审查时对货币篮子构成进行审查,以确保它反映各货币在世界贸易和金融体系中的相对重要性。最近的一次审查是2015年11月结束的,审查采用了新的加权公式。新公式赋予各货币发行方的出口和综合金融指标相同的权重。综合金融指标包括:其他货币当局(不是相关货币的发行方)持有的、以成员国(或货币联盟)货币计值的官方储备,各货币的外汇市场交投总额,以及以各货币计值的国际银行负债和国际债务证券总余额。这三部分的权重相同。美元、欧元、人民币、日元和英镑的权重分别是 41.73%、30.93%、10.92%、8.33% 和 8.09%。执行董事会决定,从 2016 年 10 月 1 日起,中国的人民币将被认定为可自由使用货币,并作为除美元、欧元、日元和英镑之外的第 5 种货币加入特别提款权篮子。国际货币基金组织根据货币篮子中各货币的权重,决定这 5 种货币的在 2016 年 10 月 1 日生效的新特别提款权定值篮子中的数量。

特别提款权与普通提款权有以下三点不同:

(1) 特别提款权是国际货币基金组织根据份额分给成员国的一种资产,成员国可自由支配和使用;普通提款权是国际货币基金组织根据成员国交纳份额给予提款的权力,最大额度不超过所交份额的 125%。其信用部分(债权头寸)不能自由提取。基于分配原则,国际货币基金组织份额高的成员国获得的特别提款权相应也多。

(2) 使用特别提款权等于在行使使用资金的权利,其实质是支出,是资产的减少;使用普通提款权等于在使用取得信贷的权利,其实质是借入,是负债的增加。

(3) 特别提款权本质是记账外汇,使用后无须偿还;普通提款权本质仍属现实外汇,通常 3～5 年后需偿还。

特别提款权与其他储备资产的比较:

(1) 特别提款权被称为“纸黄金”,是凭信用发行的无形资产,是没有任何物质基础和内在价值的记账单位。

(2) 从储备获取来源看,国际货币基金组织按份额比例向成员国无偿分配特别提款权,而黄金、外汇和普通提款权等储备则是有关国家通过贸易、投资、借贷等经济活动取得的。

(3) 特别提款权完全由官方掌握和使用,仅限于国际货币基金组织成员国货币当局之间,以及成员国与国际货币基金组织和国际清算银行之间,不能直接用于国际交易支付。

2020 年世界各国总储备如表 6-3 所示。

表 6-3　2020 年世界各国总储备

排名	国家/地区	总储备(US$)	排名	国家/地区	总储备(US$)
1	中国	3.24 万亿 (3 238 782 371 433)	5	香港	4 916.49 亿 (491 649 018 327)
2	日本	1.34 万亿 (1 344 283 264 565)	6	俄罗斯	4 570.18 亿 (457 017 572 769)
3	瑞士	1.02 万亿 (1 020 171 631 299)	7	沙特阿拉伯	4 532.08 亿 (453 208 226 719)
4	印度	5 490.87 亿 (549 086 868 074)	8	韩国	4 371.13 亿 (437 112 592 614)

（续表）

排名	国家/地区	总储备(US＄)	排名	国家/地区	总储备(US＄)
9	新加坡	3 620.88 亿 (362 088 236 299)	18	印度尼西亚	1 311.39 亿 (131 139 029 065)
10	巴西	3 515.19 亿 (351 518 545 352)	19	马来西亚	1 052.8 亿 (105 279 990 229)
11	泰国	2 487.43 亿 (248 743 484 788)	20	阿联酋	1 031.99 亿 (103 199 231 777)
12	墨西哥	1 917.69 亿 (191 769 269 928)	21	菲律宾	985.12 亿 (98 512 083 712)
13	以色列	1 732.92 亿 (173 292 120 893)	22	越南	948.34 亿 (94 833 616 150)
14	捷克	1 655.41 亿 (165 540 608 323)	23	加拿大	904.28 亿 (90 428 136 419)
15	英国	1 611.88 亿 (161 188 410 120)	24	法国	761.14 亿 (76 114 119 267)
16	波兰	1 403.16 亿 (140 316 302 987)	25	挪威	752.59 亿 (75 258 813 465)
17	美国	1 338.49 亿 (133 849 095 923)			

数据来源：国际货币基金组织。

注：总储备（不含黄金储备）包含由货币基金当局管理的外汇储备，国际货币基金组织（IMF）成员国在 IMF 的储备头寸以及特别提款权，数据按美元计。

二、国际储备与国际清偿力

当国与国之间的种种经济与非经济往来引发一国对外支付需求时，有关国家除了可以动用既有的支付手段，还可以通过向外借贷取得外汇资金用于国际支付。国家间日益加深的相互依赖的经济关系亦使国际借贷变得频繁和便利。与此相应地，出现了国际清偿力（international liquidity）这样一个与国际储备关联密切而又有所不同的概念。IMF 认为，国际清偿力应包括一国现有的国际储备以及该国向外借贷融资的能力。换言之，一国政府可以通过向国际金融机构、他国中央银行筹措融通外汇资金以满足国际支付，该国的国际清偿力则是其储备资产与其可获得的对外借款外汇资源的总合。事实上，一国商业银行所持有的外汇头寸和对外借款能力，政府在国际金融市场上直接融资的能力也被视为国际清偿力的一部分。此外，随着金融市场的开放和国际资本流动的需求，其他国家希望持有这个国家资产的愿望，以及该国提高利率时可以引起资金流入的程度等也成了一国能够获取外汇资源的能力。如上所说，国际清偿力即为自有储备和借入储备之和，最典型和重要的借入储备主要是由备用信贷、借款总安排和互换货币的安排等几种形式组成。

（一）备用信贷

备用信贷(stand-by credit)是成员国向国际货币基金组织申请的一种信贷形式；是成员国在国际收支发生困难或预计要发生困难时，同国际货币基金组织签订的一种备用借款协议。这种协议通常包括可借用款项的额度、使用期限、利率、分阶段使用的规定、币种等。协议一经签订后，成员国在需要时便可按协议规定的方法提用，无须再办理新的手续。对于未使用部分的款项，只需缴纳约1%的管理费。备用信贷协议中规定的借款额度，有时并不被完全使用。凡按规定可随时使用但未使用的部分，计入借入储备。

（二）借款总安排

借款总安排(general agreement to borrow)是另一种短期信贷的来源。1962年由国际货币基金组织同10个工业发达国家(十国集团)设立一笔折合60亿美元的资金，由10国管理。鉴于成员国大量借款有可能耗尽国际货币基金组织的资金，借款国可向国际货币基金组织和十国集团同时申请，经十国集团的2/3多数和国际货币基金组织同意，由国际货币基金组织向有关国家借入，再转贷给借款国，贷款期限为3～5年，但贷款国如发生国际收支困难时可随时收回贷款。1983年2月，十国集团决定将该项借款总安排协定的资金增加到170亿SDR，并于1984年吸收瑞士作为该集团的正式成员国，并同意沙特阿拉伯作为联系国，联系的信贷额度为15亿SDR，共计为185亿SDR。借款总安排现已成为国际货币基金组织增加对成员国贷款所需资金的一个重要来源，其中国际货币基金组织担任贷款中介的角色。然而这种贷款措施并不能成为成员国扩大国际清偿力的永久来源，成员国归还贷款后其国际储备仍会回复到原来的水平。

1997年1月，国际货币基金组织与25个成员国和地区达成了“新借款安排”(new agreement to borrow)，参加的成员国和地区可以使用国际货币基金组织340亿SDR，这一新安排有助于缓解和帮助储备匮乏的“重债穷国”的国际债务问题。2009年11月，巴西宣布该国在国际货币基金组织“新借款安排”中的贷款额度将从原计划的100亿美元增加至140亿美元。至此，“新借款安排”成员国和地区可以使用的总借款额度达到380亿SDR。

（三）互换货币的安排

互换货币的安排(reciprocal currency arrangement)也是借入储备的一种形式。它是两国中央银行之间进行双边互换备用信贷的一种安排。具体是由两国中央银行相互开立对方货币的账户，并规定相互动用对方货币的额度，在需要资金的情况下，可用本国货币换取对方货币，用以干预外汇市场，稳定货币汇率。一般在3个月后按原议定的汇率换回本国货币，归还借入货币。借入对方货币时，借款国的国际储备增加；在归还对方货币，换回本币时，借款国的国际储备又恢复原状。货币互换安排有助于提振贸易和促进金融稳定。早在1962年冷战最严重时期，美联储开始与包括西德在内的盟国进行外汇互换交易以规避黄金储备的损失，并于2007年恢复了上述安排来遏制金融危机。在危机期间，欧洲央行、瑞士央行和日本央行都参与了货币互换，并在英国脱欧等特殊时期加强了这种安排。

由此可见，国际储备和国际清偿力的共同之处在于都能发挥对外支付功能，其区别为：一是国际清偿力内涵范围大于国际储备；二是国际储备是现实的短期的对外支付能力，国际清偿力则反映了一国潜在的长期的对外支付能力，更是该国对外资信、综合国力、国际地位的重要标志；三是国际储备是一国官方可以无条件动用的对外支付手段，而部分国际清偿力则可能是有条件获得和使用的外汇资金。一般发达国家的国际清偿力比发展中国家强，但其国际储备不一定比发展中国家多，因为发达国家在需要时相对更容易获得国际储备。

2021 年 6 月清华大学国家金融研究院院长朱民在第十二届陆家嘴论坛上表示，过去几年里，我国已与全球范围内的 39 个国家（地区）央行签署了货币互换协议，货币互换协议的规模已经达到 3.47 万亿元人民币，人民币已经成为世界上最大的货币互换圈。另外，人民币贸易融资目前也已超越日本，位居全球第三，而贸易融资对货币使用量具有非常大的帮助。2007—2021 年我国与他国（地区）的货币互换协议如表 6-4 所示。

表 6-4　2007—2021 年我国与他国（地区）的货币互换协议

协议国家/地区	协议时间	协议金额（亿元人民币）	协议年限	备注
韩国	2008/12	1 800	3	2014/10 续约 3 年，3 600 亿元人民币
中国香港	2009/01	2 000	3	2017/11 续约 3 年，4 000 亿元人民币
马来西亚	2009/02	800	3	2012/02 续约 3 年，1 800 亿元人民币
白俄罗斯	2009/03	200	3	2015/05 续约 3 年，70 亿元人民币
印度尼西亚	2009/03	1 000	3	2018/11 续约 3 年，2 000 亿元人民币
阿根廷	2009/03	700	3	2017/07 续约 3 年
冰岛	2010/06	35	3	2016/12 续约 3 年
新加坡	2010/07	1 500	3	
新西兰	2011/04	250	3	2017/05 续约 3 年
乌兹别克斯坦	2011/04	7	3	
蒙古	2011/05	50	3	2017/08 续约 3 年，150 亿元人民币
哈萨克斯坦	2011/06	70	3	
泰国	2011/12	700	3	2018/07 续约 3 年
巴基斯坦	2011/12	100	3	2018/05 续约 3 年，200 亿元人民币
阿联酋	2012/01	350	3	
土耳其	2012/02	100	3	
澳大利亚	2012/03	2 000	3	2018/03 续约 3 年
乌克兰	2012/06	150	3	
巴西	2013/03	1 900	3	
英国	2013/06	2 000	3	2015/10 续约 3 年，3 500 亿元人民币
匈牙利	2013/09	100	3	2016/09 续约 3 年

（续表）

协议国家/地区	协议时间	协议金额（亿元人民币）	协议年限	备注
阿尔巴尼亚	2013/09	20	3	2018/04 续约 3 年
欧洲央行	2013/10	3 500	3	
瑞士	2014/07	1 500	3	2017/07 续约 3 年
斯里兰卡	2014/09	100	3	
俄罗斯	2014/10	1 500	3	
卡塔尔	2014/11	350	3	
加拿大	2014/11	2 000	3	
日本	2018/10	2 000	3	2021/10 续约 3 年
尼日利亚	2018/04	150	3	
南非	2015/04	300	3	
摩洛哥	2016/05	100	3	
塞尔维亚	2016/06	15	3	
亚美尼亚	2015/03	10	3	
苏里南	2015/03	10	3	
埃及	2016/12	180	3	
清迈倡议国（日韩、东盟）	2007/05	1 200 亿美元	3	区域性货币互换网络，目前规模增至 2 400亿美元

资料来源：中国人民银行。

三、国际储备的作用

（一）满足对外支付，推动国际交往

国际储备，尤其是其中的外汇储备最直接的功能就是满足各国间对外货币支付的需要，主要包括一国的对外经济往来以及国内居民的需求，具体如进口采购生产资料和生活资料、偿还国际债务等。

（二）弥补国际收支逆差，平衡国际收支

在对外经济交往中，一国不可避免地会在某些时期发生国际收支逆差，如果这种国际收支逆差得不到及时纠正，会影响该国经济的稳步发展，而国际储备是弥补国际收支逆差的基本和首要手段。当国际收支逆差是偶发暂时性的，则可通过使用国际储备予以解决，而不必采取影响整个宏观经济的财政货币政策来调节；如果国际收支困难是长期的、巨额的、结构性的或根本性的，则国际储备可以起到一定的缓冲作用，它使政府有时间实施财政、货币调节或渐进地推进产业发展、经济环境政策，避免因猛烈的调节措施引发社会震荡。

（三）干预外汇市场，稳定本国货币汇率

国际储备可用于干预外汇市场，影响外汇供求，将汇率维持在一国政府所希望的水

平。在浮动汇率制度下，汇率的波动是经常的，汇率的频繁波动会严重影响有关国家的经济发展与稳定。因此，各国动用国际储备干预外汇市场就显得十分必要。通过出售国际储备购入本币，可使本国货币汇率上升；反之，通过购入国际储备抛出本币，可增加市场上本币的供应，从而使本国货币汇率下跌。由于各国货币金融当局持有的国际储备，总是有限的，因而外汇市场干预只能对汇率产生短期的影响。但是，由于汇率的波动在很多情况下是由短期因素引起的，故外汇市场干预仍能对稳定汇率乃至稳定整个宏观金融和经济秩序，起到积极作用。

（四）增强本币信誉，提升国际地位

一国持有国际储备的多少，体现了一国平衡国际收支、维持汇率稳定的实力。充足的国际储备，可以加强一国的资信，支持本币汇率的稳步上升，从而提升一国在国际经济中的地位。

第二节　国际储备供求

一、国际储备的供应

国际储备的供应和需求反映的是国际储备资产的来源和储备资产的运用问题。国际储备的供应可从两方面考虑。首先，从单个国家来说，其国际储备的来源，主要是通过本国国际收支顺差、货币金融当局的国外借款、外汇市场的干预（出售本币、购入外币）、国际货币基金组织分配的特别提款权、货币金融当局收购的黄金等渠道获得。其次，从全球的角度出发，国际储备的主要来源有黄金的产量、国际货币基金组织创设的特别提款权、储备货币发行国的货币输出。而国际储备供应研究的重点就在于国际储备的世界供应渠道，以满足各国正常、合理的国际储备需求。

（一）黄金产出（作为货币用途部分）

自 1493 年至 1978 年的 485 年间，全世界共生产了约 95 600 吨黄金，其中 84.5%是在 20 世纪生产的。黄金产量从 1945 年起逐年增长，到 1970 年，年产量已达到 1 288 吨（不包括苏联的产量，下同）。但从 1971 年起，产量即逐年下降，1974 年降至 1 003 吨。从 1975 年开始，更降到 1 000 吨以下。主要原因是金价定位不合理、黄金开采成本高、劳动力缺乏。在黄金产量下降的同时，世界对黄金的需求却有增长的趋势。目前工业用金不断增加，主要为首饰业、牙科、电子、装潢等行业，需求量占世界黄金市场供应量的最大比重。虽然，近年来黄金产量有所增长，但其增长量仍跟不上世界经济的增长。构成官方储备资产的黄金已经不再是当今国际储备的主要来源。以绝对数量计，国际货币基金组织成员国的黄金储备，在 1970 年是 10.6 亿盎司，到 1992 年 11 月月底下降到 9.3 亿盎司。在 1920 年至 1992 年的 22 年间，国际货币基金组织成员国数量增加了，但黄金储备反而减少了 1.3 亿盎司。2019 年世界黄金产量较 2018 年下降 1%，2020 年新冠肺炎疫情致使产量再次下降。截至 2021 年 1 月，世界黄金协会统计报告全球迄今开采出了约 19 万吨黄金，其中约五分之一成为各国央行的储备资产。1996—2021 年伦敦市场黄金美元价格如表 6-5 所示。

表 6-5　1996—2021 年伦敦市场黄金美元价格一览　　单位:美元/盎司

年份	最高价	最低价	平均价
1996	414.8	367.4	387.67
1997	366.55	283	330.99
1998	313.15	273.4	293.97
1999	325.5	252.8	278.46
2000	312.7	263.8	279.01
2001	293.25	255.95	271.08
2002	349.3	277.75	309.88
2003	416.25	319.9	363.57
2004	454.2	375	409.72
2005	536.5	411.1	444.74
2006	725	524.75	603.46
2007	841.1	608.4	695.39
2008	1 011.25	712.5	871.57
2009	1 212.5	812	972.35
2010	1 421	1 058	1 224.53
2011	1 895	1 319	1 571.52
2012	1 791.75	1 540	1 668.57
2013	1 693.75	1 192	1 411.23
2014	1 385	1 142	1 266.4
2015	1 295.75	1 049.4	1 160.06
2016	1 366.25	1 077	1 250.8
2017	1 346.25	1 151	1 257.12
2018	1 354.95	1 178.4	1 268.49
2019	1 546.1	1 269.5	1 392.6
2020	2 067.15	1 474.25	1 769.64
2021*	1 959.4	1 682.9	1 801.36

数据来源:黄金价格网。

注:* 2021 年数据根据 2021 年 1 月 1 日至 2021 年 12 月 17 日数据取得。

2011—2021 年黄金价格走势如图 6-2 所示。

(二)国际货币基金组织创设的特别提款权

特别提款权是以美元为中心的国际货币体系危机的产物。在这种体系下,由于其他国家货币不具备作为一种国际储备货币的必要条件,所以一旦爆发美元危机,国际货币基

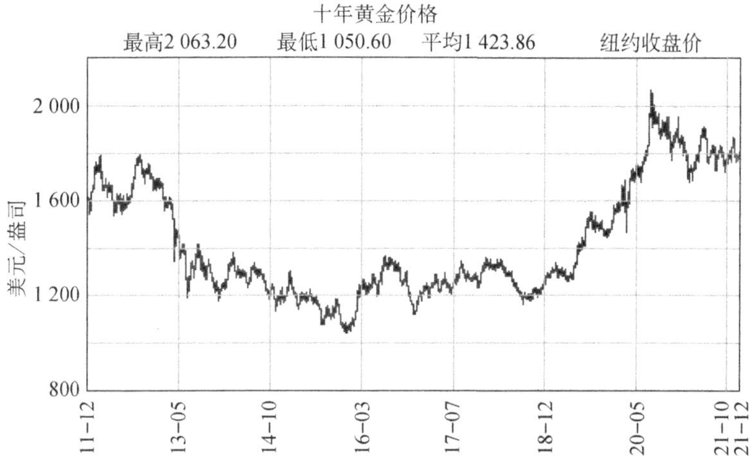

图 6-2 2011—2021 黄金价格走势

数据来源：www.kitco.cn。

金组织就必须提供补充的储备货币或流通手段以保证国际贸易持续高水平发展，否则，就会影响世界贸易的扩展。因此，国际货币基金组织在其 1969 年的年会上正式通过了十国集团提出的特别提款权方案，以补充黄金之不足，并作为补充现有储备资产的一种手段。迄今为止，国际货币基金组织多次对成员国分配 SDR，根据成员国的份额比例来进行分配。然而，SDR 的分配总额占西方世界储备资产总额的比重依然过低；而且分配极不均匀，工业发达国家分到的 SDR 较多，其中又以美国所占的比重最大，而发展中国家分到的 SDR 较少。其中第一期 1970—1972 年共三次向成员国分配 93.148 亿 SDR；第二期 1979—1981 年又分三次向成员国分配了 40.327 亿 SDR、40.33 亿 SDR 和 40.525 亿 SDR；第三期 1997 年向成员国分配 214 亿 SDR；最近一次完成的增加分配是 2009 年，因国际金融危机再次爆发，国际货币基金组织共向成员国分配了总额约 1 825 亿 SDR，在向全球经济体系提供流动性以及补充全球金融危机期间各成员国的官方储备中又一次发挥了关键作用。随着 2010 年 12 月国际货币基金组织通过份额和执董会改革决议方案，第十四次份额总检查结束，预期各成员国将尽最大努力于 2012 年 10 月完成拟议的增资。截至 2018 年 3 月，国际货币基金组织创造并向成员国分配了 2 041.58 亿 SDR（约 2 850 亿美元）。

2021 年 8 月 23 日国际货币基金组织总裁克里斯塔利娜·格奥尔基耶娃女士发表声明："约 6 500 亿美元的特别提款权（SDR）分配今天正式生效，这是有史以来规模最大的一次分配，本轮分配为全世界注入了一剂强心针，如果运用得当，将是应对这场空前危机的一个独特机会。SDR 分配将为全球经济体系提供额外的流动性，为各国补充外汇储备，降低其对成本更高的国内和外部债务的依赖。各国可以使用 SDR 分配提供的空间来支持其经济，并加强危机应对工作。"按照各国在 IMF 的份额比重，约 2 750 亿美元 SDR 将分配给新兴和发展中国家，其中低收入国家将分配到约 210 亿美元。为扩大本轮分配的好处，IMF 鼓励那些外部头寸强健的国家向最有需要的国家自愿转借部分 SDR。目前，一些成员国已承诺向 IMF 的“减贫与增长信托”转借 240 亿美元 SDR（包括其持有的 150 亿美元 SDR），该信托旨在向低收入国家提供优惠贷款。IMF 还在与成员国就新设“韧性与可持续性信托”的可能性进行沟通，该信托可以使用转借的 SDR 来帮助最脆弱的国家实施结构性转型，包括面临气候变化挑战的国家。同时，也存在转借 SDR 以支持多边开发银行贷款活动的可能。

历年 IMF 特别提款权分配情况如表 6-6 所示。

表 6-6　历年 IMF 特别提款权分配情况

时间	SDR 持有额	SDR 分配额
2021/12/23	668 582 943 411	668 582 943 411
2018/03/31	204 157 943 411	204 157 943 411
2017/12/31	204 157 943 411	204 157 943 411
2016/12/31	204 157 943 411	204 157 943 411
2015/12/31	204 090 679 885	204 090 679 885
2014/12/31	204 090 679 885	204 090 679 885
2013/12/31	204 090 679 885	204 090 679 885
2012/12/31	204 090 679 885	204 090 679 885
2011/12/31	203 985 273 773	203 985 273 773
2010/12/31	203 985 273 773	203 985 273 773
2009/12/31	203 983 585 060	203 983 585 060
2008/12/31	21 447 323 308	21 433 330 200
1997/12/31	21 508 223 319	21 433 330 200

数据来源：国际货币基金组织。

注：根据 2021 年 12 月的牌价 USD1＝SDR0.7145 估算最近一次新增 SDR 份额。

（三）储备货币发行国的货币输出

综观第二次世界大战后国际货币关系的发展可见，世界储备的主要来源是储备货币发行国通过国际收支逆差输出的货币。输出的货币一部分进入各国官方手中成为它们的外汇储备；另一部分进入国外银行业成为它们对储备货币发行国的债权。如果各国官方和银行机构未将储备货币发行国输出的货币直接存入发行国的银行，而是将它们存入国际金融市场，则通过国际银行业的辗转存贷和信用扩张，又可创造出部分派生储备。因此，储备货币发行国的货币输出是国际储备供应的中坚力量。

二、国际储备的需求

一国对于国际储备的需求源于国际储备所能发挥的职能。从历史来看，国际储备的职能是动态演变的，从满足基本交易需求向满足金融安全需求过渡，并最终向实现国家利益转变。大致上，国际储备需求可以划分为以下四个层次。

（一）交易性需求

交易性需求，即为了满足对外交易而产生的需求，包括维持正常进口、用于偿还外债本息以及外资企业利润汇出、国内居民赴外国求学旅游等方面的外汇需求。因此，一国的进口规模、贸易差额波动幅度、外债规模与其期限结构等影响着其对国际储备的需求量。

（二）预防性需求

预防性需求，即为了满足金融安全而产生的需求。一方面，随着一国经济持续发展，其国内生产经营与劳动力成本会随之上升，直接投资的盈利空间会受到挤压，国际资本的逐利本质将促使资本外流以寻求最佳投资，资本流入会出现减速或是逆转。另一方面，在开放的金融市场中，基于投机套利目的或是出现金融危机时，资本的大规模频繁跨国流动以及“资本急停”都会对一国的国内经济和金融稳定造成不可小觑的影响。有鉴于此，持有预防性储备非常必要。显然，一国金融市场的发达程度有助于提供较多的借入储备。

结合以上两个方面，恰好反映了国际收支的重要内容以及金融开放的客观结果。从国际收支角度来看，国际储备最主要的作用在于弥补逆差，平衡国际收支。国际收支逆差的规模，逆差的成因及性质，调节机制的作用效果和起效时间影响到储备需求的规模。从金融开放来看，无论是为了满足经济需要还是为了弥补逆差，一国可以通过向国际金融市场或金融机构筹措资金。借贷融资能力强弱亦影响到国际储备需求规模。

（三）保证性需求

保证性需求即为了应对突发事件，保证经济增长，增强对本国经济信心而持有储备的需求，一般包括应对重大或极端自然灾害事件，考虑特定国家或地区可能对本国采取的经贸、金融政策措施的影响、国家周边领土争端问题、局部战争威胁及武力封锁等国际区域不稳定因素影响下的外汇储备需求。

（四）管理性需求

管理性需求即指干预外汇市场调节和稳定本币汇率水平所必需的储备需求。

首先，国际储备需求与汇率制度灵活性呈负相关。在固定汇率制度下，一国为了维持既定的汇率水平，需要持有较多的国际储备。浮动汇率制下，由于政府没有维持既定汇率的义务，国际收支的调整也均由汇率的自发波动来进行，因此可以持有较少的国际储备。但从实际情况看，20 世纪 70 年代布雷顿森林体系崩溃，西方各国改行浮动汇率制度以来，国际储备量不仅没有减少，反而增长很快。这是因为西方各国实质上实行的是一种管理浮动汇率制度，在这种制度下，国际储备需求取决于当局外汇干预的程度。特别当发生国际金融危机，一国货币在金融市场上受到严重冲击时，拥有充分的国际储备对于守护本币稳定至关重要。

其次，国际储备需求还与国际货币合作情况有关。一国政府与外国货币当局或国际货币金融机构有良好的合作关系，签订有较多的互惠信贷和备用信贷协议，或在国际收支逆差时其他国家货币当局能协同干预外汇市场，则该国对自有储备的需求就较少，反之就增多。

最后，一国政府官方持有国际储备是有机会成本的，即国际储存于国外银行而放弃了使用这部分国外资源来增加投资、加快经济增长的机会。机会成本与国际储备需求呈负相关。同时持有国际储备会导致国内货币供应量增加、物价上升，这也构成了持有国际储备的另一种成本。因此，持有国际储备的相对(机会)成本越高，则国际储备的保有量就应越低。有鉴于此，一些国家包括中国在内，纷纷以一定的外汇储备建立了主权投资基金，在寻求流动性与收益性平衡的前提下，积极运作投资，以使国际储备资产保值、增值。

第三节　国际储备管理

一、国际储备的规模管理

(一) 国际储备适度水平概述

关于国际储备适度性的探讨，一些西方经济学家有过不少的论述，然而学者们的观点不尽相同，至今对国际储备需求适度性的释义并不统一。应该说，国际储备适度规模的研究同国际储备职能演变密切相关。

马克卢普提出所谓“衣柜效应”，认为一国货币当局对国际储备的需求犹如女士们对衣柜中时装的需求——多多益善，并本能地希望本国所持有的国际储备年复一年地增长，由此国际储备似乎是一个递增的独立变量。

弗莱明对国际储备适度性所作的定义是：如果国际储备库存量和增长率使国际储备的“缓解”程度最大化，则该国际储备存量和增长率就是最适度的。这种国际储备“缓解”程度是指一国金融当局相信运用国际储备融通国际收支逆差而无须采用支出转换政策、支出削减政策和向外借款融资政策。

海勒则认为，能使解决国际收支逆差所采取的支出转换、支出削减和向外借款融资政策的成本最小的国际储备量就是适度的国际储备需求水平。

巴洛针对谋求经济增长的发展中国家的国际储备适度性所作的定义是：在现有资源存量和国际储备水平既定的条件下，如果国际储备增长能促进经济增长率的最大化，则该国际储备的增长率就是适度的。

阿格沃尔对发展中国家适度国际储备所作的解释是：如果国际储备持有额能使发展中国家在既定的固定汇率上融通其在计划期内发生国际储备管理的预料之外的国际收支逆差，同时使该国持有国际储备的成本与收益相等，则该持有额为适度的。

上述观点各自从不同的侧面描述了最适度的国际储备量的概念，不过这些观点都有失偏颇。

(二) 确定国际储备适度量的参考指标

在长期实践中，人们通过计算研究发现一些特定的经济变量与国际储备的比例关系，可以作为可信的数据来引导确定适度的国际储备规模。此外，一些国际机构通过考察发现货币当局采取的某些特定举措，也可以作为确定国际储备量是否适度的参考指标，这些参考指标或措施包括以下几个方面。

1. 国际(外汇)储备/进口额

美国经济学家特里芬考察了两次世界大战之间以及第二次世界大战后的1950—1957年,世界上三四十个国家的外汇储备状况及外汇管制情况,由此在《黄金和美元危机》一书中提出:一国国际储备应与其进口额保持一定比例,具体以满足进口需求为标准,外汇储备约为该国年进口总额的20%～50%,最低应能支持至少3～4个月的进口需求。实施外汇管制的国家,因政府能有效地控制进口,故外汇储备可少一点,但不可以低于20%;不实施外汇管制的国家,外汇储备应多一点,但一般不超过50%。对大多数国家来讲,保持外汇储备占年进口总额的30%～40%是比较合理的。

这一指标简单易操作,已成为大多数国家确定国际储备适度量的重要参考指标之一。不过,这一参考指标属于经验法则,存在明显缺陷,事实上国际储备量受很多因素影响,其中包含许多变量,所以仅将进口额作为唯一的变量过于笼统和机械,有失偏颇。各国具体情况不同,所需储备水平也不同,以同一个指标施用于不同类型的国家是不适宜的。因此,各国可以其作为参考,再结合具体情况加以估算确定。

2. 国际储备与国民生产总值之比

国际储备与国民生产总值(GDP)的关系基本上呈正比。在当今世界经济发展以及国际分工条件下,经济规模越大,对外市场的依赖程度也相应增大,因而需要较多的国际储备作为保证;反之,需要的国际储备量就少。因为各国的经济发展程度不一,所以在世界各国中并没有关于国际储备与GDP之比的统一标准,只能由各国根据本国的经济发展情况找出两者的最适当比例。一般情况下,发达国家该比值较低,而发展中国家较高。

3. 国际储备和对外债务总额之比

20世纪80年代中期兴起了关于这一比例的理论观点。一国的国际储备与该国的外债总额的比率反映了一国的国际清偿能力和国际信誉。根据国际经验和惯例,这一比率应保持在30%～50%。低于30%说明一国的对外清偿力不足,可能出现债务危机;高于50%说明一国储备充足,具有更多进口和投资空间。

4. 国际储备和短期外债之比

这一指标衡量一国迅速处理对外债务的能力,该指标的国际警戒线为100%,若低于这一标准,则会打击投资者信心,引发资本外逃,甚至引发金融危机。

不过,国际储备与短期外债的比率过高的话,反映一国的国际储备规模过大或增长过快而并不适宜,国际储备可能缺乏有效的使用从而导致大量资源闲置并因此蒙受经济损失。

5. 国际(外汇)储备与广义货币之比

约翰逊等(1958)提出,国际收支是一种货币现象,国际收支逆差相当于国内货币供给过多,国际收支顺差相当于国内货币需求过多。本国货币需求减去货币供给等于官方储备的增减,因此,外汇储备与货币供应量应保持一个合适的比例。这一指标的经验值为25%。若指标偏高,反映由外汇储备产生的外汇占款越大,对一国的货币政策会产生扭曲效应。

(三)确定衡量适度国际储备量的方法与模型

20世纪60年代以来,西方学者对确定适度的国际储备(主要为外汇储备)规模提出了一系列具有代表性的方法，具体包括卡鲍尔提出的描述法，特里芬等提出的比例分析法，海勒和阿格沃尔提出的成本—收益分析法，货币主义提出的货币分析法，以及弗伦克尔等提出的函数分析法等。

1. 比例分析法

比例分析法是一种简单的测量国际储备需求量的方法。该分析法的特点是把储备与某一个或某些数量相比，得出一个比例结果。此结果就可以作为衡量国际储备是否适度的一个标准。比例分析法，除了典型的国际储备与进口的比例分析法外，还有以下两种：①结合进口支付和外债还本付息的比例分析法。②结合外商投资资金回流的综合比例分析法。该分析法考虑了外商直接投资资金汇出对国际储备的影响，是对上述两种比例分析法的补充。

利用比例分析法衡量国际储备的适度性简单易行，并且进口额与储备额的一元回归分析已证实两者之间存在的一种稳定关系，许多国家均采用这种分析方法来测算国际储备的适度性。然而，比例分析法过于简单，还存在不少缺陷。首先是变量太少，不能全面反映影响国际储备的综合因素；其次是将国际储备持有额和国际储备需求量等同起来，因而不能准确反映所必需持有的国际储备额。总之，比例分析法只能作为衡量国际储备需求水平的粗略指标，一国在测算国际储备适度化水平时，必须结合其他一些定性指标综合考核。

2. 成本—收益分析法

成本—收益分析法，是20世纪60年代以来西方一些学者用以研究适度外汇储备量的一种新方法。该分析法可以从全球的角度和一国的角度来分析外汇储备的适度水平，一般情况下常用于后者。该方法认为持有外汇储备的机会成本就是国内的投资收益。一国持有的外汇储备超过国家的需要，就意味着一部分投资和消费的牺牲。因此，一国的外汇储备需求由其持有外汇储备的边际成本和边际收益来决定。适度的外汇储备规模应该是持有外汇储备的边际成本和边际收益达到均衡时的数量。后来在这一理论基础上建立的海勒模型综合考察了以下诸因素：外汇储备变动平均数、持有外汇储备的机会成本、进口倾向、国际收支差额、逆差出现概率等。以哈马达、弗伦克尔为代表的缓冲存货模型对外汇储备规模适度性进行了重要发展。

3. 货币分析法

该分析法的主要论点是：国际收支不平衡本质上是一种货币现象，当国内货币供应量超过国内需求时，货币就会流向国外，从而引起国内现金余额的减少。由此推得，国际储备的需求主要取决于国内货币供应量的增减。该分析法在解释长期国际储备行为方面有些参考价值，但无法说明现实的国际储备水平。

4. 函数分析法

20世纪60年代后半期开始，一些西方经济学家广泛采用各种经济计量模型，对影响国际储备需求的各种因素进行回归与相关分析，构成国际储备需求函数，用以确定一国的国际储备需求量。其特点是系统考察影响国际储备的各因素及其对国际储备需求的作用力的大小。国际储备需求函数有三个模式：弗兰德斯模式、弗伦克尔模式和埃尤哈模式。

5. 预防需求分析法

随着金融危机、债务危机及货币危机的频发，外汇储备的预防功能愈发得到国际社会的重视。以本-巴萨特和格特里波(1992)为代表的预防需求分析随之成为主流。

6. 储备效用分析法

随着经济全球化发展以及经贸不平衡的加剧，新兴市场国家积累起大量的外汇储备。一方面持有巨额外汇储备导致较大的机会成本和社会成本；另一方面发生金融危机时伴生巨大福利的损失，对两者的权衡与考量往往使各国对确定适度外汇储备规模纠结不已。以吉恩和兰席尔(2006)为代表的效用最大化模型成为分析外汇储备适度规模的新方向。吉恩和兰席尔(2011)分析了小国开放经济中，当遭遇“资本急停”时，可能失去外部融资能力的代表性行为人特征与可行的应急措施。该模型已成为 IMF 评价外汇储备适度性的主流方法。

二、国际储备的结构管理

一国金融货币当局在寻求国际储备适度规模之外，如何持有和管理国际储备资产，外汇储备中币种如何分配，各类国际储备资产的比例与期限如何配置，国际储备资产如何组合及分散风险等问题，构成了国际储备资产结构管理的主要内容。

（一）流动性为先，兼顾安全与盈利

通常国际储备资产管理遵循安全性、流动性和盈利性三个原则。安全性，即要求储备资产存放可靠；流动性，亦即资产变现能力，即要求储备资产能够随时兑现，灵活调拨；盈利性，即要求储备资产能够有所收益，维持储备的保值、增值。首先，国际储备是一国能随时使用的干预性资产，是实现宏观均衡的重要砝码，因此，储备资产的流动性是应该遵守的首要原则。其次，国际储备作为价值贮藏，其本金的安全性受各国中央银行的密切关注。资产的安全性与流动性强，资产的风险就小，根据收益与风险成正比的投资定律，国际储备资产一般不会以承担高风险为代价去获取高收益。所以，在国际储备管理中，流动性和安全性比盈利性更加重要，对于储备资产盈利的追求就只能是退而求其次了。

安全性、流动性、盈利性这三个原则在实际管理中往往是相互排斥、相互矛盾的。一种管理措施或资产配置决策的实施往往有利于某一项原则，同时又有损于另一项原则。当然这三项原则之间也存在一致性。如就安全性和盈利性而言，资金的安全离不开资金的盈利。资金的安全是相对的，风险则是绝对的。当今国际金融市场风云变幻，难以捉摸，资金的风险是不可避免的。从某种角度来说，要保证资金安全就必须要有盈利，只有盈利才是弥补资金风险损失的真正来源，盈利可以保障和成就安全。由此可见，对国际储备的管理来说，在保证流动性和安全性的前提下，又要尽可能追求盈利性。

在一些学者的理论研究和某些金融货币当局(如英格兰银行)的国际储备资产管理实践中，根据流动性将国际储备资产划分为三个档次。

1. 一级储备或流动储备资产

它是指流动性非常高的资产，即活期存款和短期票据(如 90 天国库券)，平均期限为

3个月。

2.二级储备

它是指收益率高于一级储备，而流动性低于一级储备但流动性仍然较高的储备，如中期国库券，平均期限为2～5年。

3.收益率高但流动性低的储备资产

如长期公债和其他信誉良好的债券，平均期限为4～10年。

一国如何根据流动性需要安排其国际储备资产，确定三个档次资产的比例，需视各国的具体情况而定。大体来说，一国应当拥有足够的一级储备来满足国际储备的交易性需求。这部分国际储备随时可以动用，且能够充当日常干预外汇市场的手段。一旦满足这种交易性需要，货币当局就可以将剩余的国际储备资产主要在各种二级储备与高收益储备之间进行组合投资，以期在保持一定的流动性条件下获取尽可能高的预期收益率。

一国在安排国际储备资产的流动性结构中，还应将黄金、特别提款权和储备头寸考虑进去，以保持整个国际储备较优的流动性结构。从流动性程度来看，成员国在IMF的储备头寸随时可以用，类似于一级储备。特别提款权的使用尽管不附带限制条件，但必须向IMF申请，并由IMF安排接受特别提款权、提供可兑换外汇的国家，这一过程需要一定的时日，故可以将特别提款权视同二级储备。黄金资产管理通常被认为投机性最强，除非本国遭遇金融危机时期，一国当局往往只在其认为有利可图或是合适的价格水平上才愿出售黄金以换得所需要的储备货币。因此，黄金应列为高收益低流动的储备资产。(注：国际黄金市场发达，交易活跃，黄金的变现能力其实并不低；此处所谓黄金流动性低是与一国货币当局将黄金变现的意愿相关的)。

IMF发布的全球金融稳定报告以及各国近10年来的具体实践显示，全球官方储备成倍增长，国际储备资产管理者对安全资产需求更甚。巨额国际储备的累积部分联系着预警储蓄动机和金融危机后高风险规避特征。当前来看，安全的国际储备资产包括了政府债券、在其他央行和国际机构的存款以及黄金等形式。因2008年金融危机的出现，导致资产管理者对安全性的认知的改变，危机后商业银行存款显著下降；而自次贷危机起，国际储备管理者由黄金的净卖出者转变为净买入者。

(二)外汇储备分档管理

全球金融危机后，各国对外汇储备进行“分档”管理成为潮流。从外汇储备资产配置的目标和原则来看，必要(适度)储备和超额储备的管理显然要有所区别。在必要储备管理方面，安全性为要，风险厌恶程度较高，故选择投资相对安全的国债和机构债。全球金融危机后，世界经济前景更为叵测，避险需求持续高涨。在美元资产替代物有限的情况下，长期美国国债依旧将是资产配置的重点选择。而在超额储备管理方面，目标为更大的投资收益。因此，一国货币当局可以采取更为积极多样的投资策略，提高收益率较高的短期债券或是股权与其他投资比例，以使国际储备获得更多增值。外汇储备资产配置的目标和原则如表6-7所示。

表 6-7 外汇储备资产配置的目标和原则

类型	目标	原则
总体规模	基于金融安全和国家利益原则的保值、增值目标	保值、增值原则；金融安全与国家利益兼顾；币种结构选择与资产结构优化各有侧重、动态协调
适度储备	基于金融安全原则的保值为主、增值为辅的目标	金融安全为主、国家利益为辅原则；保值为主、增值为辅原则；稳健管理为主，积极管理为辅原则；流动性、安全性为主，收益性为辅原则；币种结构选择为主，资产结构优化为辅原则
超额储备	基于国家利益原则的增值为主、保值为辅的目标	国家利益为主、金融安全为辅原则；收益最大化原则；积极管理为主，稳健管理为辅原则；收益性为主，流动性、安全性为辅原则；资产结构优化为主，币种结构选择为辅原则

资料来源：陈伟忠和罗素梅(2012)。

（三）合理进行国际储备币种配置

由于国际储备的主体是外汇储备，在浮动汇率制下，各主要货币间汇率的波动造成了以不同货币持有国际储备资产的收益差异和不确定性。因此，国际储备资产币种管理显得尤为必要和紧迫。各种储备货币在一国外汇储备中所占比例的多少，取决于该国贸易结算货币的构成、外债货币的构成、充当外汇干预的货币构成。目前来说，美元在国际经贸金融活动中依然占据着主导地位，同时也是各国外汇储备中占比最大的储备货币。然而，美国经济贸易状况，源起于美国的次贷危机以及后危机时期的种种政策措施（如量化宽松货币政策）等对美元汇率的影响，直接导致了各国国际储备资产价值的波动甚至损失。有鉴于此，一国货币当局实行储备货币多样化组合，也可以避免国际储备币种单一、继而储备货币汇率波动对资产价值影响巨大的风险，使整个国际储备资产的购买力保持不变。

（四）合理实施国际储备资产结构与期限结构管理

除了币种结构需要合理配置，一国国际储备资产结构也要注意优化。其一是不同投资工具或产品，诸如存款、债券、股票、黄金等的选择。根据詹姆斯、托宾的投资组合选择理论，把各种相互独立的不同资产混合搭配进行投资所承担的风险，一般要低于投资于任何一种资产所承担的风险。因为一部分资产的亏损可以由另一部分资产的升值来抵冲，从而维持预期的收益率，或保证资产的价值不受亏损。其二是投资期限结构的安排。期限结构配置需要结合一国对外支付以及对外清偿债务的实际需要来进行。满足短期需要之外，大多数国家金融货币当局多数时候会将外汇储备作中长期投资。

（五）委托主权财富管理基金管理外汇资产

1997 年亚洲金融危机之后，许多国家（特别是新兴市场国家）开始重视外汇储备的积累以及国际储备资产的保值、增值。货币当局开始将更多的公共外汇资产委托给主权财富基金经营。据 2015 年粗略估计，全球已成立的财富基金的规模至少在 2 万亿～3 万亿美元，未来十年甚至有望达到 13 万亿美元，超过全球外汇储备存量。主权财富基金的快速增长，源于以下原因：其一，大宗商品价格上涨使得商品出口国获得的外汇资产膨胀。其二，许多新兴市场国家追求持久的货币账户盈余，导致国际储备积累远远超过纯粹的审慎需要。通过主权财富基金投资运作，可以将受到商品价格波动影响的、风险暴露过于集中的国际储备资产变为更趋平衡与分散的全球头寸，以保护未来代际收入，一国也能更好地将国际储备用于实现维护金融稳定的目标。但是需要注意到，央行持有和管理国际储备注重流动性和预警需求等原则，风险容忍度低，而且央行的国际储备管理策略可能受制于某些特定的货币政策指令。相反，主权财富基金管理投资更注重资产分散和高收益，更多运用投资组合管理。因此，需要处理好两种管理模式的关系。

第四节　中国的国际储备

一、中国国际储备及特点

（一）IMF 储备头寸、SDR 份额以及黄金储备有所提高但占国际储备比例依然很小

自 1980 年我国正式恢复了在国际货币基金组织和世界银行的合法席位以来，我国的国际储备资产同样是由黄金、外汇储备、在国际货币基金组织的储备头寸和特别提款权四个部分所构成。但由于我国在国际货币基金组织中所占份额较低，特别提款权和储备头寸的数额十分有限。截至 2011 年年底，我国在国际货币基金组织的份额为 3.72%，以同时期国际货币基金组织总份额 2 384 亿 SDR 计，我国持有的储备头寸和特别提款权约为 230 亿美元左右，仅占我国国际储备总额的极小比例。2009 年后，国际货币基金组织推动落实改革方案，新改革方案计划将特别提款权份额增加到 4 786 亿，据此方案我国的国际货币基金组织份额将提升至 6.39%，也不过只有 305.8 亿 SDR。2021 年 8 月 IMF 最新进行的大规模分配计划，将使我国的特别提款权份额有明显增长。

自 2013 年以来，中国一直是全球最大的黄金买家之一，我国央行以平均每月 40 吨的速度增加黄金储备，最近两年则基本维持黄金储备规模不变。根据 2021 年 9 月数据，中国官方目前拥有黄金储备 1 948.3 吨，排名世界第五。但是我国黄金储备仅相当于外汇储备的 2.4%。

（二）外汇储备总额突破 3 万亿美元

我国的国际储备以外汇储备为主，自新中国成立以来，外汇储备几乎从无到有，积少成多，经历了以下不同阶段。

自新中国成立至 1978 年改革开放，中国人民银行通过其下属的国外业务管理局（对外亦即中国银行总行，是一个机构、一套人员、两块牌子）对外汇储备实行集中管理、统一经营。1979 年 3 月国务院批准设立了国家外汇管理总局，赋予其储备管理职能，中国银行则与中国人民银行分离，成为外汇外贸专业银行，经过过渡，1982 年 8 月中国银行与国家外汇管理总局彻底分开。鉴于此特殊历史情况，我国官方的外汇储备在较长的一段历史时期组成较为特殊，一直是包括了中国银行的外汇结存在内的，IMF 对此给予了认同。1982 年年底，外汇储备达到 111.25 亿美元，突破百亿美元大关。从 1993 年起，国家外汇储备不再包括中国银行的外汇结存。1994 年起外汇体制改革，实行结售汇制度，所有外汇一律结售给中国人民银行，并建立银行间外汇交易市场。1996 年年底，我国外汇储备

达到 1 050 亿美元，用时 14 年突破千亿美元大关。再隔 10 年至 2006 年年底达到 10 663 亿美元，突破万亿美元大关，开始在世界各国中雄踞榜首。仅仅 3 年之后，外汇储备达到 23 991 亿美元，2014 年 3 月更是达到 3.95 万亿美元，逼近 4 万亿大关。截至 2021 年 12 月，我国外汇储备接近 3.22 万亿美元，依然高居全球榜首。我国外汇储备增长的规模傲视全球，增长速度可谓首屈一指。2011—2021 年我国外汇储备变化情况如表 6-8 和图 6-3 所示。

表 6-8 2011—2021 年我国外汇储备变化情况　　单位：亿美元

年/月	外汇储备额	年/月	外汇储备额
2011/12	31 811.48	2017/12	31 399.49
2012/12	33 115.89	2018/12	30 727.12
2013/12	38 213.15	2019/12	31 079.24
2014/12	38 430.18	2020/12	32 165.22
2015/12	33 303.62	2021/11	32 223.86
2016/12	30 105.17		

数据来源：国家外汇管理局历年统计数据。

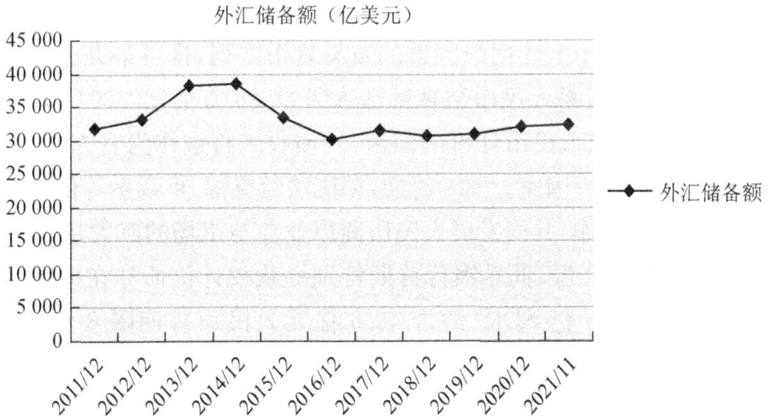

图 6-3 2011—2021 年我国外汇储备变化情况

数据来源：国家外汇管理局历年统计数据。

2021 年中国国际储备情况如表 6-9 所示。

表 6-9 2021 年中国国际储备情况

项目	2021.01		2021.11	
	亿美元 100 million USD	亿 SDR 100 million SDR	亿美元 100 million USD	亿 SDR 100 million SDR
1. 外汇储备	32 106.71	22 283.92	32 223.86	23 003.97

(续表)

项目	2021.01		2021.11	
	亿美元 100 million USD	亿 SDR 100 million SDR	亿美元 100 million USD	亿 SDR 100 million SDR
2. 基金组织储备头寸	107.69	74.74	106.98	76.37
3. 特别提款权	115.09	79.88	530.56	378.76
4. 黄金	1 167.55 6 264 万盎司	810.35 6 264 万盎司	1 130.34 6 264 万盎司	806.93 6 264 万盎司
5. 其他储备资产	−3.99	−2.77	−2.47	−1.76
合计	33 493.05	23 246.12	33 989.27	24 264.27

数据来源:国家外汇管理局 2021 年 11 月 30 日发布的报告。

注:自 2016 年 4 月 1 日起,除按美元公布官方储备资产外,增加以国际货币基金组织特别提款权公布相关数据,折算汇率来源于国际货币基金组织网站,其中 2021 年 1 月 USD/SDR＝0.694 058,2021 年 11 月 USD/SDR＝0.713 88。

(三)人民币加入特别提款权货币篮子

随着中国经济总量以及在全球贸易中的地位不断上升,国际市场对人民币的需求也相应上升,它已逐步成为区域性的硬通货,在中国与周边国家边境贸易和东南亚国家国际贸易中流通使用。2013 年 9 月,国际清算银行全球外汇市场成交量调查报告显示,人民币有史以来首次跻身世界十大使用最频繁的贸易货币之列,排位第九。根据央行公告数据,至 2016 年 3 月,跨境贸易人民币结算量已达到 25.26 万亿元。2014 年 10 月,英国政府宣布成功发行 30 亿元以人民币计价的国债,发债收入将被作为官方外汇储备,这是第一个发行人民币国债的西方国家。同一时期,德国法兰克福、卢森堡等传统国际金融中心亦纷纷表示了其与中国合作,共同发展人民币离岸业务与市场的巨大热情。2016 年 8 月 31 日,中国人民银行发布公告,世界银行首期特别提款权计价债券在中国银行间债券市场成功发行,发行规模为 5 亿 SDR(约合 46.6 亿元人民币),期限 3 年,结算货币为人民币。

国际货币基金组织 2011—2010 年根据当前世界各国的经济情况,分别对发达国家和新兴市场的货币国际化潜力作出了综合评估,中国人民币在经济总量、贸易网络、可投资性三个方面均达到国际货币要求,同时人民币是对全球资本市场贡献度排名前五的国家。IMF 执行董事会 2015 年 11 月 30 日批准,自 2016 年 10 月 1 日起,中国人民币将被认定为可自由使用的货币,并作为除美元、欧元、日元和英镑之外的第五种货币加入特别提款权货币篮子。执行董事会当时还决定,每种货币的权重分别为:美元 41.73%,欧元 30.93%,人民币 10.92%,日元 8.33%,英镑 8.09%。自 2016 年年底人民币加入特别提款权货币篮子以来,IMF 开始公布人民币在各国央行外汇储备货币当中的占比情况。2016 年四季度,人民币外汇储备持有规模为 7 883 亿美元,2017 年一季度该数字升至 8 263亿美元,两季度占比基本持平。

时任 IMF 总裁拉加德女士表示:"特别提款权货币篮子的扩大反映了全球经济的持

续演进，对于特别提款权、IMF、中国和国际货币体系都是一个重要的、历史性的里程碑。对 IMF 来说是一个重大的变化，因为这是自欧元采用以来第一次将一种货币增添到篮子中。人民币的加入反映了中国货币、外汇和金融体系改革取得的进展，并认可了中国在放开和改善其金融市场基础设施方面取得的成就。在具备适当保障的情况下，这些举措的继续和深化将使国际货币和金融体系更加强健，进而会对中国的增长和稳定以及全球经济提供支持。这一里程碑还反映了全球经济当前的发展变化。IMF 在这一过程中发挥着重要作用，人民币加入特别提款权货币篮子再次显示了 IMF 随时准备应对变化。"

人民币入篮有助于直接增加各国官方储备中的人民币数量，进一步扩大人民币在国际贸易、投资和金融中的使用，推动国际货币体系多元化改革。目前，人民币已经实现了与美元、欧元、英镑、日元、加拿大元、澳大利亚元、新西兰元的直接交易，基本涵盖重要货币与地区，并已成为全球第七大支付货币。除了中国内地，中国香港、新加坡、英国、美国是人民币支付的四大市场。未来随着国际货币体系改革的发展，中国推进建设人民币离岸市场，积极审慎实现资本账户开放，发展更为发达与完善的国内金融市场，加强与新兴经济体国家的多层次货币金融合作，以及稳步实现人民币国际化，人民币将在更多区域中充当贸易投资结算的国际货币，逐步成为更加普遍的储备货币。那么，我国的外汇储备规模与构成亦将随之发生相应的变化。

二、我国国际储备管理

近年来我国经济高速增长，是资本净流入国，与此同时我国连年贸易顺差，人民币升值压力颇大，对外投资也在逐步扩大，加上国内金融市场发展尚处于初级阶段，金融制度和管理不够健全完善。因此，保持经济稳定增长、国内金融稳定和对外金融开放，促进国际经贸与货币合作是重要而基本的任务。此任务与我国对国际储备的管理是相辅相成的。

（一）我国国际储备适度规模的确定

规模管理问题实为国际储备适度性问题。什么是适宜的储备规模？我们需要对中国国际储备需求因素进行分析。影响中国国际储备的一般因素具体可包括平衡国际收支差额、偿还外债、稳定经济及应付突发事件。影响中国国际储备持有量的特殊因素有人民币自由兑换、人民币离岸交易、货币互换协议等。所有这些因素的影响结果，不外乎是增持储备或者是减持储备。

1. 促使中国减少储备持有额的因素

(1) 通货膨胀。中国外汇储备占款在国家信贷资金运用总额中的绝对数额，仅次于发放贷款和财政占款，居第三位。储备持有过多，会在一定程度上引发通货膨胀。

(2) 闲置资源有待利用。近年来，中国经济一直保持着较高的增速，未来无论是为了加大进口与投资，进一步提升经济规模与质量，缓解贸易差额，还是鼓励刺激消费而"藏汇于民"，都意味着应当更加充分运用外汇储备。如果保持过多的外汇储备，必然导致高额的机会成本和资源闲置，而且由此导致的本币升值的压力和贸易摩擦也会损害实体经济。

2. 促使中国增加储备持有额的因素

(1) 国际收支调节因素。我国已多年保持贸易顺差,但是商品进出口结构还不尽合理,尤其是出口创汇产品多为低附加值加工品,拥有自主知识产权核心技术的高附加值产品有限,产品核心部件或是技术依赖国外,出口创汇多依赖廉价劳动力成本,甚至承受着环境污染严重的代价。与此同时,廉价的商品出口常常面临着更多的贸易摩擦和国外贸易保护惩罚措施等困境。一旦遭到报复、关税惩罚和技术设备封锁,出口商品价格被迫提高,甚至无法完成产品生产加工,便有可能使贸易差额逆转。此外,基于各种因素导致的资本急停、转移、外逃等,也会使资本项目发生逆转。要优化贸易结构需要长期努力。资本逐利而游走,这就决定了一方面我国贸易收支调整的速度比较慢;另一方面资本收支的调节手段并不丰富并且往往被动。再加上我国对外融资能力较差。因此,对国际收支发生逆转的可能必须有所预防和准备,必须持有足够的外汇储备应对国际收支逆差。

(2) 维持人民币汇率的稳定。历史向我们展示了种种经验和教训:一国汇率的稳定需要足够的国际储备来维护。1994 年人民币汇率并轨后,汇率稳中有升,这与我国拥有大量国际储备是分不开的。未来人民币还将经历资本项目开放与货币完全自由兑换的冲击,应对这样的情况,充足的国际储备必不可少。

(二) 我国国际储备结构的管理优化

国际储备的结构管理主要是要解决各储备资产间的比例结构问题。

国际储备中,黄金储备建议应该保持基本稳定并小幅缓慢增长为好。这是因为黄金本身价值较为稳定,在一定程度上可起到保值作用,尤其在危机时期,黄金始终被认为具有最终的支付手段的功能,一定量的黄金有利于维护和提高国家资信。但相对于外汇储备来说,黄金的流动性稍差,黄金用于国际支付时要经过出售变现,因此可能发生损失,况且黄金不能生息,保存黄金还要负担保管费用。因此,黄金不宜过多持有。1980 年,我国恢复在国际货币基金组织的合法席位后划出了 1 280 万盎司的黄金作为国际储备,1981 年又调减为 1 270 万盎司。鉴于 1997—1999 年和 2007—2009 年先后两次国际金融危机的影响,黄金作为具有实际价值的最后的结算支付手段的重要性及抗风险能力再次被重视。目前我国官方黄金储备为 1 842.6 吨,约为 3 389.38 万盎司。借鉴发达国家的储备管理实践做法和经验,未来当人民币真正成为普遍的国际储备货币时,或许我国可以减少其他外汇储备而持有相对更多的黄金。

在国际货币基金组织的储备头寸和国际货币基金组织分配的特别提款权这两部分在我国现有的国际储备中占比很小。由于其形成和来源具有特殊规定性,基于目前国际货币基金组织的运行规则,储备头寸和特别提款权在整个国际储备中占比并非全为我国所控制。因此,对它们的管理应集中在使用方面。国际货币基金组织的储备头寸,基本是用作偿还国际货币基金组织对我国的各类贷款,如国际货币基金组织的备用信贷和信托基金贷款。对于分配的特别提款权,基本将其用于缴纳我国在国际货币基金组织中不断增长的份额。

外汇储备历来是我国国际储备的重头,因此,外汇储备的管理亦成为我国国际储备管理的重点。对于外汇储备管理的基本原则包括以下内容。

1. 多元化的货币储备，以分散汇率变动风险

根据我国使用数据公布通用系统（general data dissemination system）向国际货币基金组织报送的数据显示，中国外汇储备包括外币存款、债券、债券回购、股权、同业拆放、外汇掉期、期权、货币互换等各种外汇资产，可归为货币和存款、有价证券和其他金融工具三大类。其中以美元计价持有的资产为主。假设外汇储备中欧元、日元和其他币种资产结构与美元资产构成相近，基于我国外汇储备总额，通过分析美国财政部国际资本流动报告（treasury international capital system，TIC）存量和流量数据，可以大致推测我国的外汇储备中约有95%的证券，2%的货币和存款，以及3%的其他金融工具。证券中90%为长期债券，1%的短期债券，以及9%的股权资产。美元资产在外汇储备总额中占到55%～60%。存款分布于他国央行、国际清算银行、国际货币基金组织以及外国同业。其他金融工具则包括了债券回购、同业拆放、外汇掉期、期权、货币互换及其他金融衍生产品。以上数据体现了我国外汇储备资产管理首重流动性和安全性目标，高收益资产比例低，风险容忍度低。目前还没有能更好地替代美国长期国债的资产，因此，一段时期内我国仍然会维持现有的投资方向和品种。目前也并没有明确的报告表明我国外汇储备是否实行分档管理。如前文所述，对适度储备和超额储备的流动性要求应该是不同的。在此基础上，对超额储备的管理可以考虑更多追求收益性。

2. 掌握储备货币比例

一是根据支付进口商品所需要的货币币种和数量，确定该货币在外汇储备中的比例；二是根据对外负债过程中遵循借、用、收、还货币一致性的原则，确定不同货币在外汇储备中的比例；三是根据外汇汇率的变化，随时调整储备货币的比例。此外，鉴于当前以及未来的经济、金融发展预测，首先，应从“增量”部分和“到期资产”调整部分着手，逐步降低美元资产在外汇储备资产中的权重。其次，我国一直是欧洲金融稳定基金发行的AAA债券的大买家，其中牵涉外交关系和利益，一定时期内想要摆脱或规避欧洲主权债务危机风险并不现实，因此不宜盲目减持欧元资产。最后，可适当增加日元储备比重，中日本就是重要的贸易伙伴，在不宜增持欧元的情况下，日元不失为一种选择。

3. 外汇储备与外债管理协同优化

当我国对外汇储备的流动性需求不那么强烈时，可以借鉴金融企业的资产负债管理（或称盈余管理）方法来管理外汇储备，即控制盈余下降的风险，从投资中赚取一定的收益；在承担必要的风险的同时，确保资产相对负债具有盈余。这一方法尤其适合外汇储备用于外债收支的管理。资产的市场价值减去负债的市场价值，所得即为经济盈余（economic surplus）。当市场利率发生变化，资产价值和负债价值都会随之变化。但是利率变化的净影响取决于资产相对于负债的利率敏感性。久期（duration）是衡量现金流对利率变动反应程度的指标，通过计算资产和负债久期，能够判断利率变动的净影响。研究表明，当资产久期大于负债久期，则利率下降时经济盈余会增加。因此，储备管理者可以通过计算储备资产（对外债权）和负债（对外债务）的久期，结合计价货币利率变动来掌握经济盈余情况，加强资产负债管理，追求资产增值和收益。当前美国已经结束了量化宽松的政策，但是其后续货币政策和美元利率的变动仍然存在不确定性。若其“财政悬崖”

(fiscal cliff)问题得不到很好解决，则美联储仍可能维持低利率政策不变；若实体经济复苏向好，则利率会随之走高，美国国债价值会下跌，而中国外汇储备投资的市场价值也会受影响。此外，中国的外汇储备在陷入主权债务危机的欧元区的投资也面临同样的问题。综上，外汇储备管理必须与外债管理协同优化，从而保障我国经济的稳定发展。

近年来，国内也有学者研究建议，以超额外汇储备支持战略物资储备，拓展储备投资类别，特别是战略资源投资，实现资源全球配置，积极参与建设东亚外汇储备库，或以过剩外汇储备充实我国养老金等。

总之，国际储备管理是我国经济、金融中历久弥新且十分重要的工作，尚需不断地研究与完善。

延伸阅读 6-1

国际货币基金组织特别提款权

一、特别提款权利率

特别提款权利率是计算国际货币基金组织的常规(非优惠)贷款向借款成员国收取的利息和向提供资金的成员国支付的利息的基础。对成员国特别提款权持有额支付的利息和对其特别提款权分配额收取的利息也是按此利率计算的。特别提款权利率每周确定，确定依据是特别提款权货币篮子的货币市场短期债务工具代表性利率的加权平均值。

二、向国际货币基金组织成员国分配特别提款权

根据《国际货币基金组织协定》(第十五条第 1 款和第十八条)规定，国际货币基金组织可以按成员国在国际货币基金组织份额的比例向其分配特别提款权。这种分配向每个成员国提供了一项无成本、无条件的国际储备资产。特别提款权机制是自我融资性的，对特别提款权分配收费，然后用取得的收费来支付持有特别提款权的利息。如果一个成员国不使用分配给它的特别提款权，那么收费就等于得到的利息。然而，如果一个成员国的特别提款权持有额超过其分配额，该国实际上就从超出部分获取利息；相反，如果一国持有的特别提款权少于分配额，该国就对不足部分支付利息。《国际货币基金组织协定》还允许撤销特别提款权，但这一条款从未使用过。《国际货币基金组织协定》还规定，可以指定某些类型的官方组织(如国际清算银行、欧洲中央银行和区域性开发银行)作为除国际货币基金组织成员国之外的其他持有方。指定持有方可以在与其他指定持有方和成员国的交易和操作中取得和使用特别提款权。国际货币基金组织不能向其自身或指定持有方分配特别提款权。

三、特别提款权的普遍分配

特别提款权的普遍分配必须以补充现有储备资产的长期全球需要为基础。关于普遍分配的决定最长可达五年连续基本期，尽管特别提款权普遍分配只进行了三次。第一次分配总额为 93 亿 SDR，在 1970—1972 年拨付。第二次分配为 121 亿 SDR，在 1979—1981 年拨付。2009 年 8 月 28 日进行了 1 612 亿 SDR 的第三次特别提款权分配。

另外，《国际货币基金组织协定》的第四次修订于 2009 年 8 月 10 日生效。根据这次

修订，进行了特别提款权的特别一次性分配，数额为215亿SDR。第四次修订旨在使国际货币基金组织所有成员国能在公平基础上参与特别提款权体系，并纠正这样一个事实，即1981年后加入国际货币基金组织的国家(占现有国际货币基金组织成员国数目的1/5以上)在2009年以前从未获得过特别提款权分配。2009年进行的特别提款权普遍分配和特别一次性分配使特别提款权累计分配总额达到2 041亿特别提款权。

四、买卖特别提款权

国际货币基金组织成员国经常需要购买特别提款权来偿还对国际货币基金组织的债务，或可能希望出售特别提款权来调整其储备构成。国际货币基金组织可以作为成员国和指定持有方之间的中介，确保特别提款权能够兑换成可自由使用的货币。20多年来，特别提款权市场一直通过自愿交易安排运作。在这种安排下，若干成员国和一个指定持有方在各自安排规定的限额下自愿购买或出售特别提款权。在2009年特别提款权分配后，自愿安排的数目和规模扩大，以确保自愿特别提款权市场继续保持流动性。目前，自愿交易安排的数目为32个，其中19个是2009年特别提款权分配后的新安排。自1987年9月以来，自愿交易保证了特别提款权的流动性。然而，如果自愿交易安排的容量不足，国际货币基金组织可以启动指定机制。在这一机制下，国际货币基金组织指定对外状况足够强健的成员国用可自由使用的货币从对外状况薄弱的成员国购买一定数额之内的特别提款权。这项安排作为后备支持，保证特别提款权的流动性和储备资产特征。

延伸阅读 6-2

各国国际储备管理体系比较

一、美国的储备管理体系

美元在国际货币体系中的特殊地位决定了美国并不需要持有大规模的储备资产，这是其他国家无法比拟的。

美国的储备管理体系由财政部和美联储共同进行，美国的国际金融政策实际上是由美国财政部负责制定的，美联储则负责国内货币政策的决策及执行。在外汇储备管理上，两者共同协作，以保持美国国际货币和金融政策的连续性。事实上，从1962年开始，财政部和美联储就开始相互协调对外汇市场的干预，具体的干预操作由纽约联储银行实施，它既是美联储的重要组成部分，也是美国财政部的代理人。从20世纪70年代后期开始，美国财政部拥有美国一半左右的外汇储备，而美联储掌握着另一半。

美国财政部主要通过外汇平准基金(the Exchange Stabilization Fund, ESF)来管理外汇储备。其管理过程是：①早在1934年，美国《黄金储备法》即规定财政部对ESF的资产有完全的支配权。目前ESF由三种资产构成，包括美元资产、外汇资产和特别提款权，其中外汇部分由纽约联储银行代理，主要用于在纽约外汇市场上投资于外国中央银行的存款和政府债券。②在特殊情况下ESF还可以与美联储进行货币的互换操作从而获得更多的可用的美元资产。此时，ESF在即期向美联储出售外汇，并在远期按照市场价格买回外汇。③ESF所有的操作都要经过美国财政部的许可，因为财政部负责制定和完善美国的国际货币和国际金融政策，包括外汇市场的干预政策。此外，美国《外汇稳定基金法》要求财政部每年向总统和国会就有关 ESF 的操作做报告，其中还包括财政部审计署对 ESF 的审计报告。

美联储主要通过联邦公开市场委员会(Federal Open Market Committee, FOMC)来管理外汇储备，并与美国财政部保持密切的合作。其管理过程是：①美联储通过纽约联储银行的联储公开市场账户经理(the Manager of the System Open Market Account)作为美国财政部和 FOMC 的代理人，主要在纽约外汇市场上进行外汇储备的交易。②美联储对外汇市场的干预操作的范围和方式随着国际货币体系的变化而变化。这可分为三个阶段，第一阶段是布雷顿森林体系时期，联储更多的是关注黄金市场上美元能否维持平价，而不是外汇市场。第二阶段是 1971 年之后，浮动汇率制度开始形成，美联储开始积极干预外汇市场，当时的主要手段是和其他国家央行的货币进行互换。第三阶段是 1985 年"广场协议"之后，美联储对外汇市场的干预很少使用货币互换，而是采取直接购买美元或外汇的方式进行。

二、欧元区的储备管理体系

欧元区的储备管理体系由欧洲中央银行系统(European System of Central Banks, ESCB)负责。ESCB 成立于 1998 年，由欧洲中央银行(ECB，1998 年成立)和欧盟各成员国中央银行组成，ESCB 中的 ECB 和欧元区各成员国中央银行又构成欧元系统(Eurosystem)，其中 ECB 扮演着决策者的角色。ECB 和欧元区各成员国的中央银行都持有并管理外汇储备。

ECB 主要通过制定战略性投资决策来进行储备管理。ECB 管理外汇储备的目标是保持外汇储备的流动性和安全性，以满足干预外汇市场的需要。在此基础上追求储备资产价值最大化的目标。其管理过程如下：①根据《欧洲中央银行系统法》的规定，各成员国中央银行向 ECB 转移的国际储备资产是由他们各自在 ECB 的资本所占的份额决定的，其中 15%以黄金的形式转移，85%以由美元和日元组成的外汇形式转移。ECB 可以要求成员国向其转移更多的外汇储备，但这些国际储备只能用于补充减少的国际储备，而不能用于增加原有的国际储备。②ECB 的外汇储备的管理体系主要分为两个层面，一是由 ECB 的决策机构制定战略性的投资决策，投资决策主要涉及外汇储备的货币结构、利率的风险与回报之间的平衡、信用风险、流动性要求。二是各成员国中央银行依此采取一致行动，对 ECB 的外汇储备进行管理。具体地说，ECB 的管理委员会(the Governing Council)根据未来操作需要决定 ECB 外汇储备的投资决策，ECB 告知各成员国中央银行后，各成员国中央银行通过相关的机构进行协同操作，ECB 再通过 Eurosystem 的交流网络接收欧元区各中央银行的交易信息，并对信息进行管理。③ECB 为储备管理定义了四个关键的参数。一是对每种储备货币定义了两个级别的投资基准，即战略性的基准与策略性的基准。战略性的基准由 ECB 管理委员会制定，主要反映 ECB 长期政策的需要以及对风险和回报的偏好；策略性的基准由 ECB 执行董事会(the Executive Board)制定，主要反映 ECB 在当前市场情况下对中短期风险和回报的偏好。二是风险收益相对于投资基准的允许偏离程度，以及相关的纠偏措施。三是储备交易的操作机构与可投资的证券。

四是对信用风险暴露的限制。ECB 并不公布上述四个方面的参数细节，以避免对金融市场不必要的影响。

欧元区各成员国中央银行主要通过实施和 ECB 储备战略一致的策略性投资，以及对自有储备独立决策来实施储备管理。其管理过程如下：①根据《欧洲中央银行系统法》第三十一条的规定，如果各成员国中央银行在国际金融市场上的投资操作对于其汇率或国内的流动性状况影响，有可能超过 ECB 指导原则所规定的范围时，这种交易要得到 ECB 的许可，以保证 ECB 汇率政策和货币政策能够保持连续性。除此以外，各成员国中央银行在国际金融市场上的外汇投资操作或者为了履行其在 BIS、IMF 等国际组织中的义务所进行的操作，都不需要先得到 ECB 的许可。②各成员国中央银行持有并自主管理没有转移给 ECB 的国际储备。自从 ECB 开始对外汇市场进行干预以来，各成员国的中央银行不必再制定有关外汇干预的目标，而只是制定执行策略。以法国央行储备管理的执行策略为例，该过程可分为四个层次，一是设立资产负债委员会，决定长期和中期的储备投资目标。该委员会由法国央行行长、储备管理总经理、中台负责人、预算部门负责人组成，会议每年召开一到两次。储备资金被分为投资组合（实现央行长期目的，以成本法计算风险收益）和交易组合（实现央行流动性需求，以重估市价法计算风险收益）。二是设立风险委员会负责授权投资行为和控制风险敞口，该委员会由风险管理部门负责人和后台部门负责人组成。需管理的风险既涉及市场风险和信用风险，也包括操作风险。风险委员会会议每季度召开一次。三是由投资委员会负责制定短期投资策略。投资委员会由储备管理总经理、投资经理、中台负责人、两个法国央行的经济学家组成，会议每月召开一次。四是由投资经理具体负责执行投资组合的经营。

三、日本的储备管理体系

日本的储备管理体系由财务省负责，根据日本《外汇及对外贸易法》的规定，财务大臣为了维持日元汇率的稳定，可以对外汇市场采取各种必要的干预措施。而日本银行根据《日本银行法》的规定，作为政府的银行，在财务大臣认为有必要采取行动干预外汇市场时，按照财务省的指示，进行实际的外汇干预操作。

日本财务省主要通过存放于日本银行的外汇资产特别账户进行储备管理。根据日本财务省 2005 年 4 月 4 日所提出的指导意见，日本银行对外汇储备的管理主要遵循财务省决定的以下一些框架执行：①目标。以维持日元汇率稳定为目标，保障有足够流动性的外汇储备用于维持日元汇率的外汇买卖。②原则。保持外汇资产的安全性和流动性为首要目标，在此基础上，追求有可能的盈利。消除金融外汇市场上的不良波动，有必要时与国外相关货币当局紧密合作。③储备构成。外汇资产主要由流动性强的国债、政府机关债券、国际金融机构债券、资产担保债券以及在各国中央银行的存款、国内外信用等级高且偿还能力强的金融机构的存款构成。④风险管理。对储备资产的信用风险、流动性风险和利率风险，以内部模型法进行严格的风险控制。

日本银行主要通过金融市场局的外汇平衡操作担当，以及国际局的后援担当两个部门来实施外汇市场干预。其中外汇平衡担当负责外汇市场分析及决策建议，并经财务省批准；而后援担当则负责在财务省做出决定后，进行实际的外汇交易。其管理过程是：

①日本银行的外汇市场介入操作通常在东京外汇市场上进行。但东京外汇市场收市后，外汇交易在欧洲市场、美国纽约市场上仍可连续进行，所需资金均从外汇资金特别账户划拨。当需要卖出外汇时，日本银行主要通过在外汇市场上出售外汇资产特别账户中的外汇资产来实现。当需要买进外汇时，所需要的日元资金主要通过发行政府短期证券(FB)来筹集。如果有必要，日本银行也可向国外的货币局提出委托介入请求，介入资金、手段等都仍由财务省决定。②外汇平衡操作担当与外汇交易经纪商等市场参与者、日本银行国外分行以及外国中央银行保持密切的联系。除此之外，外汇平衡操作担当还建立了以监测汇率为中心，同时对外债、外国股票市场、商品市场的变化等进行研究，外汇平衡操作担当将有关金融经济形势报告向日本银行政策委员会报告，同时还需每天向财务省负责外汇市场干预的国际局外汇市场课报告。③财务省在此基础上，对是否干预外汇市场做出决定，在干预外汇市场的决定做出以后，实际操作工作由日本银行国际局后援担当负责，另外，对外汇储备的投资的实际操作也由后援担当进行。

四、英国的储备管理体系

英国的储备管理体系由财政部负责，英格兰银行只负责日常的管理。英国财政部主要通过设置交易平衡账户(the Exchange Equalisation Account，EEA)来实施储备管理战略。其管理过程是：①早在1931年金本位制度瓦解以后，英国的外汇储备和黄金储备转移到英国财政部。1932年设立了EEA，该账户中的储备即构成英国的外汇储备，英国政府对外汇市场的任何干预活动都必须通过该账户进行，该账户还为政府部门和机构提供外汇服务。②由于《交易平衡账户法》不允许EEA对外借款，因此，英国政府通过国家贷款基金(the National Loans Fund)来发行外债，以补充EEA中的外汇储备。③财政部对于外汇储备的管理主要在战略层面上，它决定是否需要干预外汇市场，但并不参与实际的市场操作。而英格兰银行的储备管理则是策略性的，需参与实际的市场操作和日常的管理，它扮演着类似财政部代理的角色。④英国财政部每年对外汇储备的管理提出指导意见。指导意见的主要内容包括：储备投资的基准回报及可容忍的偏差，包括储备的资产构成、货币构成、投资回报率等；出台控制信用风险和市场风险的框架；规定国家贷款基金的借款项目框架等。

英格兰银行根据财政部的储备战略进行储备管理，其管理过程和国际跨国银行并无明显差异。①英格兰银行管理官方储备的目标是保持储备的流动性与安全性，并在此基础上实现利润的最大化。②英格兰银行每年和财政部共同协商，决定财政部指导意见中的投资基准回报。这个基准主要是根据过去的风险和收益，以及贸易、干预外汇市场可能需要的货币种类等因素来决定，并在交易平衡账户的年报中予以公布。③英格兰银行每六个月在有交易平衡账户专员(EEA Accounting Officer)、现任财政部宏观政策与国际金融管理委员(HMT's Managing Director for Macroeconomic Policy and International Finance)、英国银行市场执行董事，以及其他政府官员代表参加的会议上，对投资的表现进行回顾，并对有关储备的策略加以讨论。④英格兰银行每季度通过内部审计部门对储备管理的有效性和充足性出具独立意见，并由审计部门的负责人向执行董事汇报。执行董事再将审计的相关内容向交易平衡账户专员报告。另外，英国国家审计署每年要对交易平衡账户进行外部审计。⑤英格兰银行每月在由财政部债务与储备管理部(HMT's Debt and Reserves Management Team)召开的会议上向其报告有关投资的表现。此外,英国银行还定期对交易平衡账户的市场风险进行压力测试,以检测该账户的资产对潜在的各种市场变动的抗风险性,以及可能的损失。信用风险的控制由英国银行的内部信用风险咨询委员会(Internal Credit Risk Advisory Committee)负责。⑥值得注意的是,除了代理财政部对外汇储备进行日常管理以外,英格兰银行自身也持有外汇资产。这并不属于英国政府的外汇储备,而是英格兰银行自身用于干预外汇市场以支持其独立的货币政策之需。

五、美欧英日储备管理体系的比较

第一,各主要经济体普遍采用双层次的储备管理体系,其中,英美和日本的储备管理体系中,财政部均处于主导和战略决策地位,中央银行处于执行和策略决策地位。即便在欧元区,ECB 和各成员国中央银行之间的关系也大致如此,战略决策和策略执行两者是适当分离的。这说明,一国的国际储备管理并不仅仅从优化中央银行资产负债表的角度来考察,而应该从国民财富账户的角度来考察。

第二,各主要经济体普遍将储备管理划给财政部。其中,美国的外汇储备由美联储和财政部各自持有一部分,并进行外汇市场的干预,但具体的操作由纽约联储银行代理。日本的外汇储备属财政部所有,由日本银行代理进行具体的操作。欧元区的外汇储备由 ECB 和各国中央银行共同持有,在 ECB 的统一目标下各自进行操作。英国银行和财政部都持有外汇资产,但是只把财政部所持有的外汇资产当作外汇储备,并由英国银行代理操作。

第三,各主要经济体对外汇储备的功能并无太高的期望。普遍地,中央银行持有外汇储备的目标被界定为平衡和干预外汇市场,在货币政策和汇率政策之间求得某种折中,并不像发展中国家那样强调储备的危机救助、增强银行体系稳健性等功能。美国、欧盟、日本、英国除了面临广大的海外市场外,其国内经济的情况也对国民经济的发展起着重要的作用,并不能为了维持汇率的稳定而放弃货币政策对国内经济宏观调控的作用。它们的货币政策由货币当局负责,而汇率政策由财政部负责(ECB 虽然既制定货币政策又管理外汇储备,但仍然追求两个政策目标)。因此,发达国家运用外汇储备对外汇市场进行干预时,都会采取相应的冲销措施来消除或减轻其对国内经济的影响,金融运行本身并不过分依赖外汇储备规模。

第四,各主要经济体的储备管理以高度流动性为基本要求,在其基础上才追求盈利性的目标,主要投资的资产都流动性很高,以满足当局对外汇市场随时干预的需要。

课后练习

1. 什么是国际储备?简述它与国际清偿力的联系与区别。
2. 影响一国国际储备需求的因素主要有哪些?
3. 通常用以确定适度储备规模的比例指标是哪三个?

4. 简述一国国际储备结构管理应遵循的原则。

5. 一国外汇储备中储备币种的选择要考虑哪些因素?

6. 试分析欧元的启动对全球外汇储备货币结构的影响。

7. 以我国国情和经济发展需要来看,如何确定适度的国际储备规模?

8. 试分析人民币成为SDR权重货币的意义及其在国际储备体系中的发展前景。

第七章 国际资本流动

随着世界经济一体化和金融全球化，资本可以从发达国家流向回报率高的国家和地区，而对于发展中国家，则期望国际资本以直接投资或者间接投资形式支持本国的经济发展。国际资本流动既有积极影响，也有消极影响，特别是近年来短期投机资本频繁跨境流动，对国际金融市场产生的影响也越来越大。

本章旨在介绍国际资本流动的主要类型、影响因素，以及我国在外资利用和对外投资等方面的主要特点，以了解国际资本流动的一般规律和发展趋势。

案例导入

2017年我国对"一带一路"沿线国家投资合作情况

2017年，我国企业共对"一带一路"沿线的59个国家非金融类直接投资143.6亿美元，同比下降1.2%，占同期总额的12%，较上年提升了3.5个百分点，主要投向新加坡、马来西亚、老挝、印度尼西亚、巴基斯坦、越南、俄罗斯、阿联酋、柬埔寨等国家。对"一带一路"沿线国家实施并购62起，投资额88亿美元，同比增长32.5%。中石油集团和中国华信投资28亿美元联合收购阿联酋阿布扎比石油公司12%股权为其中最大的项目。

对外承包工程方面，我国企业在"一带一路"沿线的61个国家新签对外承包工程项目合同 7 217 份，新签合同额 1 443.2 亿美元，占同期我国对外承包工程新签合同额的 54.4%，同比增长 14.5%；完成营业额 855.3 亿美元，占同期总额的 50.7%，同比增长 12.6%。

资料来源：商务部对外投资和经济合作司。

第一节 国际资本流动概述

一、国际资本流动的含义

国际资本流动是指资本从一个国家或地区向另一个国家或地区转移的过程，是资本要素在不同经济体和法律体系管辖范围之间的流动。随着全球经济联系的不断深化，各种跨境金融活动也越来越频繁，形式和层次也更加多样化，影响范围也不断扩大，并进一步推动了国际资本流动的发展。国际资本流动对于开放经济体和相关产业尤为重要，资本由富余国向稀缺国的流动，为东道国经济发展提供了支持。自20世纪90年代以来，国际资本流动的规模总体保持增长，期间受到1997年亚洲金融危机和2007年美国次贷危机的影响，增速有所放缓，此后继续保持增长的态势。

国际资本流动的性质是由其主体和载体所决定的。资本流动和商品交换的区别在于，前者是以资本工具作为载体，转让一定时间内的资本使用权，以实现输出方的政治或经济利益，但资本输出方仍然拥有该资本的所有权，而商品交换则涉及对所有权的转让。一般国际资本流动的主体为资本输出国与资本流入国的政府、各类企业、金融机构以及个人。而常见的资本表现形态主要有货币、有价证券、生产设备、劳动力、技术、专利等，以此为标准，可以认为国际资本流动就是以商品、技术和货币作为载体进行的资本要素跨境转移。

此外，本国国际资本流动的规模可以通过该国国际收支平衡表中的资本与金融账户进行统计。当国际资本流入本国时，将导致本国对外国的负债增加，或者本国在外国的资产减少；而当出现资本外流时，表现为本国在外国的资产增加，或者本国对外国的负债减少。并同时会影响经常项目和官方储备账户。

此外，也要注意国际资本流动与以下常见概念的区别与联系。

（一）国际资本流动与资金流动的关系

资金流动是指单向、无返程的货币性资金的转移，国际资金流动常来自国际收支中经常项目的交易，如进出口发生的一次性外汇收支金额，表现为商品的跨国流动，而货币资金作为交易媒介而被使用。

国际资本流动是资本要素的跨境转移，是完整的资本输出、收回投资本金和资本利得（如利息、投资利润）的双向性活动。一般表现为具有增值性的资本跨国流动。其结果反映在国际收支平衡表的资本与金融账户和经常账户之中。因此，可以根据是否具备可返还性区分这两个概念。

（二）国际资本流动与国内资本流动的关系

国际资本流动与国内资本流动主要是根据涉及的主体不同进行划分的。国际资本流动是资本输出国居民保留资本所有权，对非居民转让资本使用权的结果；而国内资本流动是居民之间的资本使用权的交换。

二、国际资本流动的特点

20世纪80年代以来，主要发达国家的金融监管逐步放宽，国际资本流动也显示出一些新的特点。

（一）国际资本流动总体规模大幅度上升，流动速度加快

国际资本流动总体规模大幅度上升，流动速度加快，与全球经济活动的联系日益密切。自20世纪70年代以来，在世界各国普遍放松金融管制的背景下，对国际资本流动的限制也大大放松，各国基于经济发展的目标，鼓励对外贸易以及资本输入输出，客观上促进了国际资本流动规模进一步扩大。而在此期间的国际资本流量增速则大大超出同期世界贸易量的增长速度。例如，20世纪90年代中期，东盟主要国家如马来西亚、印度尼西亚等资本净输入国，其国际收支呈现贸易逆差，但是同期资本流量超过贸易逆差的50%以上。此外，国际资本流动规模总体呈现长期持续增长的趋势。这种趋势独立于全球经济的周期性波动。例如，在20世纪70年代，主要发达国家经济进入衰退期，但国际资本流动并未受到明显影响，反而发生了以石油美元和离岸美元资本大规模流动为特点的跨境转移。

（二）国际资本流动的区域分布不均衡，形式有所改变

长期以来，国际资本流动主要经由发达国家输出或输入。20世纪40年代之前，国际资本流动主要发生在传统资本主义国家和其殖民地或附属国之间，如英国作为这个时期的资本输出国之一，主要对其殖民地附属国进行直接投资或长期贷款，其规模占发达国家资本输出总额的三成左右。第二次世界大战后，技术进步和国际分工导致原有格局发生重大变化，从发展中国家与发达国家之间进行的简单国际分工，逐渐向复杂、多层次的国际分工转变。而国际资本流动格局也从发达国家对发展中国家的单向流动转为发达国家之间、发展中国家和发达国家之间的多重方向交错流动为主。其中发达国家不仅是主要资本输出国，也是资本输入国，吸收了大多数国际直接投资。同时，发展中国家参与国际资本流动的程度也在逐渐上升，但其所占世界市场资本总额比率仍处于较低的水平。自20世纪70年代至今，发生过若干次国际金融危机，国际资本流动呈现危机前由发达国家向发展中国家流动，危机期间回流发达国家的特点。例如，布雷顿森林体系解体后，在20世纪70年代中后期，由于发达国家资本逃避监管以及发达国家处于低利率时期等因素，导致发达国家向发展中国家大量输出资本，如发达国家商业银行为拉美等国提供了大量低息浮动利率贷款。但此后，随着20世纪80年代美元升值和利率上行，以及国际债务危机的爆发，又导致了大量国际资本基于规避风险的考虑从发展中国家回流到发达国家。

而21世纪初至今，国际资本流动方向不断在新兴经济体和发达国家之间转换。在此期间，新兴经济体参与国际资本流动的程度不断提升，在国际资本流动中的角色也开始转换。20世纪80年代以来，部分新兴经济体受益于经济全球化和资本开放，其自身经济发展水平和对外开放程度不断提高，尤其是其货币当局放松了资本管制后，资本输出规模逐渐扩大，并逐步从资本净输入国变为资本净输出国。如新加坡、马来西亚、中国以及南美的巴西等国家，在经济快速增长时期逐步吸引了大量资本流入后，近年来逐渐通过直接和

间接投资方式对发展中国家甚至是发达国家输出资本。而发展中国家获得的来自外国直接投资的资本流入逐年下降。

自第二次世界大战结束后到20世纪80年代中期,国际资本流动以国际直接投资为主要形式,并一直集中于第二产业,此后国际资本流动的主要形式已经逐渐由直接投资向间接投资转换。此外,随着国际直接投资分布的产业结构发生了较大的变化,以第三产业和高新技术产业增加较快。同时由于主要经济体都采取了不同程度的货币宽松政策,以及整体较低的利率水平,导致金融资本进行跨境套利的活动越来越活跃,而产业资本利用各类金融工具实现对外购并和融资、导致间接投资规模和范围已经大大超过传统的直接投资。尤其是近20年以来,国际资本流动受到全球产业结构升级的影响,逐步从传统资源密集、劳动力密集产业为主向技术和知识密集型产业转移,并且凸显出由传统制造业转向新兴制造业和技术创新转移的趋势。

(三)国际资本流动周期缩短,出现了证券化和衍生品化趋势

国际资本流动周期缩短,出现了证券化和衍生品化趋势,并与金融危机存在密切联系。国际资本证券化是指国际资本流动的载体由各种有价证券(债券、股票等)逐步替代传统的银行贷款的进程。近年来,国际资本流动速度明显加快,周期也越来越短,而各种金融创新产品和金融衍生工具在国际资本流动中的使用频率也越来越高。衍生工具近年来保持着较高的增长速度,在国际资本流动中已经占有较大比重。

一般而言,国际资本流动可以通过外汇市场、信贷市场、证券市场以及衍生工具市场等国际金融市场实现。然而,经济全球化和国际金融市场一体化加速发展的背景下,许多国家采取了金融自由化、开放贸易资本市场的一系列措施,使得国际资本尤其是短期资本在全球范围内的流动速度加快,规模迅速扩大。而大量短期资本流动,投机性较强,并通过金融市场快速转移具有较强的短期冲击效应。如果东道国对短期资本的依赖程度过高,资本市场开放程度超越本国实际控制能力,金融机制不健全,在遭受金融危机时,投机性资本和避险资本率先逃离东道国,反而会加大短期国际资本的输出规模,对其金融市场产生较大冲击,并向实体经济传导。短期资本流动的增长极为迅速,其流动方向具有极大的可逆性,是构成20世纪90年代以来的一系列货币危机的重要因素。不过,国际资本流动是一种金融现象,并非导致金融危机的根本原因,只能作为引发金融危机的外因之一。

(四)私人资本逐渐取代官方资本成为国际资本流动的主要构成

按世界银行的划分标准,国际资本分为官方发展融资和外国私人资本两种形式,后者又可细分为外国直接投资、国际股权证券投资、外国商业银行贷款、发行国际债券等。

第二次世界大战后到20世纪70年代中期,主要由各国政府和国际金融机构发起的官方资本流动居主导地位。官方提供的优惠性和非优惠性资本,是发展中国家输入资本的主要形式。但自20世纪70年代中期开始,尽管官方发展融资总量还保持着增长趋势,但官方融资比重显著下降,其地位和作用大为削弱;而到了20世纪90年代,官方发展融资对发展中国家输送的规模逐年递减,成为国际资本流动构成中规模唯一持续下降的项目。而其主要原因是,大多数工业国家财政预算削减,来源受到限制;冷战结束后,加上发展中国家的战略地位和军事重要性也趋于下降,一些发达国家进而降低了发展援助。

外国私人资本在国际资本流动中的重要性不断提高,尤其是跨国公司主导的私人资本(包括债务和股本资金),既涉足外商直接投资,也通过跨国并购大量参与到间接投资活动中。在新贸易保护主义有所抬头的情况下,跨国公司为扩张国外新市场和拓展生产要素来源,不断对外输出资本;同时资本输入国政府也认识到吸引外来私人资本对本国经济发展的重要作用,因而相继实施较为优惠的吸引外资政策,并为外国直接投资提供更多便利,使得跨国公司在国际资本流动中比重上升较快。例如,世界银行的数字表明,20 世纪 90 年代以来,流入发展中国家的私人投资是国际金融机构、政府投资的 4 倍以上。目前,私人资本的流动已占全球资本流动的 3/4 左右。此外,由外国商业银行借款与发行国际债券和国际股权证券投资构成的流入发展中国家的国际私人资本流动也不断增多。

第二节　国际资本流动的类型

国际资本流动,通常被划分为长期资本流动和短期资本流动来考察。长、短期资本流动划分的期限标准通常为 1 年。就长期资本流动而言,主要包括国际直接投资、间接投资和国际信贷等方式。①

一、长期资本流动

长期资本流动是指发生在各国间的,期限在 1 年以上的资本流动,或者是未规定资本收回期限的资本流动。它包括直接投资、证券投资和国际信贷三种类型,其中跨国证券投资规模呈逐年上升的趋势。国际产业布局的调整和国际分工的变化是导致中长期国际资本流动的原因之一,加上各国比较优势差异,以及投资回报高低、生产要素分布不均、市场前景不同及政治性投资等的因素,导致了资本在国家或地区间的流动。由于国际长期资本流动的期限较长,资本流动规模在一定期间内比较稳定,使得流入国可以较长时间利用。

(一) 直接投资

直接投资是指外国投资者直接在资本输入国投资企业或机构,获得投资对象的全部或部分控制管理权,或直接投资新建企业,并获取收益的投资活动,是由资本输入国非居民进行的投资,是将他国资本直接用于本国的生产或经营的投资过程。

直接投资主要有以下三种类型:

(1) 创办新企业。包括设立分支机构,附属机构、子公司或多国资本共同在东道国设立合资、合营企业。这类直接投资往往不局限于货币形态资本的投资形式,还包括企业的管理和流程、生产技术、市场营销渠道、专利、权利商标等多种无形要素的投入。同时部分有形资产如矿产资源、厂房、土地、存货和机器设备也可以作为投资资本,以一定比例折价

① 但是,随着金融创新的不断发展,长期资本流动和短期资本流动也可以通过转换期限相互转换,同时,国际资本流动可以通过多种形式,多种金融工具进行,这使得仅仅根据使用的载体和实现过程难以对长期资本流动和短期资本流动进行区分。

入股。因此可以认为，国际直接投资改变了资源分配，实现了资本要素的跨国流动。

(2) 收购、兼并现有企业。直接投资也可以通过购买一国企业的股权，并达到一定的比例，以获得企业控制权。但在国际投资中，控股比例达到多少才可以认为直接控制该企业，没有统一的国际标准。按照国际货币基金组织的定义，直接投资企业是“直接投资者进行投资的公司型或非公司型企业，直接投资者是其他经济体的居民，拥有(公司型企业)的10%或10%以上的流通股或投票权，或拥有(非公司型企业)相应的股权或投票权。”其特点是投资者能够参与企业的经营管理和重要决策，并对该企业的部分资源有支配的权利。而美国规定，直接投资应控制外国企业10%以上股权，欧洲主要国家如英国、德国最低限度是20%，而中国[①]规定，外国投资者在并购后所设外商投资企业注册资本中的出资比例高于25%的，该企业享受外商投资企业待遇。

(3) 利润再投资。它是指国外投资者已经在东道国投资并获得利润的情况下，所获利润并不汇回，而是将投资利润的一部分或者全部作为保留利润，再次投入新企业或原投资企业。利润再投资方式目前占国际直接投资规模的40%左右。虽然这种投资并未导致东道国资本的实际流入或流出，但也视作直接投资的一种组成。特别是20世纪80年代以来，在某些政治风险大，或者对资本流出管制比较严格的国家，这种类型的直接投资非常普遍。

(二) 证券投资

证券投资也称为间接投资，是指在国际金融市场上购买中长期债券或者购买外国公司股票等有价证券的投资方式。一般所称的证券投资主要从投资者角度划分。证券投资的投资者一般是政府、企业和个人。融资方一般是政府、企业和国际金融机构，它们可以对外发行国际债券或股票。资本由购买他国有价证券的国家流出，并流入发行该有价证券的国家。股票作为股权凭证，没有到期期限，持有人既可以长期持有获得股息，也可以在股票市场上出售股票，换取流动性，因此，股票投资属于长期投资。债券投资是指投资者购买一年以上的中长期债务工具，持有期间可以获得发行人支付的利息，期满时可以收回本金，也属于长期投资。

证券投资的特点主要有三个：一是风险性和回报性。投资主体要承担风险，并获得利息、分红以及股息等回报，以及所持股份可能获得的二级市场溢价作为风险收益。但当股票投资方持有股份比例达到当地规定的直接控股比例时，则属于直接投资行为。二是东道国证券市场往往具有较好的开放度。投资者易于通过各种合法渠道投资该国有价证券。三是这种方式往往基于套利或者投机的目的而进行。

证券投资与直接投资的区别在于：证券投资方并非以获得被投资企业的实际控制和管理权为目的，所持股份未达到直接控股的比例。而直接投资方以获得对企业的经营管理权为目的，并承担被投资企业的盈亏。20世纪70年代后特别是80年代以来，证券投资在国际资本流动中的比例不断上升，资本流动证券化的趋势越来越明显。

---

① 《外国投资者并购境内企业暂行规定》商务部、国务院国有资产监督管理委员会、国家税务总局、国家工商行政管理总局、中国证券监督管理委员会、国家外汇管理局令2006年第10号。

（三）国际信贷

国际信贷是指各国政府、国际金融机构或国际银行对个人以外的非居民(包括外国政府、银行、企业等)提供的期限为一年以上的贷款。

国际信贷的特点主要有：①仅仅体现为货币性资本的流动；②提供贷款方不参与实际经营管理，也不并购东道国企业；③仅仅以信贷形式进行，贷款人不对提供贷款方发行债券或者股票；④提供贷款方收取利息及一定费用作为回报；⑤提供贷款方主要面临的是贷款方的违约风险，构成东道国的对外债务。

国际信贷主要包括政府贷款、国际金融机构贷款、国际商业银行贷款和贸易信贷。

(1) 政府贷款。政府贷款一般是由发达国家政府向发展中国家政府提供，有时也存在双边双向贷款，即两国政府机构之间的借贷。但也有少数混合型政府贷款，由政府机构和民间金融机构共同向东道国提供的混合贷款。政府贷款具有援助性质，提供方是以此作为交换条件，鼓励发展中国家多进口发达国家的商品，或者允许发达国家企业进入发展中国家进行直接投资等。此类贷款一般由借贷双方政府签订一项包括政府贷款、商业银行贷款和出口信贷在内的总协议，并由东道国政府承担还款责任。

政府贷款还款期限长，总体金额一般不大，但可享受优惠性低利率。通常分为限制性的贷款和无限制性贷款两种。限制性贷款附加条款一般包括进口指定商品、定向援助项目、要求借款国必须采取特定的经济政策、必须具备一定财政实力等。无限制性贷款则对资金用途不做限制。

(2) 国际金融机构贷款。国际金融机构的贷款主要来自国际货币基金组织、世界银行和其他区域性金融机构。国际金融机构贷款大多属于向国际金融机构内成员国政府提供的专项贷款，只能在特定项目中使用，申请条件比较严格。贷款本金只能逐步提取使用，并受到国际金融机构监督。作为优惠性援助贷款，提供方不以盈利为目的；同时，贷款使用期限长，贷款利率由资金来源以及借款国的经济水平确定，一般低于盈利性金融机构的贷款利率。

(3) 国际商业银行贷款。它是指一国的公司、银行或政府向他国商业银行借入中长期贷款。国际商业银行贷款不限定用途，借款人可以自由运用资金，而且贷款资金的数额也不受限制。但承贷银行为了控制风险，通常对于较大数额的跨国贷款采用辛迪加贷款(Syndicate loan，又称银团贷款)的形式，由一家银行牵头，多家银行共同参与，联合对同一借款人提供贷款，共同分担贷款风险。国际商业银行以盈利为目的，因此提供的贷款按照国际通行市场利率收取利息，高于政府贷款。此外，还要求借款人支付贷款安排、资金调拨和提取产生的相关费用。并且要对借款人信用进行审核，考察担保人的可靠性，因此，发展中国家获得此类贷款难度较大。

(4) 贸易信贷。常见于发达国家政府对本国商业银行提供一定的优惠性信贷政策，鼓励银行对与发展中国家有贸易往来的本国出口企业，或者鼓励银行直接对发展中国家的进口企业或银行提供中长期贷款，以扩大本国商品、技术向发展中国家出口。其目的是解决出口国企业的资金周转，或者是支持进口国企业支付货款的需要，构成进口国对外债务的一部分。

贸易信贷是跨国资本借贷活动，不涉及直接投资和企业经营活动，并不发生股权变更以及有价证券形式的投资活动。放贷银行主要收取一定利息和有关费用，而由于本国政府的介入和担保，违约风险较小。贸易信贷主要有以下特点：贷款限定只能用于购买提供贷款国的特定出口商品；出口国政府或政府信贷机构对贷款利率与国际市场利率的息差提供补贴后提供担保。

贸易信贷可以分为卖方信贷（sellers' credit）和买方信贷（buyers' credit）。卖方信贷由出口国银行向出口企业提供，出口企业进而允许外国进口企业按10%～20%的比例支付定金，余款以及利息以分期付款方式定期支付，分期收回的货款用于偿还银行贷款。

买方信贷由出口国银行直接对贸易对手国进口企业或者对方的进口银行提供贷款，用于支付货款。当双方签订合同后，进口企业仍然需要支付10%～20%的定金，双方银行也订立信贷协议，进口方银行承诺该项资金将贷给该进口企业，贷款到位后由进口企业支付货款。进口方银行则分期分批对出口方银行偿还贷款本息。因此，该贷款实际上转变成为国内贷款，最终由进口企业向进口方银行偿还。

二、短期资本流动

国际短期资本流动是指期限在1年或1年以内支付的资本流动。其主要载体是各种短期信用工具，包括活期存款、银行承兑汇票、银行大额可转让存单（CD）、短期政府债券等。目前，欧洲货币市场是流通量最大的国际短期资本流动市场。

（一）短期资本流动的主要特点

（1）流动形式多样化，载体形式较为复杂。短期资本流动既可以通过传统金融交易实现，也可以利用各种金融创新和衍生工具实现。

（2）短期资本流动工具在金融市场中易于转换为其他形式，对于短期利率、汇率反映比较敏感。

（3）可影响国内货币供给。短期资本流入直接转化为东道国货币供给的一部分，其流量变化会对一国的短期货币政策产生直接影响。

（4）短期资本流动工具期限短，流动速度快，可在短时间内大规模进出东道国资本市场。加上短期资本流动活动频繁，容易对东道国以及国际金融市场产生短期冲击，并导致巨大经济损失。

（5）短期资本流动出于避险、套利和投机等目的。因此，各种心理预期的变化会影响短期资本的流向。

（二）国际短期资本流动的类型

短期资本流动按其目的可分为贸易型资本流动、银行间跨境资本流动、套利型资本流动、避险型资本流动。

（1）贸易型资本流动是指国际贸易活动导致的跨境资本转移，主要体现为支付结算和短期贸易融资活动。具体来说，出口贸易外汇款项结算会导致资本从出口国或者贸易中转国向进口国转移；进口贸易项下的外汇支付结算，则会导致资本从进口国或者贸易中转国向出口国转移。此外，国际贸易中出口商给予进口商延期支付部分货款，或是出口国银行为进口商提供短期融资的做法，属于短期融资，实质上导致了资本流入进口国，并导致进口国的对外债务增加或债权减少。随着各国经济开放程度的提高和国际经济活动的多样化，贸易型资本流动在国际资本流动中的比重已经有所降低。

(2) 银行间跨境资本流动是指由各国银行由于银行业务往来进行的外汇资金划转。不同外汇银行之间、跨国银行总部与分支机构之间以及各分支机构之间，由于进行了跨金融交易和短期外汇资金的拆借，导致需要与他国银行进行外汇头寸的抛补和调拨，表现为银行同业往来的收付结算等活动，导致银行资本在不同国家之间流动。

(3) 套利型资本流动是指由于金融创新和金融全球化等因素的影响，投资者可以利用不同金融市场的汇差、利差，各种金融资产、贵金属和大宗商品的短期价格波动，进行投机，从中谋取利润而引起的短期资本流动。一般体现为套汇与套利交易。投机性资本流动现已成为国际短期资本流动中最主要、最有影响的资本流动。这种投机资本的流动会增加一国汇率的不稳定性，加剧一国的国际收支逆差。

(4) 避险型资本流动又称保值性资本流动或资本逃避，是指短期资本的持有者为了回避国内政治动荡、经济状况恶化、国际收支持续逆差、货币贬值预期较强、外汇管制加强、相关税率提高以及资本活动受到限制等风险，保证资本安全或减少损失而将资本转移到相对稳定的国家的跨境资本转移。

第三节　国际资本流动的动因和影响

一、影响国际资本流动的因素

（一）影响国际资本流动的基本因素

1. 国际资本流动源自资本在不同国家之间合理配置的内在要求

如果从生产要素供求角度看待国际资本流动，可以认为国际资本流动的根本原因在于各国要素报酬差异。该差异驱使国际资本所有权留在国内，并向他国转让使用权，形成对外债权或股权，到期获得投资收益，而使用者所在国家则背负对外债务。该过程实质上导致了生产要素在不同国家的流动。尤其是第二次世界大战后，由于世界经济发展的不平衡，各国资本报酬率存在着差异，体现为资本富余国总体资本要素报酬率（以利率水平为代表）低于资本稀缺国。该差异导致了资本使用权让渡、资本的对外输送，以及资本使用权到期产生的资本回流。因此，国际资本流动的形成，是供给与需求不平衡的结果，客观上有利于资本的合理配置和有效使用，并增进了相关国家的经济福利。

就当前国际资本的流动格局来看，国际资本流动主要参与者多是发达国家和发展中国家。发达国家由于其经济发展水平高，拥有丰富的有形和无形资本优势，成为国际资本的主要提供方。发展中国家则存在着强烈的国际资本需求，这是由国民收入低下，国内储蓄难以满足经济发展、资源开发、技术引进所需要的资金等矛盾导致的，进而形成了对国际资本持续的需求。此外，较为活跃的国际投机资本（如对冲基金等），也是短期国际流动中投机性需求的典型例子。

2. 国际分工的不断深化

传统的国际分工以产业间分工为主。第二次世界大战前，国际直接投资主要以发达国家对不发达国家的投资为主，服从于发达国家制造业与殖民地国家资源采掘业之间的分工。第二次世界大战后，随着以跨国公司为主体的国际直接投资迅速发展，技术创新和经济活动的不断延伸，跨国公司为代表的产业内部分工已经开始成为主流。在制造业全球化、一体化的趋势下，出现了多国参与国际分工的格局，导致全球直接投资规模不断扩大，并呈现货币资本、技术资本多种形式相结合的国际资本流动，流动速度也不断加快，影响范围也越来越大。

（二）影响国际资本流动的短期因素

在主要因素之外，国际资本流动方向、规模以及周期还受到一国经济政策变化、政治和经济风险、通货膨胀压力和财政赤字、利率和汇率等因素的影响。

1. 经济政策的变化

各国政府为了保持本国经济稳定和协调发展所制定的经济政策，对国际资本流动的影响很大。发展中国家为发展本国经济，解决国内资金短缺的困难、政府会倾向于制定吸引外资的优惠政策。再加上财政货币政策、外汇管制政策的调整方向以及对外开放的程度等，这些政策都直接或间接地影响着国际资本流动的规模和方向。例如，国际收支出现逆差时，政府可能制定鼓励性外资政策，放松对外资引入的限制，以暂时改善国际收支状况，进而导致短期内出现较大外资流入；当东道国经济发展到一定水平，需要开放资本市场时，政府往往逐步推行金融自由化政策，并减少政府干预，进而导致较为频繁的资本双向流动，体现为流动规模不断增大。而当各国经济不景气，并开始实施资本管制等限制性政策时，该国资本流动规模则会大大缩小。

2. 政治和经济风险

虽然各国要素报酬率的差异是影响资本流动的根本原因，资本应当流向回报率更高的国家，但在现实中，资本在多数国家之间是双向流动的。这是由于不同国家在政治、经济风险上存在着较大差异。而投资者除了关心投资收益的高低外，也注重投资收益的稳定性。当各国都存在一定的系统性风险时，由于处于经济水平和周期不同，各国所实行的宏观经济政策也存在较大差异，各国风险的整体关联性并不高。而全球化投资可以将资本在单一国家面临的系统性风险转化成全球范围内的非系统性风险。因此国际资本在面临某国的系统性政治、经济危机时，为规避不确定的风险因素导致的损失，情愿放弃发展中国家较高的回报，转向回报较低，风险水平也较低的发达国家，同时也满足了多元化和分散投资于不同国家的风险管理策略，有助于进一步降低总体风险可能造成的损失，保障了投资回报的稳定性。一般情况下，国际资本流动必然反映了回报和规避风险的综合要求。由于以上两个因素难以达到长期平衡，国际资本供求出现阶段性不平衡，引发国际资本流动。

另外，发达国家一般非常重视对私人财产和知识产权的保护，极少发生没收外企资产的事件。这也是导致资本回流发达国家的因素之一。

3. 通货膨胀压力和财政赤字

当东道国面临比较严重的通货膨胀压力时，本国居民或者非居民为使资产保值，规避风险，会将本币资产转换为外币资产，比如对外投资固定资产或有价证券，进而导致资本外流。当东道国面临财政赤字时，往往会大量发行国债或对外借款，这会引发对政府增发货币或者增发新债代替旧债的预期，并加剧通货膨胀预期，因而也会产生资本外流的压力。

4. 利率

利率水平直接体现了各国资本市场的融资成本和风险溢价，引导着金融市场的收益率，并且作为资本回报率的重要参照，成为资本流动方向的中短期指标。各国经济发展的差异，反映为各国利率和金融资产的回报率差异，进而影响各国间的资本流动。短期逐利性资本一般会从低利率国家向高利率国家流动，但同时也会利用各种套保工具进行风险管理，直至利差消失，这种流动才会停止。

5. 汇率

汇率既反映了各国货币地位，也反映了一国的经济状况和未来预期。而货币升贬值预期以及其汇率稳定性则会对资本流动产生影响。一国货币若处于强势升值背景下，将直接导致该国货币计价的金融资产增值，因而其他弱势货币的持有者会将弱势货币转换为强势货币，导致资本跨境流入。[①] 此外，一国货币汇率稳定性差，波动频率和幅度较大时，会导致该国货币持有者将资本向汇率较为稳定的国家转移，以规避损失。

此外，汇率的波动也会直接影响该国对外贸易品的价格竞争力，导致贸易差额出现大幅波动，改变其经常账户收支，对外汇储备的结构和数量产生影响，从而引发资本流动。

6. 资源禀赋差异

资源禀赋主要指各国拥有的自然资源、劳动力、领先技术等资源。资源禀赋差异对于国际直接投资的流向具有重要的影响。发达国家进行资本输出的目的之一就是利用东道国丰富的自然资源以及廉价的劳动力。自20世纪70年代以来，随着技术进步和产业升级，国际资本流动不断通过直接投资渠道流入发达国家和新兴经济体，是因为这些国家培训了大量熟练的高级劳动力。发达国家劳动力成本虽高，但能够实现较高的劳动生产效率，满足了资本、技术密集型产业的需要。尤其是对于新兴产业资本投入的高新技术行业而言，发展中国家拥有的廉价的低级技能劳动力，规模庞大但缺乏竞争优势，不具备对现代制造业的吸引力。例如，自20世纪80年代以来，美国和日本制造业逐渐向东南亚、南美洲国家转移，但同期仍有大量资本投向发达国家，用于研发更具竞争力的技术和产品，以保持领先优势。

7. 基础设施和经济环境的差异

跨国企业为主导的长期资本流动，比较倾向于拥有较好的基础设施、较为完善的经济法律环境、较强的消费市场潜力等条件的东道国。例如，发达国家往往在交通设施、通信

---

① 如果金融资产转换或者不同币种的资产转换的机会成本超过转换后的回报，国际资本流动的动机则大大降低，甚至可能不再发生流动。

网络，以及水利电力系统等具有较大优势，不需要大量前期投入，改造成本低，项目所需建设周期较短。而且发达国家也拥有比较成熟和完备的金融体系和资本市场，有助于合作经营项目的国内融资，也有助于跨国企业利用股权收购兼并东道国竞争对手、扩大市场份额。此外，对于一些人口众多、消费市场空间巨大的发展中国家，也是直接投资的重要去向。跨国企业投入技术，派驻管理人员，直接在东道国授权生产制造相应品牌或商标的国际化商品，易于规避贸易壁垒，打入当地市场，已经成为发达国家和发展中国家进行双向投资的常见做法。

二、国际资本流动的影响

（一）长期资本流动的影响

1. 长期资本流动的积极影响

1）长期资本流动对输出国的积极影响

首先，实现了本国资本的充分利用和全球配置。资本输出国多为发达国家，实体企业面临着激烈的国内市场竞争。同时在国内资本相对充裕甚至是过剩的情况下，企业为了提高资本利用效率，获得较高的回报，因而客观上存在对外输出的需求。这使资本从富余国向稀缺国的流动，起到了优化配置的作用。

其次，有助于鼓励资本输出国的商品和服务出口。例如，贸易信贷常常附加定向采购输出国产品协议，有利于本国商品输出；直接投资和证券投资通过输出货币资本和专利、技术等无形资本，间接促进了本国商品输出，也推动了本国的经营管理人才的输出。

最后，有助于规避贸易保护。由于国内政治经济问题，不少国家通过各类贸易保护和制裁措施缓解国内压力。而通过直接投资或者间接投资进入东道国，则可以利用当地自然资源、劳动力，并输入技术和管理经验，通过合资合营的方式获得投资回报，从而使面临的贸易保护压力大大降低。

2）长期资本流动对输入国的积极影响

首先，长期资本流入可以缓解部分国家的资本稀缺压力，填补东道国的储蓄缺口，带动该国储蓄转化为投资，有利于促进国内资本的形成，同时吸收经济发展所需的外来技术，并提升生产效率，增加出口，提高国民收入和经济发展水平。

其次，输入资本往往流向东道国的优势产业，有利于当地产业的升级和扩大，并不断吸收新增劳动力，有助于东道国就业改善，并可以科学利用当地的自然资源。同时也有助于该国建设公共服务事业和发展社会经营资本。值得注意的是，资本输入国对外资的流入往往会进行政策引导，鼓励其进入高新技术和基础产业，避免其大量进入房地产和金融行业，引发金融地产泡沫。

2. 长期资本流动的不利影响

1）资本输出国面临主权国家违约风险

对于资本输出国而言，可能因债务国长期贷款本金或利息到期无法及时收回而承担损失，也存在因为东道国对外经济政策逆转，导致对东道国直接投资的企业或者项目遭受损失，丧失股权或者投资利润无法返回的可能。

2）资本输出国可能出现国内产业空心化以及财政压力

由于大量产业资本通过直接投资方式输出，导致国内产业部门向他国迁移，对内投资水平下降，进而影响到国内的就业；同时导致政府税收收入减少，可能导致财政赤字扩大。

3）资本输入国可能面临通货膨胀压力

资本流动形式不同，影响路径也有所不同。当外国资本以直接投资形式流入时，会导致该国的国内投资总量上升，投资活动趋向活跃，带动总需求，并向实体经济传导通货膨胀压力。当外国资本大量流入东道国证券市场时，可能推动该国金融资产价格不断上升，并通过财富效应刺激消费水平，引起物价上升和通货膨胀压力。

（三）短期资本流动的影响

1. 短期资本流动加速了全球金融市场一体化

在金融市场一体化的进程中，短期资本可以利用多样化的市场工具，快速进入东道国，高效率地为其提供利率和期限匹配的资源。此外，短期资本的跨境套利和避险型交易有助于消除不同金融中心之间的价格差异，进而缩小套利空间，并有助于实现各金融市场的趋同。

2. 短期资本流动会加剧国际收支的短期失衡，并加大短期汇率的波动幅度

当东道国出现短期内不可逆转的国际收支失衡时，短期资本的投机和避险型交易，会强化该国货币汇率的升贬值预期，并扩大汇率波动。同时，短期资本的大量流动也会导致原有的国际收支短期不平衡被强化。[①]

3. 短期资本流动会影响货币当局金融决策的独立性

由于短期资本流动具有较高的流动性和投机性，并且对宏观经济指标的短期变动比较敏感。一旦因某些宏观经济指标变化而引发大规模的资本流入流出，直接会对该国汇率产生冲击，进而会向金融市场和对外贸易传导，并导致货币当局不得不考虑调整短期货币政策，甚至改变中长期的经济政策，以应对短期冲击。此外，也可能导致利率、汇率水平不能反映和满足短期内正常的经济活动需要，并可能导致货币当局作出错误的决策。

第四节　中国的利用外资和对外投资

一、中国利用外资的现状以及特点

（一）中国利用外资的现状

中国自20世纪80年代推动经济改革和对外开放以来，推出了各类优惠性招商引资政策以及多个涉外经济法规，逐步建立并完善了以《中外合资经营企业法》《中外合作经营企业法》《外资企业法》为主的外商投资法律体系，为外资的进入提供了法律保障。此后，中国又在20世纪90年代末加入世界贸易组织，同时修订了外商投资产业的具体政策，进一步对外资开放了能源、农业、环境保护、交通设施、原材料、高新技术产业等领域。

① 出现可恢复性国际收支失衡的国家，有可能通过国际收支调节手段，恢复国际收支平衡，减少对汇率的影响。

改革开放至今，我国利用外资对国民经济提供了重要支持，并引入了大量经济发展所需的技术和设备，提高了本国企业的竞争实力和创新研发能力，增强了综合国力。

以商务部统计为例，我国自 2019 年以来吸收外资呈现四个特点：一是吸收外资规模再创历史新高。二是科学技术、信息软件等服务业增长较快。三是主要投资来源地的投资保持增长。四是外商投资质量效益表现良好。2019 年，中国新设外商投资企业 4.1 万家，实际使用外资金额 1 412.3 亿美元，再创历史新高，比上年增长 2.1%，规模居全球第 2 位。截至 2019 年 12 月，中国累计设立外商投资企业 1 001 635 家。其中，外资企业数量 586 795 家，占全部外商直接投资企业的 58.6%；中外合资企业 352 076 家，占比 35.2%；中外合作企业 61 089 家，占比 6.1%；外商投资股份制企业 1 048 家，占比 0.1%。截至 2019 年 12 月，中国累计实际使用外资金额达 22 904.7 亿美元。其中外资企业实际使用外资金额 14 274.1 亿美元，占全部实际使用外资金额的 62.3%；中外合资企业实际使用外资金额 5 645.5 亿美元，占比 24.6%；中外合作企业实际使用外资金额 1 127.5 亿美元，占比 4.9%。"一带一路"沿线国家对华投资企业数量增长也较快，实际投入外资金额 55.6 亿美元。2017 年 1～12 月，前十位国家/地区（以实际投入外资金额计）实际投入外资总额 1 246.1 亿美元，占全国实际使用外资金额的 95.1%，同比增长 5.2%。总体而言，2017 年对华投资居前的国家/地区（中国香港和中国台湾另列）主要有新加坡、韩国、日本、美国、荷兰、德国、英国、丹麦等国家。

（二）我国利用外资的主要形式

我国利用外资的渠道和形式大致分为 3 种：①外商直接投资，包括中外合资、合作企业、外商独资企业以及合作开发项目等；②外商其他投资，包括国际租赁、补偿贸易、加工装配以及对外发行股票等；③对外借款，包括外国政府、国际金融组织贷款以及外国商业银行贷款、出门信贷、对外发行债券。

1. 外商直接投资

外商直接投资是指外国投资者以货币资本或技术、专利、知识产权或者其他无形资本形式向我国企业投资。主要有以下三种类型：

(1) 合资经营企业[①]。它是指外方与中方创设中国境内经营企业，共同投入一定资本，共享企业股权的投资方式。该企业具有境内独立法人地位，中外双方各占有一定的比例。外方投入资本形式多为货币资本、生产设备、技术秘密、商标专利及特许权等，并折算为股权。中方则以场地、设施、能源和原材料供应等折算入股。双方一般按股份比例派出人员进入管理层，参与经营管理，并按此比例分配经营利润或分担损失。

(2) 合作经营企业。此种方式下，中外双方不进行股权合作，而是签订合作经营协议，明确双方的权利和义务，进而开展经营活动。外方提供资金、技术设备以及其他无形资本，但不占有被投资企业股权，中方通常提供生产经营所必需的场地设施和劳动力。双方按照合作协议确定利润分配的形式和比例。

合作经营企业不同于合资经营企业之处在于，合作经营企业可以不具备法人地位，投

① 所谓合资经营企业是指两个或两个以上合作者共同经营、分享利润、共担风险和亏损的企业。

资方式由合作协议确定，出资比例不会折算为股权。而合资经营企业应当具备独立法人地位。

(3) 外商独资企业。它是指外方单独出资在我国建立的企业。外国投资者依照中国相关法规条例申请建立独资企业。外方自行经营管理该企业，并自负盈亏，但必须按照外资企业税率纳税。

2. 国际信贷

在对外开放进程中，我国接受了大量国际信贷，用于经济建设，包括外国政府对我国提供的政府贷款和出口信贷，以及国际金融机构和商业银行提供的各种贷款。

首先是来自发达国家的出口信贷。出口信贷一方面是为了支持发达国家制造业产品出口，由该国政府提供贴息或贷款担保，鼓励其商业银行对该国出口商或中国进口商提供低息贷款，用于支付进口品货款，同时也满足了我国经济发展对先进设备的需求。

其次是来自外国政府的贷款。外国政府贷款由财政预算划拨，期限长、利率低，主要用于援助我国发展基础设施和某些特定项目，有助于提高我国基础工业生产能力以及经济实力。例如，日本政府在我国开放初期提供过官方发展援助(official development assistance)，其中既包括了无偿援助和技术援助，也包括有偿贷款。

再次是外国商业银行贷款。国际商业银行贷款由我国国有商业银行和金融机构与外国商业银行签订贷款协议取得贷款，专门用于满足国内特定项目的融资需求。贷款利率、期限没有限制，当融资金额较大时还可以通过辛迪加贷款方式加以解决。

最后是国际金融组织贷款。它是指国际货币基金组织、世界银行，以及区域性金融机构对我国提供的贷款。如从世界银行可以获得的长期贷款，利率定期按照国际市场利率水平浮动，常用于我国的能源、交通等基础设施建设。此外，亚洲开发银行也对我国提供过类似于世界银行的贷款。例如，1993 年我国与亚洲开发银行签订了协议，贷款金额达到 8 500 万美元，用于支持当时的上海杨浦大桥项目。

3. 对外发行有价证券

我国吸收间接投资的方式之一是对外国投资者发行有价证券。发行证券主要有两种方式：第一种是由中资金融机构、企业以举债人身份在国际资本市场发行中长期债券，用于支持国内项目券和外国债券，其目的在于筹集中长期的建设资金。不利之处在于发行程序复杂，利率较高。1982 年我国首次对外发行债券是由中国国际信托投资公司在日本发行规模 100 亿日元的债券。第二种是由国内企业对外国投资者发行以人民币表示面值的特种股票(简称 B 股)。B 股的二级市场交易分别在上海和深圳的交易所以美元和港元进行，外国投资人的股息红利、二级市场所得可以汇出中国，无外汇管制。这种方式有助于吸引更多的外国投资者，同时为国内企业提供了新的融资渠道。

4. 国际租赁

国际租赁是指资产所有人在一段时间内将设备使用权转移给他国承租人，承租人定期缴纳租金的经营方式。目前我国常见的国际租赁经营方式主要是杠杆租赁。由于国际租赁的标的物一般价格较高(如飞机、船舶等大型运输工具，也包括专用设备和设施)，为了降低前期购置费用，因此往往与相应的融资安排相结合。当承租人选定设备后，由金融机构提供贷款，租赁企业购入待租赁设备并取得所有权，与外国承租方签订协议，向承租方转让设备的使用权。在租赁期内由承租方将设备用于商业经营，由承租人将一部分经营所得向所有者支付租金，最终由所有者清偿贷款本息。由于涉及当事人处于不同国家，因此往往需要在协议中确定贷款、利息的计价货币、支付租金的计价货币以及对应的折算汇率。此外，经营租赁也较为常见。经营租赁是指由经营性公司购买折旧快、使用频率低的贵重设备，并转租他国承租人短期使用，由经营方负责维护设备。总体来说，国际租赁方式满足了我国对于使用先进设备的需要，虽然分期支付的租赁费用总和高于一次性购买该设备的费用，但是节约了直接进口设备产生的外汇支出，也降低了大型设备将来的升级换代成本，是比较适合我国的加工贸易行业和交通建筑行业的外资利用方式。

5. 三来一补

三来一补既是一种经济合作形式，也是利用外资的常见做法。“三来”是指来料、来件、来样，是我国加工制造企业接受国外进口企业的委托，利用进口原料、图纸、零部件、样品、生产技术或设备，为其生产装配指定式样、型号或者品牌的产品，供国外市场销售，并收取代工费用的做法。“一补”是指补偿贸易，即外国进口企业对我国以直接投资，设立生产基地，所生产的产品返还国外，用于补偿投资方的前期投资。三来一补方式降低了出口生产加工行业的前期设备和研发投入，并可以带动当地就业，充分利用自然资源和地理优势，是我国沿海地区常见的利用外资形式。

（三）现阶段中国利用外资的特点

(1) 利用外资的形式由外债为主转变为外商直接投资为主，直接投资规模逐步增加，投资布局趋向集团化、产业化、区域化。

(2) 外资进入行业呈现由低到高的特点，即从原来资源利用、劳动力密集行业向加工制造、研发的方向过渡，从传统制造业和消费品行业，向高新技术产业、新材料、新能源、互联网、通信、重化工业以及金融、服务行业延伸，呈现全面进入中国各个经济领域的态势。外商投资的分布也从最初集中在沿海开放省市转为向中西部地区辐射。

(3) 外资企业成为我国利用外资的重要主体，为我国经济做出了相当重要的贡献。外资企业在国内生产的出口品占比达到 50%左右，缴纳税收占比逐年上升。此外，外资企业还吸收了将近一成左右的城镇劳动力，并为中国企业提供了先进技术、管理经验以及示范效应。

（四）目前中国在外资利用中存在的问题

(1) 外资利用在产业结构和地区分布上不平衡。外资企业多以直接投资方式进行，由于逐利性较强，很少投资于投资金额大、周期长、回报率低的项目，因此，在其参与的产业结构中，多以劳动力密集、易于形成规模经济的产业为主。此外，在地区分布上看，主要集中在发达省区和沿海省市，较少投入到基础设施、交通和能源开发相对滞后的地区。而以政府为主体吸收的国际贷款虽然周期长，可以投入到基础产业和落后地区，但规模有限，限制条件较多，难以在短期内产生作用。

(2) 外商直接投资层次不高。外资企业基于国际分工以及保持母国竞争优势的考虑，大多投资于我国加工制造行业，以及部分有强制性技术引进和国产化要求的行业，如汽车制造业。但总体而言，对我国完整产业链进行投资的企业极少，在我国设立研发基地的企业不多，低水平的重复引进较多，导致对我国技术进步和产业升级的贡献比较有限。

(3) 外资利用仍然以直接投资作为主要形式，间接投资所占比重较低。由于我国有关资本市场法规和外汇管理条例的要求，导致跨国企业、风险投资基金、产业投资机构和金融机构投资我国的间接投资渠道有限，投入资本规模较小。

(4) 部分外资企业只享受招商引资优惠政策，但投入资金不到位，还存在着偷税漏税、提前抽回资本等现象。此外，部分外资企业实际上获得了远超过内资企业的“超国民”经济待遇，以至于部分国内企业在境外注册空壳公司，以外资企业身份在国内经营，以获得优越待遇。

(5) 随着我国资本市场的逐步开放，大量短期资本的流入加大了国际收支管理的难度，对我国金融市场的稳定性产生了一定影响。由于国际短期资本流入我国金融体系的比重不断上升，流动速度快，易于对我国国际收支中的资本与金融项目产生冲击，并可能引发我国房地产、证券市场的短期波动，进而产生系统性金融风险。

二、中国外资利用的发展趋势

首先，外资利用将向着优化效率、合理配置的方向发展，并加强与其他宏观政策的配合协调。在我国的对外开放不断深化的进程中，支持国内经济仍然是吸收外资的主要目标，同时将引导外资进入推动我国产业升级的主要方向，提高外资企业的引进层次和规模，鼓励其在境内建立配套产业链、研发基地，为我国经济转型和结构调整服务。

其次，中国政府也将进一步完善对外招商引资的政策和法律法规，加强对知识产权的保护，不断优化外资利用的法律环境，建立对内外资企业相对公平，更有效率的市场环境。此外，还将不断调整相关政策，消除外资和内资企业的待遇、税收差别，也将依据相关政策法规，加强对外资企业的引导和管理，鼓励外资企业对我国转让先进技术，培养本土化企业。

再次，为了实现多元化地利用外资，政府将推出更多吸引间接投资的政策措施，如鼓励跨境并购国内企业，以及允许外资与国有控股企业的合作合资，鼓励各种国外风险投资机构参与国内科技创新企业的早期融资等。

最后，外资利用政策将更注重缩小国内经济发达地区和经济发展相对滞后地区的差距，鼓励外资与国内资本共同投资落后地区，实现国内产业升级、转换、迁移以及区域间合作共同发展，建立相关产业在国内的原材料、生产、交换和研发一体化的多地区合作体系，实现我国经济的协调发展。

三、中国对外投资的现状以及发展

(一) 中国对外投资的基本情况和特点

随着中国经济对外开放程度的日益加快，以及经济实力的提升，在不断吸引外国直接和间接投资的同时，也逐渐开始对外投资，并成为资本输出国。对外直接投资一直占主导地位，间接投资规模有所上升。

（1）对外投资流量和存量规模较大，居于全球前列。根据《2020 年度中国对外直接投资统计公报》披露，2020 年我国对外投资规模达到 1 537.1 亿美元，同比增长 12.3%，流量规模首次位居全球第一。2020 年年末，中国对外直接投资存量达 2.58 万亿美元，次于美国（8.13 万亿美元）和荷兰（3.8 万亿美元）。中国在全球外国直接投资中的影响力不断扩大，流量占全球比重连续 5 年超过一成，2020 年占 20.2%；存量占 6.6%，较上年提升 0.2 个百分点。2020 年中国双向投资基本持平，引进来和走出去同步发展。

（2）对外投资分布区域广泛。20 世纪 90 年代以来，我国对外投资规模从小到大，最初主要集中于美欧等少数发达国家和我国港澳地区，近年来已经扩大到周边国家和其他发展中国家。但主要投资存量集中在发展中国家。截至 2020 年年底，中国 2.8 万家境内投资者在国（境）外设立对外直接投资企业 4.5 万家，分布在全球 189 个国家（地区），年末境外企业资产总额 7.9 万亿美元，对外直接投资累计净额 25 806.6 亿美元，其中股权投资 14 777.3 亿美元，占 57.3%，收益再投资 7 860.4 亿美元，占 30.4%；债务工具投资 3 168.9 亿美元，占 12.3%。

（3）我国对外直接投资结构呈现多样化，从开放初期的进出口贸易、航运和餐饮等少数领域，转向传统制造业、批发零售业、采矿业，现在也开始对高新技术、金融业、信息产业和租赁与商务服务业进行投资。

（4）对外投资中的收购兼并活动的比重不断上升。2020 年，中国企业对外并购 513 起，涉及 61 个国家（地区），交易金额 282 亿美元，其中直接投资占 58.4%；其余是通过境外融资完成并购。并购对象多为制造业、交通运输以及信息产业。此外，对外投资工具中以境外企业股权和债务工具为主。

（5）对外投资主体以国内大型企业集团为主，主要进行跨国投资与经营，层次不断提高，部分跨境投资规模及做法已经类似于跨国企业。其中，进行非金融类投资的主体主要是我国华东、华北和广东地区的地方性企业。

（二）中国对外投资不断扩大的原因

首先，国内企业日益发展，实力不断增强。我国企业在对外开放中，通过学习和模仿外资企业，获得了先进的生产、制造技术和管理经验，并积累了大量资本，提高了国际竞争力。我国企业通过并购境外企业，既可以拓展我国产品出口的市场，避开贸易壁垒，还可以利用当地的资源、技术和研发优势，进一步提高企业的竞争力。此外，国内企业在国内面临着激烈的同业竞争和产能过剩，在经济贸易全球化的背景下，必须增加出口和对外直接投资，以缓解压力。

其次，我国经济总量不断上升，国内资本流量与存量规模不断增加，从原来的整体资本稀缺，转为国内部分经济发达地区的资本过剩。这一方面将导致资本向我国其他经济欠发达地区流动；另一方面存在向资本利用效率较高的发达国家或者向回报率高的发展中国家转移的要求。

最后，由于全球经济进程中出现了区域经济合作和经济一体化的趋势，也为我国参加国际分工提供了机会。积极参与区域经济合作，可以有效避免各种针对非成员国的歧视性经济措施，同时获得区域经济组织内部的各种贸易和投资优惠待遇。

必须注意的是，我国对外投资领域仍然面临着很多困难，如缺乏熟悉东道国商业投资法律的人才，也缺乏具备丰富海外投资管理经验的人员，同时更需要专业机构的咨询服务、风险担保、鼓励性政策，以及相应的法律法规提供保障。

延伸阅读 7-1

“一带一路”简介

一、“一带一路”的概念

“一带一路”(One Belt and One Road，OBOR)是“丝绸之路经济带”和“21 世纪海上丝绸之路”的简称。

亚洲基础设施投资银行(Asian Infrastructure Investment Bank，AIIB，简称亚投行)是一个政府间性质的亚洲区域多边开发机构，重点支持基础设施建设，总部设在北京。亚投行法定资本为 1 000 亿美元。

二、“一带一路”的背景

2013 年 9 月和 10 月，中国国家主席习近平在出访中亚和东南亚国家期间，先后提出共建“丝绸之路经济带”和“21 世纪海上丝绸之路”的战略构想，得到国际社会高度关注和有关国家积极响应。国务院总理李克强在参加 2013 年中国—东盟博览会时强调，铺就面向东盟的海上丝绸之路，打造带动腹地发展的战略支点。共建“一带一路”，是中国政府根据国际和地区形势深刻变化，以及中国发展面临的新形势、新任务，致力于维护全球自由贸易体系和开放型经济体系，促进沿线各国加强合作、共克时艰、共谋发展而提出的伟大倡议，具有深刻的时代背景。

(1) 当今世界经济正发生复杂深刻的变化。国际金融危机深层次影响持续显现，世界经济缓慢复苏、发展分化，国际投资贸易格局和多边投资贸易规则酝酿深刻调整。各国面临的发展问题依然严峻，迫切需要秉持开放的精神，开展更大范围、更高水平、更深层次的区域合作，共同打造开放、包容、均衡、普惠的区域经济合作架构，推动区域内要素有序自由流动和优化配置。

(2) 互联互通、合作共赢成为时代最强音。历史上，陆上丝绸之路和海上丝绸之路就是中国同中亚、西亚、南亚、东南亚、东非和欧洲进行经贸和文化交流的大通道。共建“一带一路”致力于亚欧非大陆及附近海洋的互联互通，建立和加强沿线各国互联互通伙伴关系，构建全方位、多层次、复合型的互联互通网络，实现沿线各国多元、自主、平衡、可持续的发展。“一带一路”的互联互通项目将推动沿线各国发展战略的对接与耦合，发掘区域内市场的潜力，促进投资和消费，创造需求和就业，增进沿线各国人民的人文交流与文明互鉴，让各国人民相逢相知、互信互敬，共享和谐安宁富裕的生活。

(3) 中国改革开放深入推进。当今中国经济和世界经济高度关联，要实现中国经济全面协调可持续发展，必须一以贯之地坚持对外开放的基本国策，提升沿海开放水平，深化内陆和沿边开放，实施向西开放，构建全方位开放新格局，深度融入世界经济体系。中国的发展需要世界，世界的发展也需要中国。共建“一带一路”顺应了世界多极化、经济全球化、社会信息化的潮流，有利于促进经济要素有序自由流动、资源高效配置和市场深度融合，推动沿线各国实现经济政策协调，维护全球自由贸易体系和开放型世界经济。共建“一带一路”符合中国和国际社会的根本利益，彰显人类社会共同理想和美好追求，将为世界和平发展增添新的正能量。中国将在力所能及的范围内承担更多的责任和义务，为人类和平发展做出更大的贡献。

三、“一带一路”的意义

(1)“一带一路”横跨亚欧非，是促进沿线各国互联互通、实现贸易和投资便利化的“新丝绸之路”。对中国来说，西部内陆将成为对外开放的前沿，有助于缩小贫穷地区与东部沿海发达地区的差距，实现区域均衡发展。在“一带一路”区域内，通过基础设施投资，进行要素和资源整合，提升各国竞争优势，形成包括贸易、国际物流、产业加工、商贸服务的国际贸易产业链，最终可能发展成为亚欧非共同经济带，改变世界经济的现有格局。

(2)“一带一路”将推动我国从“债务国”向“债权国”的阶段转变，同时也有助于我国更高效地利用外汇储备，增加国家资产配置的多样性。根据债务周期理论，一国经济发展到一定程度之后，自然资源和人力成本的比较优势逐渐减少，国内资本便会流向海外地区，实现从“债务国”向“债权国”的阶段转变。2014年，我国对外直接投资(ODI)已经超过外国对华投资(FDI)，“一带一路”将会加速这一转型。此外，我国仍拥有巨额的外汇储备，然而大量外汇储备被用来投资外国国债，收益率较低。“一带一路”将有助于国家更高效地利用外汇储备，增加国家资产配置的多样性。

对我国还有以下好处：①有利于转变经济发展方式，推动经济结构调整，促进就业，提高人们的生活水平，促进经济持续健康发展。②有利于加快转变对外经济发展方式，提高对外开放水平，完善互利共赢、多元平衡、安全高效的开放型经济体系。③有利于实施“走出去”战略，充分利用国内国际两个市场、两种资源，实现资源的优化配置。④有利于参与国际经济竞争与合作，优势互补，共同推动经济全球化朝着均衡、普惠、共赢的方向发展。⑤有利于充分发挥市场在资源配置的决定性作用，促进资源在全球范围内的流动，促进沿线国家和地区的经济发展。⑥有利于我国实施区域发展总体战略，促进西部地区的经济发展，解决能源短缺、能源安全等问题。

延伸阅读 7-2

中国对中东产油家早期直接投资的特点

中东国家是当今世界上最重要的国际投资市场之一。随着中国企业“走出去”步伐的加快，中国对中东国家的投资快速增长，中东逐渐成为中国海外投资的重点。在中国与中东国家经贸与投资合作加深的过程中也呈现出一系列鲜明的特点。

(1) 中国对中东投资产业单一，多数集聚在油气行业。中国对中东国家投资多为资源驱动型，对油气资源和石油工程的投资与合作较为集中。截至2014年，中国与中东国家的投资项目多为能源合作项目，达到150多个，主要涉及勘探、炼制、油气管道建设与开发等领域。中国的直接投资有利于发挥东道国的资源优势，但是也存在投资产业单一的问题。

(2) 投资国别集中度高，区域分布不均衡。中国对沙特阿拉伯、阿联酋等政治稳定、资源丰富的国家投资占比很大，而对于诸如伊拉克等局势不稳定的国家投资力度较小，存在区域分布不均衡的特点。

(3) 投资企业以大型国有企业为主。能源产业的投资需要雄厚的资金和技术支持，并且中东地区的动荡局势需要企业具有更强的风险防御能力。相较于其他类型的企业，中国大型石油企业能够更好地应对在中东地区的投资运营。

总体而言，近年来，中国在中东地区的投资已取得显著的成果，投资规模日益扩大。但仍需注意到，由于中东国家特殊的环境形势，对石油资源的投资往往存在着许多风险和不确定性。中国企业在对中东地区投资时需慎思和研究这些环境因素。

资料来源：节选自“建设‘丝路经济带’背景下中国对中东国家投资环境的评价研究”，作者田泽，《现代经济探讨》，2016年第1期。

课后练习

1. 简述国际资本流动的概念及类型。
2. 第二次世界大战后国际资本流动的格局发生了哪些变化？
3. 试论国际资本流动的原因及作用。
4. 中国利用外资的主要方式有哪些？各有什么特点？
5. 中国在吸引和利用外资中存在的问题应如何解决？
6. 中国为什么要进行对外直接投资？

第八章 金融全球化及其治理

金融全球化是经济全球化的重要表现。在当前经济全球化推动世界经济快速发展的进程中，逆全球化思潮略有抬头之势。充分认识金融全球化的内容，特别是金融全球化的治理模式，以及中国在金融全球化中的举措和作用等内容，对学习好本课程十分必要。

本章从国际金融机构入手，介绍金融全球化的相关内容。

案例导入

金融科技助推金融全球化

事件一：2017 年 11 月，KMPG（毕马威）联合金融科技知名投资机构 H2 Ventures 发布的《2017 FINTECH 100》显示，金融科技在全球范围内进入快速发展阶段，并由此出现了多个独角兽级的明星公司。

事件二：2018 年 1 月，零壹财经发布的《2017 全球金融科技发展指数（GFI）与投融资年报》显示，2017 年，全球金融科技领域共发生 649 笔投融资事件，其中，中国、美国、印度分别以 796 亿美元、258 亿美元、160 亿美元位列前三。

事件三：2018 年 1 月，英国首相访问中国期间，中英两国宣布将在中国河北雄安新区共同建设雄安金融科技城。2018 年 1 月 31 日，在国务院总理李克强和英国首相特雷莎・梅的见证下，共同签署了《关于雄安新区金融科技城项目战略合作协议》。

事件四：2021 年 3 月，《全球金融中心指数(GFCI)》报告发布新一期结果，上海稳坐第三名，且与排名第二的伦敦之间的评分差距拉小至 1 分。纽约仍居首位。其中，中美两国金融科技优势突出。本期全球金融中心指数还对全球 105 个金融中心的金融科技进行评分和排名，其中排名第一的是纽约，其次是上海、北京、深圳和伦敦，金融科技排名前 15 的金融中心有 9 个来自中美两国，这反映出两国对金融科技的重视程度得到国际金融界的普遍认可。

金融科技的发展现状，与世界范围内投资者给予的资金支持密不可分。而对金融科技领域的投资进行全面分析，协助投资者(特别是以金融科技领域为重要发展布局的战略投资者)将资金投向价值标的，有效进行价值交换，具有重要的全球化商业实践意义。

第一节 国际金融机构

一、国际金融机构概述

所谓国际金融机构是指从事国际金融管理及有关业务活动的超越国家性质的金融组织或实体，包括从事国际货币关系的协调、管理或国际金融业务的经营，以促进世界经济发展的具有超国家性质的各类金融机构。

国际金融机构常以银行形式出现，其建立是始于第一次世界大战之后的战争赔款需要。

国际金融机构可分为两大类：一是全球性金融机构，包括国际货币基金组织、世界银行；二是区域性国际金融机构，包括国际清算银行、亚洲开发银行、亚洲基础设施投资银行等。

二、全球性国际金融机构

第二次世界大战以后，为了配合布雷顿森林体系的实施，成立了几个全球性的国际金融机构，其中，最重要的是国际货币基金组织和世界银行。

（一）国际货币基金组织

1. 国际货币基金组织的诞生

国际货币基金组织（International Monetary Fund，IMF）。它负责对成员国的汇率、财政和货币政策进行监督，向有国际收支问题的国家提供外汇贷款，并在专业知识方面提供技术援助。

截至2021年12月，国际货币基金组织的成员已达190个国家和地区。而中国作为国际货币基金组织的创始国之一，于1980年4月18日恢复了合法席位，并于1991年在北京开设了国际货币基金组织常驻代表处。

2. 国际货币基金组织的责任与宗旨

1）责任

国际货币基金组织的主要责任是确保国际货币体系，即各国（及其公民）相互交易所依赖的汇率体系及国际支付体系的稳定。

2）宗旨

根据《国际货币基金组织协定》①规定，该组织的宗旨如下：

（1）通过设置常设机构就国际货币问题进行磋商与协作，从而促进国际货币领域的合作。

（2）促进国际贸易的扩大和平衡发展，从而有助于提高和保持高水平的就业和实际

---

① 《国际货币基金组织协定》2011年3月3日生效版。

收入以及各成员国生产性资源的开发，并以此作为经济政策的首要目标。

(3) 促进汇率的稳定，保持成员国之间有秩序的汇兑安排，避免竞争性通货贬值。

(4) 协助在成员国之间建立经常性交易的多边支付体系，取消阻碍国际贸易发展的外汇限制。

(5) 在具有充分保障的前提下，向成员国提供暂时性普通资金，以增强其信心，使其能有机会在无需采取有损本国和国际繁荣的措施的情况下，纠正国际收支失调。

(6) 根据上述宗旨，缩短成员国国际收支失衡的时间，减轻失衡的程度。

3. 国际货币基金组织的组织结构

国际货币基金组织的组织结构由理事会、执行董事会、总裁和常设职能部门组成，如图 8-1 所示。

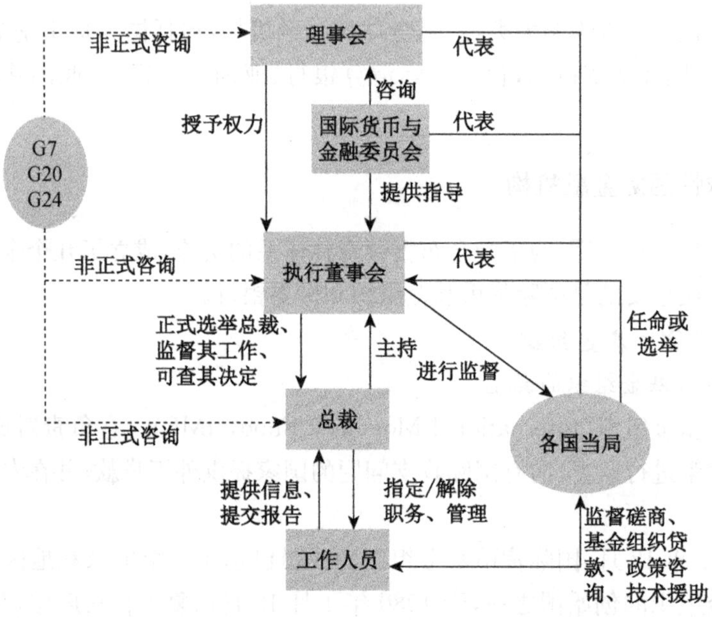

图 8-1　国际货币基金组织的组织结构图

1) 理事会

国际货币基金组织的最高权力机构是理事会，由各成员国指派正、副理事各一名组成，一般是由各国的财政部长或中央银行行长担任(任期 5 年)，每年 9 月举行一次会议，决定国际货币基金组织和国际货币体系的重大问题，如接纳新会员国、修改基金协定、调整基金份额等，各国投票权的大小由其所缴的基金份额多少决定。

2) 执行董事会

执行董事会负责处理国际货币基金组织的日常行政工作，由 24 名执行董事组成，每 2 年改选一次，包括指定与选派两种。指定执行董事由持有基金份额最多的 5 个成员国(美国、英国、法国、日本、德国)指派，中国与沙特阿拉伯各派一名，其余由其他成员国选举产生。执行董事会的职权主要有：接受理事会委托定期处理各种政策和行政事务，向理事会提交年度报告,并随时对成员国经济方面的重大问题,特别是有关国际金融方面的问题进行全面研究;当执行董事会需要就有关问题进行投票表决时,执行董事按其所代表的国家或选区的投票权进行投票。

3) 总裁

IMF 的最高行政首脑是总裁,每 5 年进行一次选举。总裁通常不参加执行董事会的投票,只有当双方票数持平时,总裁方可投出决定性的一票。

在执行董事会与理事会之间还有两个机构:一个是临时委员会,是国际货币基金组织理事会关于国际货币制度的临时委员会;另一个是发展委员会,是世界银行和国际货币基金组织理事会关于实际资源向发展中国家转移的联合部长级委员会。两者都是部长级委员会,每年开会 2～4 次,讨论国际货币体系、开发、援助等重大问题。但实际上由于两个委员会成员大多来自 IMF 的主要成员国且政治级别极高,其讨论决议往往就是理事会的决议。

4) 其他职能部门

IMF 除理事会、执行董事会、临时委员会和发展委员会外,其内部还有两大利益集团,即七国集团(G7 主要代表发达国家利益)和二十四国集团(G24 主要代表发展中国家利益);以及 16 个常设职能部门,分别负责如行政、法律、会计、秘书等职能,以及 2 个永久性海外业务机构,欧洲办事处(设在巴黎)和日内瓦办事处。

4. 国际货币基金组织的资金来源

为贯彻国际货币基金组织的宗旨,IMF 需要持续的资金来源。目前其资金主要包括成员国缴纳的份额、成员国借款、信托基金和特别提款权。

1) 成员国缴纳的份额

国际货币基金组织的主要资金来源是成员国的份额,份额大致反映成员国在世界经济中的相对地位。根据国际货币基金组织官网最新数据(截至 2021 年 12 月)显示:第十四次份额总检查生效之后,国际货币基金组织份额资金总额约为 4 770 亿 SDR(约合 6 680亿美元)。此外,国际货币基金组织可以通过借款临时补充份额资金。新借款安排(NAB)能提供高达 1 820 亿 SDR(约合 2 540 亿美元)的补充资金,是份额资金的主要后备支持。2012 年中期,成员国还承诺通过双边借款协议增加国际货币基金组织的资金;目前生效的约为 2 800 亿 SDR(约合 3 930 亿美元)。

份额,即某一成员国加入 IMF 时,要认缴的一定数额的款项。这也是 IMF 的主要资金来源。根据 IMF 规定,成员国的份额 25%以黄金进行缴纳,其余的 75%以本国货币进行缴纳。存放于本国的中央银行,当 IMF 有需要时,可随时动用。

如果把 IMF 比作股份公司,份额就如股份。成员国在 IMF 的投票权,是由其缴纳份额的大小来确定,每个成员国有 250 票基本投票权。在此基础上,再按各成员国在 IMF 所缴纳的份额,每 10 万 SDR 增加一票,最后两者相加,就是该成员国投票的总数。所以说,缴纳的份额越大,权利也越大,日后可以借用的贷款总额也越多。

成员国应缴份额的具体比例,需要综合考虑成员国本身的国民收入、平均进出口额、黄金外汇储备、出口变化率和出口额占 GNP 比例等因素,最后再由 IMF 的成员国内部讨论确定。此外，成员国缴纳的份额，除作为IMF发放短期信贷的资金来源之外，份额的占比比例对成员国还具有三个作用：

第一，决定成员国从国际货币基金组织借款或提款的额度。

第二，决定成员国投票权的多少。

第三，决定成员国分得的SDR是多少。

1997年12月，根据IMF发布的《国际金融统计》显示，基金份额的主要分配为：发达国家占了总份额的60.85%，发展中国家占了总份额的39.15%。

截至2010年12月15日，IMF理事会已完成了第14次份额检查，进行了意义重大的份额和治理的改革方案。重要的是经过这次改革，IMF将超过6%的份额，从代表性过高的成员国转移到了代表性不足的成员国，即超过6%的份额被转移到了更有活力的新兴市场及发展中国家。虽然美国目前仍然是份额占比最大的国家，但IMF份额占比最大的10个成员国，也由此新增了四个：中国、巴西、印度和俄罗斯。中国的份额也从之前的3.72%提升到6.39%，投票权也从之前的3.65%升至6.07%，总排名从第6位上升为第3位，仅位于美国和日本之后。

2）成员国借款

IMF的另一个资金来源是向成员国借款。目的是为了能够更有效地应对各种突发性的货币危机、金融危机等危机事件发生，即在IMF储备资金无法满足成员国需求时，IMF有权以借款形式并通过协商，从成员国银行或金融机构筹集该国货币。

IMF可选择任何货币和任何来源来筹集所需款项，主要包括官方机构借款、私人组织借款、商业银行借款等，并与成员国政府及各中央银行现已达成两项固定的借款安排：借款总安排和新借款安排，并与许多国际机构达成了总额高达340亿SDR的借款协议。

3）信托基金和特别提款权

为了向最贫困的成员国提供优惠贷款，1976年，IMF决定出售黄金，建立信托基金，将其持有的1/6的黄金分4年按照市价出售，所赚取的利润设立信托基金。

为了应对成员国出现的国际收支困难的情况，IMF会按照份额多少，分配给成员国使用相应资金的权利，即为特别提款权。主要实现形式为：IMF将一定数额记录在某成员国的特别提款权账户上，并向成员国分配特别提款权。

5. 国际货币基金组织的主要业务

国际货币基金组织的主要业务包括汇率监督和政策协调、提供贷款、技术援助、紧急援助等。

1）汇率监督和政策协调

在目前的浮动汇率制度下，成员国调整汇率不需再征求IMF的同意，IMF更多地起到汇率监督的作用。为了避免人为的竞争性货币贬值，逐步消除妨碍国际贸易正常发展的经常项目的外汇管制，同时维持一个稳定的国际金融环境，IMF的基本业务就是汇率监督和政策协调。其中最好的例证就是，通过IMF的监督协调，20世纪80年代发展中国家爆发的债务危机和20世纪90年代拉美地区证券市场金融危机，都得到了有效缓解。

为了达成这些目的，IMF对成员国的具体要求包括：

(1) 努力以自己的经济和金融政策,来达到促进有秩序的经济增长这个目标,既有合理的价格稳定,又适当地照顾自身的境况。

(2) 努力通过创造有秩序的基本的经济和金融条件和不会产生反常混乱的货币制度,以促进稳定。

(3) 避免操纵汇率或国际货币制度来妨碍国际收支的有效调整,或者说取得对其他成员国不公平的竞争优势。

(4) 奉行与 IMF 所规定的原则相一致的汇兑政策。

2) 提供贷款

IMF 的另一个主要业务是向成员国提供贷款以帮助其解决国际收支的困难。

贷款对象仅限成员国官方财政金融当局,而不与任何私营企业进行业务往来,贷款用途只限于解决短期性的国际收支不平衡,用于贸易和非贸易的经常项目的支付。

贷款的数额与成员国的基金份额相关,按规定每年不得超过其总份额的 110%,3 年累计不得超过 330%,总累计不得超过 440%。

贷款都是短期贷款,1～5 年不等,利率按照贷款期限和额度的累进递增进行收取。

其具体实现方式为:按照经双方已协商同意的计划,由借款成员国使用本国货币,向 IMF 购买其他成员国的等值货币(或特别提款权);在偿还时,用特别提款权或者 IMF 指定的货币,买回过去借用时使用的本国货币(又称购回)。

3) 咨询及培训等技术援助

除上述业务之外,IMF 还向成员国提供包括宏观经济政策制定、国际收支调节与债务管理、国际汇兑、财政与贸易、货币与银行业务、统计与数据处理等服务。

一方面,IMF 帮助成员国组织人员培训,提高成员国有关从业人员的专业素养;另一方面,IMF 派出代表,对各成员国提供与金融相关的咨询、技术援助,并通过派往各地的人员及时收集并反馈各国的经济金融等信息。相对应地,各成员国也可推选相关部门专业人员到 IMF 接受短期的专业培训。

4) 紧急援助

为了帮助遭遇一些突发自然灾害或冲突的国家,IMF 还对其提供紧急援助,并只收取基本费率。在资金充裕的情况下,还对部分国家提供利息补贴,并将其贷款偿还期限定为 3.25～5 年。

(二) 世界银行集团

世界银行集团(World Bank Group, WBG)的两个主要目标是以可持续的方式消除极端贫困和促进共享繁荣。目前由五大机构组成:世界银行、国际开发协会、国际金融公司、多边投资担保机构和国际投资争端解决中心。

1. 世界银行

世界银行,全称为国际复兴开发银行(International Bank for Reconstruction and Development, IBRD),成立于 1945 年,之后扩大为五个密切相关的开发机构组成的集团,也是联合国的一个专门机构,总部设在美国华盛顿,是与国际货币基金组织密切联系、相互配合的全球性国际金融机构。世界银行最初是为帮助在第二次世界大战中遭受严重破坏的国家进行战后重建，之后逐渐转向发展，重点放在大坝、灌溉体系、电网、道路等基础设施的建设上。

1980 年 5 月，中国恢复在世界银行的合法席位。截至 2021 年 12 月，世界银行宣布将为世界上最贫穷的国家提供 930 亿美元资金支持，助其应对全球性挑战，实现经济复苏。

1）宗旨

世界银行的宗旨是①：

(1) 通过对生产事业的投资，协助成员国的复兴与开发。

(2) 促进私人的对外投资，鼓励国际投资，以推进成员国的生产资源开发。

(3) 促进国际贸易的长期平衡发展，以维持国际收支的平衡。

(4) 在提供贷款保证时，应与其他方面的国际贷款配合。

2）组织机构

类似于 IMF，世界银行也包括理事会、执行董事会、行长等办事机构。

(1) 理事会。理事会是世界银行的最高权力机构，由每个成员国委派理事和副理事各 1 名组成，任期 5 年，一般都委派成员国的财政部长、中央银行行长担任。

理事会的职权主要包括批准接纳新成员国、裁决银行董事在解释银行协定方面发生的争执、增加或减少银行股份、决定银行净收益的分配、批准同其他机构签订的正式协定等。

(2) 执行董事会。执行董事会是负责办理世界银行日常业务的机构，行使由理事会赋予的职权，现有执行董事 21 人，其中 5 人是常任理事，由持有股份最多的几个工业国指派。

(3) 行长。世界银行行长由执行董事会选举产生，行长的任期为 5 年，并且可连任。作为银行行政管理机构的首脑，其作用是在执行董事会的有关政策指导下，负责银行日常行政管理、任免银行高级职员和工作人员；行长同时也兼任执行董事会主席，但并无投票权，仅在执行董事会表决中双方票数持平时，才拥有投出关键性一票的权力。

3）资金来源

世界银行的资金来源主要有四个方面：成员国所缴纳的股本、债权转让、借入资金、净收益。

(1) 成员国所缴纳的股本。世界银行的成员国在加入时均需认购该行的股金，其认购股金根据该国的经济实力，并参照该国在 IMF 所缴纳的份额大小而决定。截至 1995 年，世界银行理事会决定所规定的法定认缴股本已达到 1 840 亿 SDR。但是，成员国并不按认缴股本来缴纳股额，而是在参加时先缴其认缴股本的 20%（2%以黄金或美元缴，18%以本国货币缴），其余的 80%是待缴股本，只有当世界银行由于偿还债务、保证贷款债务而催缴时才进行缴纳。但迄今为止，世界银行还没有征集会员国的待缴股本。

(2) 债权转让。从 20 世纪 80 年代开始，世界银行常常把部分贷出款项的债权有偿地转让给商业银行等私人投资者，以便提前收回资金。

① 摘自《国际复兴开发银行协定》第 1 条。

(3) 借入资金。发行中长期债券，是世界银行的主要资金来源。在实有资本极其有限而又不能吸收短期存款的情况下，世界银行主要通过在国际金融市场上发行债券来筹措资金。在世界银行的贷款总额中，约有80%的资金依靠发行债券而来。世界银行发行债券，主要通过投资银行、商业银行等中间包销商向私人投资者出售的方式进行，债券的偿还期从2～25年不等，利率随行就市。

(4) 净收益。世界银行自1947年4月开办以来。除第一年略亏损外，每年都有盈余。世界银行的净收益不分配给股东。除将一部分净利润以赠款的形式拨给国际开发协会及撒哈拉以南非洲地区特别基金以外，其余均留作准备金，充当世界银行的自有资金，成为发放贷款的一个资金来源。

4) 主要业务活动

世界银行的业务活动包括贷款、投资担保、投资争端解决、技术援助等，其中贷款是其主要的业务活动。

2. 国际开发协会

国际开发协会(Intimation Development Association，IDA)是专门向贫穷的发展中国家提供长期资金帮助的相对独立的国际性金融组织。作为世界银行的一个附属机构，建于1960年9月，同年11月3日正式运营，总部设在华盛顿。

1) 宗旨

国际开发协会的宗旨是专门向欠发达国家提供比世界银行的贷款条件更为优惠的长期信贷，以促进其经济发展和国内居民生活水平的提高，并作为世界银行贷款的补充，推动世界银行目标的实现。1980年，中国恢复了在世界银行集团的合法席位，并同时成为国际开发协会的成员国。中国在国际开发协会的投票权为344 829票表决权，占总投票权的1.88%。截至1999年7月，该协会共向中国提供了102亿美元的软贷款，共执行69个项目。从1999年7月起，国际开发协会停止对中国提供贷款。2007年12月，我国向国际开发协会捐款3 000万美元。

2) 投票权

国际开发协会是按股份公司方式组织起来的，投票权的分配与成员国认缴的股份相挂钩。

3) 资金来源

国际开发协会的资金来源主要有三个：第一，成员国认缴的股份；第二，由成员国政府定期提供的援助性的补充资金；第三，世界银行每年的赠款。

4) 主要业务

国际开发协会的主要业务是：向低收入发展中国家的公共工程和发展项目提供比世界银行贷款条件宽松的长期优惠贷款，即贷款只发给低收入、且无法从世界银行获得贷款的成员国。

贷款条件的"优惠"主要表现在：首先，贷款不收利息，只收取0.75%的手续费；其次，其贷款期限很长，可达50年；再次，还款期长，其中宽限期达10年，在还款期内，第一个10年不必还本，第二个10年，每年还本1%，其余30年每年还本3%；最后，贷款可全部或部分使用本国货币偿还。

3. 国际金融公司

国际金融公司(International Finance Corporation，IFC)于 1956 年 7 月设立,主要面向发展中国家的私人部门进行投资,包括提供贷款、证券融资等。其功能包括项目贷款、资金动员和咨询服务。国际金融公司还是首个将推动私营企业发展作为其主要目标的政府间组织。在 2005 财年,国际金融公司投资于 67 个国家的 236 个项目,范围覆盖所有发展中地区。中国目前是国际金融公司投资增长最快的国家之一。

1) 宗旨

国际金融公司的宗旨主要是:配合世界银行的业务活动,向成员国特别是其中的发展中国家的重点私人企业提供无须政府担保的贷款或投资,鼓励国际私人资本流向发展中国家,以推动这些国家的私人企业的成长,促进其经济发展。

2) 组织机构

国际金融公司的组织机构与世界银行相同,最高权力机构是理事会,下设执行董事会,负责管理日常事务。根据规定,只有世界银行的成员国才能成为国际金融公司的成员国。国际金融公司的正副理事、正副执行董事都由世界银行的正副理事和正副执行董事兼任。国际金融公司的总裁则由世界银行行长兼任。其余内部机构人员也多数由世界银行的相应机构和人员兼管和兼任。

3) 资金来源

国际金融公司的资金来源主要有股本、向世界银行的借款、自身积累的利润和债权转让。

4) 主要业务活动

主要的业务活动包括:向位于发展中国家的私人部门项目提供融资,帮助发展中国家的私人部门在国际金融市场上筹集资金,向企业和政府提供咨询和技术援助。贷款的期限一般为 7～15 年,若有需要还可延长。贷款的利率视资金投放的风险大小和预期收益而定:利率一旦确定,则在整个贷款使用期间将保持不变。

4. 多边投资担保机构

多边投资担保机构(Multilateral Investment Guarantee Agency，MIGA)成立于 1988 年,同时也是世界银行集团中成立时间最短的机构。截至 1994 年 6 月 6 日,已有 147 个国家签署了加入该机构的《公约》,其中 120 个国家已核准《公约》,这 120 个会员国已认缴股金总额 8.4 亿美元,实缴 1.7 亿美元。中国于 1988 年 4 月 30 日核准了《公约》,成为该机构的创始会员国,认购股份达 3.138%,在第二类会员国中居第一位。

当今商业界已越来越清楚地认识到,发展中国家存在着相当好的投资机会。但由于对不稳定政策环境的顾虑、对政治风险的观察以及对具体投资机会的忽视,常常会阻碍投资。结果,作为经济增长的关键驱动因素,外商直接投资的大部分仅投向少数几个国家,从而在很大程度上忽视了世界上最为贫困的人群。

多边投资担保机构通过向外国私人投资者提供政治风险担保,包括征收风险担保、货币转移限制风险担保、违约风险担保、战争风险担保和内乱风险担保,并向成员国政府提供投资促进服务，增强成员国吸引外资的能力，从而推动外商直接投资流入发展中国家。

5. 国际投资争端解决中心

国际投资争端解决中心（The International Center for Settlement of Investment Disputes, ICSID）依《华盛顿公约》而成立，总部设在华盛顿。该中心解决争端的程序分为调停和仲裁两种。截至2005年年底，公约的签字国达到155个，其中缔约国142个。中国于1993年正式成为公约的缔约国。

1）宗旨

国际投资争端解决中心的宗旨是，制定调解或仲裁投资争端规则，受理调解或仲裁投资纠纷的请求，处理投资争端等问题，为解决成员国和外国投资者的争端提供便利，促进投资者与东道国之间的互相信任，从而鼓励国际私人资本向发展中国家流动。

2）目的

国际投资争端解决中心设立的目的在于增加发达国家投资者向发展中国家进行投资的信心，并通过仲裁和调解方式来解决投资争议。

3）仲裁规则

国际投资争端解决中心有其仲裁规则，并且仲裁时必须使用其规则，审理案件的仲裁员，调解时的调解员须从其仲裁员名册和调解员名册中选定。其裁决为终局的，争议方必须接受。

三、区域性国际金融机构

（一）国际清算银行

国际清算银行（Bank for International Settlements, BIS），成立于1930年5月，作为世界上最早的国际金融机构，总部设在瑞士的巴塞尔。中国人民银行于1996年11月正式加入国际清算银行。截至2021年12月，其成员已发展至60家中央银行或货币当局。

1. 宗旨

国际清算银行的宗旨是促进国际金融和货币合作，并充当各国中央银行的银行，向各国中央银行和其他官方货币机构在外汇储备的管理等方面提供广泛的服务。

2. 目的

该行成立的最初目的是为处理第一次世界大战后德国战败赔款和债务问题。IMF成立后，国际清算银行主要办理国际清算，接受各国中央银行存款，并代理买卖黄金、外汇和有价证券，办理国库券和其他债券的贴现、再贴现等。此外，国际清算银行还负责协调各成员国中央银行的关系，故有“央行的央行”之称。

3. 组织机构

国际清算银行以股份公司方式建立，最高权力机构是股东大会。其85%的股权由成员国中央银行持有，剩余15%为私人股权。日常业务由董事会负责。董事会下设三个主要机构：秘书处、货币经济部、银行部。

4. 资金来源

国际清算银行的资金来源包括成员国缴纳的股金，各国中央银行的存款以及其向各成员国中央银行的借款。

5. 主要业务活动

国际清算银行的基本业务活动主要是为政府间的国际金融业务提供便利，充当国际结算的代理人。具体包括：接受各国中央银行的存款，并发放贷款；既为自己，也为各国中央银行购买、出售、交换和储存黄金；为各国中央银行代理买卖外汇、发行债券等；代理各国政府国库券、其他债券、期票等的折现和买卖业务；为各国中央银行和国际组织代理各种国际结算业务；为各国政府间贷款充当执行人或委托人；积极参与国际金融市场活动，是国际黄金市场和欧洲货币市场的重要参与者。

（二）亚洲开发银行

亚洲开发银行（Asian Development Bank，ADB），是亚太区域的政府间金融机构，创建于 1966 年 11 月 24 日，总部设在菲律宾首都马尼拉。中国于 1986 年成为亚洲开发银行正式成员国。

1. 宗旨

亚洲开发银行的宗旨是，通过向成员国（特别是亚太地区发展中国家或地区）提供项目贷款，进行投资和技术援助，并同联合国及其专门机构进行合作，协调成员国（或地区）在经济、贸易和发展方面的政策，以促进亚太地区的经济繁荣。

2. 组织机构

亚洲开发银行是以成员国投资入股的方式组成的企业性金融机构（设有理事会、董事会、办事机构等组织机构）。亚洲开发银行的资金来源大体可以分为普通资金和特别基金两类，其中，普通资金是其主要资金来源，包括股本、借款、普通储备金、特别储备金、业务净收益、预缴股本等，这部分来源资金主要用于向成员国发放硬贷款。特别基金包括亚洲开发基金、技术援助特别基金和日本特别基金。

3. 主要业务活动

亚洲开发银行的主要业务活动是向亚太地区发展中国家成员国提供贷款和技术援助。此外，还开展少量的股本业务投资活动。

（三）亚洲基础设施投资银行

亚洲基础设施投资银行（Asian Infrastructure Investment Bank，AIIB），简称亚投行，是一个政府间性质的亚洲区域多边开发机构。亚投行重点支持基础设施建设，是首个由中国倡议设立的多边金融机构。截至 2021 年 12 月，亚投行有 104 个成员国[①]。2013 年，习近平主席提出筹建倡议。2014 年 10 月，包括中国、印度、新加坡等在内的 21 个首批意向创始成员国的财长和授权代表在北京签约，共同决定成立亚投行。亚投行的初始注册资本金为 1 000 亿美元，中国将提供其中的 500 亿美元。2015 年 12 月，亚洲基础设施投

① 2016 年成立时亚投行有 57 个初始成员国（区域内 37 个，非区域内 20 个）。2017—2021 年亚投行成员数分别达到 84、93、102、103 和 104 个，成为成员数仅次于世界银行的多边开发银行。数据来源：亚投行年报。

资银行正式成立。2016 年 1 月,亚投行开业仪式暨理事会和董事会成立大会在北京举行。亚投行的总部设在在中国的北京,并将根据未来亚投行发展需要,在其他地方设立机构或办公室。

1. 宗旨

亚投行的宗旨是促进亚洲区域建设,向成员国政府提供资金以支持基础设施建设互联互通和经济一体化进程,加强中国以及其他亚洲国家和地区之间的合作。

2. 主要职能

为履行其宗旨,亚投行应具备以下职能:推动区域内发展领域的公共和私营资本投资,尤其是基础设施和其他生产性领域的发展;利用其可支配资金为本区域发展事业提供融资支持,包括能最有效地支持本区域整体经济和谐发展的项目和规划,并特别关注本区域欠发达成员的需求;鼓励私营资本参与投资有利于区域经济发展,尤其是基础设施和其他生产性领域发展的项目、企业和活动,并在无法以合理条件获取私营资本融资时,对私营投资进行补充;为强化这些职能开展的其他活动和提供的其他服务。

3. 组织机构

亚投行的组织机构主要包括 3 部分:理事会、董事会和高级管理层。理事会为银行的最高权力机构,每个成员在亚投行有正副理事各 1 名。董事会有 12 名董事,其中域内 9 名,域外 3 名。高级管理层由行长和 5 位副行长组成。

2016 年 1 月,亚投行理事会成立大会选举中国财政部部长楼继伟为理事会主席,印度尼西亚理事、财长班邦和德国理事托马斯史蒂夫为理事会副主席,并正式选举金立群为首任行长。

4. 业务活动

亚投行致力于促进发展中国家和地区基础设施及其他生产设施的发展建设。2016 年 6 月,亚洲基础设施投资银行首届理事会年会在北京举行。同期宣布了经理事会审议通过的首批 4 个项目,涉及电力、交通和居住改善的多个基础设施领域,覆盖南亚、东南亚和中亚国家,分别落地孟加拉国、印度尼西亚、巴基斯坦和塔吉克斯坦,贷款总额达到 5 亿美元。

截至 2021 年 10 月,亚投行已批准 147 个项目,累计投资总额超过 289.7 亿美元,惠及 31 个域内、域外成员。

(四)金砖国家新开发银行

金砖国家新开发银行(New Development Bank)又称金砖银行,是在 2012 年提出的创始国为巴西、俄罗斯、印度和中国,总部在上海。2021 年 9 月,迎来 3 个新的成员国,阿联酋、乌拉圭和孟加拉国。2021 年 12 月,埃及也声明加入。它是在金融危机以后,金砖国家为避免在新一轮金融危机中受到货币不稳定的影响,而构筑的一个共同的金融安全网。金砖国家可以通过成员国这个资金池兑换一部分外汇用来应急。

1. 成立过程

2013 年 3 月,第五次金砖国家领导人峰会上决定建立金砖国家新开发银行,以简化金砖国家间的相互结算与贷款业务，从而减少对美元和欧元的依赖。2014 年 7 月，金砖国家领导人第六次会晤在巴西举行，此次峰会签署了成立金砖国家新开发银行的协议。金砖国家新开发银行的启动资金为 1 000 亿美元。2015 年 7 月 21 日，金砖国家新开发银行开业。2017 年 9 月 4 日，中国向金砖国家新开发银行项目准备基金进行捐赠的仪式在厦门举行，并签署了中国捐赠 400 万美元的协议。

2. 设立意义

金砖国家新开发银行主要资助金砖国家以及其他发展中国家的基础设施建设，对金砖国家具有非常重要的战略意义。巴西、南非、俄罗斯、印度的基础设施缺口很大，在国家财政力所不逮时，就需要共同的资金合作。金砖国家新开发银行不只面向 5 个金砖国家，而是面向全部发展中国家，作为金砖银行成员国，可能会获得优先贷款权。

金砖国家新开发银行不仅为中国带来经济利益，同时也带来一种长远的战略利益。从短期来看，中国已成为世界第二大经济体，到底如何在国际舞台上展现一个新兴大国的形象，关系到中国自身发展，也关系到国际社会共同的利益。中国推动设立金砖国家新开发银行，做出实实在在的贡献，是彰显中国大国责任的好机会。

设立金砖国家新开发银行，可推动其他国家的基础设施建设，是分享中国经验的好机会，与中国“走出去”战略相符合。中国输出的既是经验和技术，也是一种标准。

作为金融合作方面的一个具体体现，金砖银行建立之后，会不断拓展金砖国家合作新的空间；同时，它也代表着金砖国家在金融合作方面新的进程。①

3. 金砖银行与亚投行

金砖银行所有的管理、章程、条款等都是基于平等的基础，金砖银行不会由任何一个国家控制。与亚投行不同，金砖银行里 5 个国家都是各自占了 20％的投票权，没有哪个国家占主导权，也没有一个国家能够一票否决其他国家的决定。

金砖银行与亚投行不是竞争关系，两者都关注基础设施建设项目，只是亚投行更聚焦在亚洲市场。金砖银行与亚投行可以共同推进基础设施建设，填补基础设施建设这个巨大的缺口。

第二节 金融全球化

一、金融全球化概述

（一）金融全球化的概念

金融全球化是指金融业跨国发展，金融活动按全球统一规则运行，同质的金融资产价

① 2016 年，金砖银行开始开放项目贷款，首批贷款项目金额总计 8.11 亿美元，支持成员国 2370 兆瓦的可再生能源发电能力。2017—2021 年金砖银行发展战略规划显示，至 2021 年年底，董事会同意发放的贷款将达到 320 亿～440 亿美元。

格趋于等同，巨额国际资本通过金融中心在全球范围内迅速运转到世界各国、各地区。金融全球化是经济全球化的必然发展和重要组成部分，世界经济的发展离不开金融全球化的推动。

金融全球化起始于20世纪80年代，到了20世纪90年代金融全球化已蔚然形成一股浪潮，具体表现为金融市场迅猛扩大、世界各国金融市场的开放程度越来越高、金融管制越来越松、资本流动速度大大加快、金融创新层出不穷、各国金融政策相互影响程度不断增大。

（二）金融全球化的内容

金融全球化包括金融业务、金融机构、金融管理、金融资本和金融市场的全球化。

(1) 金融业务方面，即一国的金融业务突破国界限制向国外延伸，使传统的国内或地区性业务拓展为全球性业务，在金融业务范围、金融业务运作方式、金融投资和金融收益的诸多方面都实现全球化。

比如中国银行已在海外建立起较大规模的经营网点，中国工商银行和建设银行也在海外设立了经营性和非经营性金融机构，积极参与全球性金融活动。如今金融市场上的金融机构国籍多元化，已形成“你中有我、我中有你”的全球化格局。许多跨越国界的大型综合性金融机构实际上已开展全球化的“无国籍”金融业务，如花旗银行、渣打银行与美林证券等。

(2) 金融机构方面，即一国的金融机构突破国界限制，在其他国家或地区广泛地设立分支机构，形成一个规模适当、结构合理、信息灵敏以及旨在开展全球性业务的国际性金融机构网络。

1997年12月，世界贸易组织成员宣布达成《全球金融服务协议》，将允许外国金融机构在本国境内建立分支机构并按公平竞争原则从事金融活动作为加入该组织的条件之一，从而大大推进了各国金融机构的跨国界发展。

(3) 金融管理方面，即在金融全球化背景下金融活动的范围、内容、性质和影响都会发生变化，各国必须从国际化的大视角来对金融活动进行监督和管理。

金融全球化使得金融市场的运行更加复杂和充满不确定性。例如，国际游资在短时间内的大规模流动会引起利率和汇率的大起大落，国际竞争压力也会使金融机构铤而走险或产生道德风险等。因此，在发挥和加强国际货币基金组织、世界银行和国际清算银行等国际金融组织作用的基础上，1986年西方7国财长在东京达成协议，通过控制财政赤字、货币供应增长率和外汇储备等多项经济指标实现各国金融政策的协调，以保证国际金融秩序的稳定。1997年7月，巴塞尔委员会发布新的国际银行监管标准《巴塞尔核心原则》，要求各国商业银行充实核心资本金，增加附属资本金，以保证银行的稳健运行。此外，1997年12月世界贸易组织正式将金融服务纳入其协调范围内，成员国的金融机构必须在统一的框架体系内运行。

(4) 金融资本方面，即一国的金融资本突破国界限制在全球范围内融通、运用和流动，广泛地参与国际资金大循环，其直接表现是资本来源、资本交易和资本流动的国际化与自由化。

为顺应金融全球化潮流，各国金融机构积极向海外扩张使其金融资产呈现全球化分布态势，其在海外收益占总收益的比重越来越大。以花旗集团为例，通过在海外控股、参股、收购、联营等方式进行扩张，其金融资产与收益已实现了全球化目标。截至 1999 年 12 月底，花旗集团已在海外 120 多个国家和地区设有大量分支机构，拥有海外员工数千人；在其全球性融资业务中，北美地区、欧洲地区、亚洲地区、南美地区收益分别占 34%、31%、22%、9%。

(5) 金融市场方面，在金融全球化中，金融市场的全球化最为关键。因为在现代商品经济条件下一切经济活动都是通过市场交易来完成的，金融资产也必须通过在金融市场中进行交易来实现其价值。对于国际金融交易来说，国际金融市场是基础，因此可以说，金融全球化的核心是金融市场的全球化，在整个国际金融体系中国际金融市场居于关键和核心地位。

金融自由化和科技进步更是加速了这一趋势，目前已形成以纽约、伦敦、东京、法兰克福、巴黎、新加坡和中国香港等国际金融交易中心密切合作的金融市场网络。实现货币统一的欧元区金融市场更是金融市场全球化的重要产物，金融市场的全球化极大地提高了市场的广度、深度和流动性，跨越国界的资本流动和金融交易已是正常现象，而且规模越来越大。

二、中国金融全球化进程

从金融全球化的具体领域来看，近年来中国的金融全球化进程不断加快，在金融资本全球化、金融机构全球化、金融市场全球化方面均取得了一定进展。

(一) 金融资本全球化进程

1979 年以来，随着中国改革开放的不断深入，以及经常项目在 1994 年实现了有条件兑换、1996 年实现完全可自由兑换，金融资本的全球化进程一直处于渐进、有序地推进中。

2002 年 11 月，中国证监会颁布并施行《合格境外机构投资者境内证券投资管理暂行办法》，意味着中国的 QFII 制度正式启动了。机构投资者经批准可以直接投资 A 股和国内债券市场。

2003 年，中国放宽了对境外投资的限制，如允许外资进行合并、购汇进行境外投资等。

2004 年，中央政府解除了禁止个人资产向境外转移的管制，允许移民资产在获批准之后汇出境外。

2006 年 4 月，QDII 制度开始试行。随后多家获得 QDII 资格的银行、基金公司、保险公司等金融机构陆续推出境外代客理财业务和各类 QDII 产品，借此投资境外资本市场不同风险层次的投资产品。

2007 年 6 月，证券公司也被允许开展 QDII 业务。

2007 年，国家外汇管理局颁布了《个人外汇管理办法》与《个人外汇管理办法实施细则》，对个人进行境外投资予以试点。

2011 年 1 月 13 日，中国人民银行颁布新年一号文件《境外直接投资人民币结算试点管理办法》,允许中资企业运用人民币在境外进行直接投资。

2015 年 11 月,IMF 正式宣布人民币 2016 年 10 月 1 日纳入 SDR。

2021 年 12 月,中国自主研发的“中国芯”数字货币钱包已通过相关测试。该产品可通过指纹识别解锁,支持数字货币收付款、余额查询、交易信息显示、加载健康码等功能。

(二)金融机构全球化进程

金融机构全球化涉及金融机构的准入限制问题和中资金融机构开拓海外市场两个主要方面。

1. 金融机构准入限制方面

加入世界贸易组织以来,中国在外资金融机构的市场准入方面已大为放宽,并逐步实现了与国际惯例水平的接轨。目前,外资金融机构在满足审慎性准入条件的前提下,可以在中国境内任何一个城市申请设立营业性机构;外资金融机构在华提供外汇服务,没有服务对象限制;放宽设立中外合资银行或合资财务公司中方合作伙伴的限制,即不要求中方出资者为金融机构,外国服务提供者将能够与自己选择的任何中国实体进行合营;增加外资金融机构经营人民币业务的地域范围和服务对象范围。在大力引进外资金融机构来华设立分支机构的同时,中资金融机构也逐步放开了对外资参股的限制。

2. 中资金融机构“走出去”战略方面

例如,截至 2016 年年末,中国银行在香港、澳门、台湾地区及其他国家共设立了 578 家境外、分支机构。而中国工商银行也拥有 100 多家境外分支机构和遍布全球的上千家代理行,业务范围涵盖商业银行、投资银行、保险等多种金融服务领域。除商业银行外,非银行金融机构也陆续迈出境外经营的步伐。

(三)金融市场全球化进程

加入世界贸易组织以来,中国渐进式地提高了国内金融市场与国际金融市场的融合程度。特别是自 2006 年履行全面开放金融业的承诺以来,中国金融市场与世界主要金融市场的融合度得以显著提升。这主要表现在“制度”“开放度”“量”和“价”四个方面。

(1) 在金融市场制度建设方面,渐进式地进行了市场化改革,一系列行政性的管制条例得以逐步解除。

(2) 在金融市场对外开放方面,中国内地股市、债市和货币市场逐渐实现了对境外发行者和投资者的开放,使得证券的发行者和投资者的国际化程度得以逐步提升。

(3) 各子金融市场交易规模在全球同类市场的占比逐步提高。

(4) 各金融交易资产的价格走势与国际金融市场价格走势的关联度不断上升。

三、全球化进程中的国际金融危机

(一)国际金融危机的概念和特征

1. 国际金融危机的概念

金融危机是指国际金融领域所发生的剧烈动荡和混乱通过支付和金融操作,或通过金融恐慌心理迅速传导到相关的国家或地区,而使有关国家或地区的金融领域出现剧烈动荡和混乱，是信用危机、货币危机、银行危机、证券市场、债务危机和金融衍生产品市场危机的总称。

而国际金融危机是指一国所发生的金融危机通过各种渠道传递到其他国家从而引起国际范围内金融危机爆发的一种经济现象。国际金融危机既是国际金融体系中潜在风险累积和爆发的结果，也是国际金融体系脆弱的集中表现。

2. 国际金融危机的特征

无论何种形式的国际金融危机发生，其基本特征是金融领域所有的或大部分的金融指标的急剧恶化，以至于影响相关国家或地区乃至世界经济的稳定与发展。具体地说，国际金融危机发生时，一般会表现出以下几方面的特征：

(1) 股市暴跌。股市暴跌是国际金融危机发生的主要标志之一。一般来说，国际金融危机的直接影响是股票市场以及相关的其他金融市场，并通过金融市场影响整个金融领域。

(2) 资本外逃。资本外逃是国际金融危机发生的又一主要标志之一。当一国金融危机发生时，国际资本特别是国际投机资本，为了避免或减少损失必然会大规模地外逃。实际上，在现代开放经济条件下，资本外逃与国际金融危机总是相伴发生的。在某些情况下，资本外逃加深了国际金融危机恶化的程度。

(3) 正常的银行信用关系遭到破坏，并伴随银行挤兑、银根奇缺、金融机构大量破产倒闭等现象的出现。国际金融危机发生的最直接后果是，使原来正常的资金供应链和国内外的债权债务关系遭到破坏。

(4) 官方储备急剧减少，货币大幅度贬值。当国际金融危机发生时，由于正常的国际经济关系遭到破坏，通常会导致一国外汇收入的大幅度减少。加之资本外逃等不利因素，因而会使官方储备在短时间内大量地减少。在浮动汇率制度下，官方储备大量减少，会引起本国货币的大幅度贬值。对于实行固定汇率制度的国家，官方储备大量减少与本国货币贬值具有累积作用效应。

(5) 出现偿债困难。当国际金融危机发生时，一方面，由于正常的国际货币支付与资金供求关系遭到破坏，导致相关国家的内部资金周转发生困难；另一方面，金融领域的剧烈动荡与混乱，必然会对经济运行产生严重的不良影响。在这两方面的共同作用下，必然会削弱一国的偿债能力，导致一国出现偿债困难。

3. 国际金融危机的类型

根据国际金融危机的性质和内容可将国际金融危机划分为如下四种主要类型：

(1) 国际货币危机：其含义有广义与狭义两种。从广义上看，一国货币的汇率变动在短期内超过一定幅度(有的学者认为该幅度为15%～20%)时，就可以称为货币危机。就狭义来说，货币危机是指在实行固定汇率制度或者带有固定汇率制度色彩的钉住汇率制的国家，当市场参与者对一国的固定汇率失去信心的时候，通过外汇市场抛售等操作导致该国固定汇率制度崩溃、外汇市场持续动荡的事件。

(2) 国际债务危机：这类危机是指在国际借贷领域中出现大量负债，这些债务超过了借款者自身的清偿能力，造成无力还债或必须延期还债的现象。

(3) 国际银行危机:这类危机是指某些商业银行或非商业银行金融机构由于内部或外部原因,出现大量不良债权或巨额亏损,导致破产倒闭或支付困难,进而引发整个行业系统性危机。

(4) 系统性国际金融危机:这类危机往往表现为上述几种危机的混合体,实践中往往是一种危机的爆发引致其他危机的爆发,最终极易升级为全球性的经济危机或政治危机。

(二) 几次主要国际金融危机

(1) 1929—1933 年全球性大萧条。1929 年经济大萧条的影响比历史上任何一次经济衰退都要来得深远。这次经济萧条是以农产品价格下跌为起点的。不管是欧洲、美洲还是大洋洲,农业的衰退由于金融的大崩溃而进一步恶化。尤其在美国,一股投机热导致大量资金从欧洲抽回,随后在 1929 年 10 月发生了令人恐慌的华尔街股市暴跌。在所有国家中,经济衰退的后果是大规模失业。据估计,大萧条期间,世界的钱财损失达 2 500 亿美元。

(2) 1994—1995 年墨西哥金融危机。墨西哥在 20 世纪 80 年代债务危机后采取了多项经济改革措施,使得经济取得了较快发展。但是,墨西哥引进的巨额外资为 1994 年发生的金融危机埋下了隐患。当美国提高利率时,墨西哥比索面临巨大的贬值压力,加上国外投资者对墨西哥经济发展前景缺乏信心,大量抛售比索抢购美元使墨西哥陷入了更深的危机当中。

(3) 1997—1998 年亚洲金融危机。1997 年 2 月～5 月,国际投机资金对泰铢进行投机攻击,泰国国内银行出现挤兑事件,泰铢兑美元暴跌。在投机者的投机攻击下,菲律宾比索、马来西亚林吉特也于 7 月宣布贬值和放宽浮动范围。随后东南亚各国货币均出现不同程度的贬值。资本净流出的增大使得东南亚危机国家的外汇储备持续下降,国内利率暴涨,约束了流动性和增大了债务还本付息的困难。外债升值和本国资本市场泡沫破灭,使得区域性的亚洲金融危机演变为全球金融危机。

(4) 1997—1998 年俄罗斯金融危机。1992 年年初,俄罗斯实施“休克疗法”进行经济改革,但却造成了俄罗斯国内生产连续下降。俄罗斯在 1996 年开始对外资开放,市场投资者看好其金融市场,纷纷投资其股市和债市。大量的投机行为使俄罗斯股市和债市纷纷走高,集聚了大量泡沫,最终引发金融危机。

(5) 2007—2009 年全球金融危机。在 2006 年之前,由于美国住房市场持续繁荣,且利率水平较低,加速了美国次级抵押贷款市场的迅速发展。但是,随着美国住房市场的降温尤其是短期利率的提高,提高了次级抵押贷款的还款利率,加重了购房者的还贷负担。同时,住房市场的持续降温也使购房者出售住房或者通过抵押住房再融资变得困难。这种局面直接导致大批次级抵押贷款的借款人不能按期偿还贷款,进而引发“次贷危机”。

(6) 2009 年至今欧洲债务危机。2009 年年末,全球三大评级公司下调了希腊主权评级,投资者抛售大量希腊国债。在市场情绪带动下,爱尔兰、葡萄牙、西班牙等国的主权债券收益率也大幅攀升,迫使欧元和欧洲股市双双大幅下跌。2010 年起,欧洲其他国家相继陷入危机,欧洲债务危机全面爆发。

第三节　金融全球化治理

金融全球化治理是指在金融全球化背景下，各主权国家、政府间金融监管机构、国际金融组织等组织机构为建立或维持理想的国际金融秩序，防范和化解全球性和区域性金融危机和金融风险，通过多边或双边、正式或非正式的协调、合作、确立共识等方式管理金融全球化过程中相关事务的行为。其宗旨是通过维护全球货币和金融的稳定和公平，进而推动全球经济、贸易和投资等各个领域的健康发展。

一、金融全球化治理概述

（一）金融全球化治理的演化历程

1. 国际金本位制下的金融全球化治理

金融全球化治理的历史进程在很大程度上是与国际货币体系的演化过程相叠加的。国际金本位制下，金融全球化治理以自发性的协调为主。除了货币制度外，这一时期的金融全球化治理并没有其他固定的制度安排，体现出自发性、松散性和稳定性的特点。对金融机构市场准入、经营范围方面的限制较少。因此，该时期的金融全球化治理是由金本位制的自动运行机制来维持的。

2. 两次世界大战之间的金融全球化治理

金本位制解体后，各国纷纷组建货币集团，集团内各国之间资金流动不受限制，对于货币集团之间的经济、金融交易则实行严格的外汇管制。出于争夺金融霸权的目的，各货币集团之间利益冲突不断，壁垒森严，货币战和贸易战主宰国际市场。1936 年 9 月，美、英、法三国达成国际金融史上第一个国际多边货币协议——《三国货币协议》。《三国货币协议》在金融全球化治理的演进中具有划时代的意义。它稳定了西方国家间非常脆弱的货币金融关系，阻止了货币战的进一步蔓延和激化，完成了货币集团的货币调整，同时建立了较为稳定的货币兑换关系。这一时期的金融全球化治理表现为各国在国际货币合作与协调方面做出了一些尝试。

3. 布雷顿森林体系下的金融全球化治理

第二次世界大战结束后，美国凭借其强大的经济、金融实力和综合国力，主导建立了一系列国际金融规则和国际金融组织，从而形成了以布雷顿森林体系为核心的金融全球化治理框架，这是人类历史上第一代金融全球化治理（或者可以称之为金融全球化治理 1.0）框架。布雷顿森林体系时期，金融全球化治理体系是间接的金本位制，依赖于美元与黄金的固定汇率和各国货币与美元的固定汇率来维持。这是一个以国家实力为基础的“顶层设计”的金融全球化治理体系，需要美国和各国的国家信用来维持。布雷顿森林体系下的金融全球化治理运行体系包括汇率协调机制、国际收支的协调机制、作为金融全球化治理中枢的 IMF、十国集团的协调作用。

4.《牙买加协定》后的金融全球化治理

牙买加货币体系下，金融全球化治理似乎回到了自由竞争状态。各国货币与美元脱钩,美元与黄金脱钩,金本位制彻底瓦解。同时,国际货币体系也失去了"名义锚"。但是,金融全球化治理没有回到自由自治,而是开始以制度化和民间化的组织形式出现。这一时期的金融全球化治理呈现出多层次、多渠道和多主体的特征。

IMF 仍然是金融全球化治理最重要的协调机构,在国际收支协调、资本市场风险监督与防范、金融危机援助、对发展中国家货币金融权的关注等方面起到重要作用。

七国集团和八国集团在外汇市场的联合干预、货币政策的国际协作、货币金融危机的救助、贫穷国家债务减免、反洗钱等方面取得了卓有成效的协作。

二十国集团在制定并实施经济刺激计划、加强对金融部门的监管、改革现有国际金融制度、协调各国增长以促进全球经济再平衡等方面具有显著的治理成效。

巴塞尔银行监督委员会通过的《巴塞尔协议Ⅰ》起到了统一监管和公平竞争的作用,《巴塞尔协议Ⅱ》起到了全面监管和激励相容的作用,《巴塞尔协议Ⅲ》起到了审慎监管和多元补充的作用。这些协议都对全球银行监管机制进行着协调和完善。

欧盟的金融全球化治理作用体现在完善金融治理的协调机制、提高金融机构监管标准、降低金融体系的顺周期性等方面。

5. 2008 年之后的金融全球化治理

在多种力量的共同作用下,金融全球化治理体系进入加速变革的关键期。旧秩序正在受到不断的冲击,新生的力量在迅速聚集,制度建构的理念在形成,其行动也在展开,金融全球化治理的路径正在选择之中。这个阶段可以称为"建制时代"。这一阶段以 2008 年美国次贷危机的开始为标志。现有的国际货币体系处于不稳定状态,原来的金融全球化治理的组织体系由于其结构上的封闭性和功能上的缺失性而出现危机。加上国际经济发展出现巨大的变化,新兴国家开始发挥作用,金融全球化治理需要沿袭过去的基础,开始全面地制度建构——一个全面的制度化治理体系的有序建构与有效运作。

(二)当前金融全球化治理的基本特征

金融全球化治理的目标是促进全球金融业健康发展,为全球经济、贸易以及投资而服务,同时处理全球金融危机、金融风险等问题,维持金融秩序和稳定。随着金融全球化的深入发展,金融全球化治理体系不断发展演变,逐渐形成如下特点。

1. 治理规则涵盖广泛

规则是金融全球化治理体系的核心。与第二次世界大战之前相比,现行的金融全球化治理体系具有明显的规则化特征,因而这轮金融全球化也被称为基于规则的金融全球化。治理规则覆盖面越来越广,内容越来越细致完备,金融全球化各参与主体的规则意识和对规则的尊重程度也在不断增强。

2. 治理机制具有多层次性

金融全球化治理体系是由多层次治理机制构成的,并不是由单一的国际组织或治理机制构成的。世界银行、国际货币基金组织、国际清算银行等国际金融组织既相互独立又相互联系和交织。2008 年全球金融危机爆发后,二十国集团(G20)在金融全球化治理体系中的地位迅速提升,成为多方沟通协调的重要平台。

3. 治理主体多元化

金融全球化治理主体具有多元化趋势,政府和政府间组织一直居于主导地位,国际性非政府组织也发挥着重要作用。近年来,国际性非政府组织数量急剧增加,影响力迅速上升。

4. 治理行为的强制性较弱

金融全球化治理体系中并不存在具有强制执行力的世界政府,而是以沟通、协调、磋商、谈判为运作方式,大多数金融治理机制缺乏规则执行的强制性,主要依靠各参与主体的合作来实现治理目标。

5. 治理体系具有演进性

金融全球化治理体系是不断演进的。首先,大多数金融治理机制遵循由易到难、逐渐深化的原则,需要经历不断发展和完善的过程。其次,随着技术进步与经济发展,不断有新的议题需要金融治理体系来处理,对金融全球化治理体系变革提出新要求。最后,随着全球金融格局的变化,不同国家的国际影响力出现相应变化。影响力上升的国家希望修订现有国际金融规则,推动金融治理体系变革。

(三)当前金融全球化治理面临的困难与挑战

金融全球化治理作为一种超主权的全球性制度安排,也必然会遭遇国家主权与让渡国家主权之间的艰难权衡。因此,金融全球化治理改革不可能脱离具体的国际政治与经济环境,在实际推进中面临着以下困难和挑战。

1. 国际金融监管改革仍然面临一致性、约束性不足的难题

经济全球化、金融全球化与国家经济主权分割性之间的矛盾始终是金融全球化治理面临的难题。金融全球化的发展使得全球金融市场一体化的程度越来越高,全球金融网络各个节点、各个局部之间的联系越来越密切,这在客观上要求一致性、一体化的刚性国际金融监管。然而,一致性、一体化的刚性国际金融监管必然会触及各国的金融监管主权。从根本上说,当前的国际金融监管框架仍然不具有最终的法律约束效力和强制性。由于各国的差异性无法从根本上消除国际金融监管框架的"碎片化"问题。不同的国家在实施国际金融监管标准时,难以完全避免"选择性"实施的状况,从而难以从根本上杜绝监管标准差异而引致的监管竞争和监管套利。

2. 金融危机国际救助机制改革仍然面临效率与公平的艰难权衡

随着金融全球化的迅猛发展,全球金融市场一体化的程度大大提高,由于各国金融发展的禀赋和条件各不相同以及国际金融监管框架一致性、约束性不足等多方面的原因,全球金融网络的非均质性愈发明显,往往会造成风险向国际金融体系的部分节点或某个局部集聚、堆积,从而导致国际金融体系在某个节点或局部上破裂,进而可能导致整个国际金融体系的大面积坍塌。因此,为更好地维护国际金融安全,亟待建立更加高效、公平的金融危机国际救助机制。而金融危机国际救助机制涉及债权人、债务人的权利和责任关系,而债权人、债务人地位的不同,自然会导致他们在金融危机救助机制的资金筹集、资金使用、贷款条件等方面的诉求各不相同。因此,如何更好地协调债权人和债务人之间的关系,从而提升金融危机国际救助机制的效率和公平性,仍然是金融危机国际救助机制改革

面临的棘手问题。

3. 信息技术发展的动态性对金融全球化治理改革带来的新挑战

21世纪以来，新一轮科技革命和产业变革正在孕育兴起，全球科技创新呈现出新的发展态势。互联网和金融将会发生更加剧烈的重组，引领和推动金融全球化进程和国际金融体系发生更加广泛、深刻、复杂和更具颠覆性的变革与演化。金融服务、金融交易向着云端化、大数据化、智慧化大步迈进，金融体系在信息处理、风险管理等金融核心要素方面将具有完全不同于工业时代的特征，成为真正意义上的“互联网金融”。而且，随着更加普及、融合的下一代互联网技术的推广和运用，金融全球化也必将使国际金融体系进入更加普及、融合的全球金融网络时代。因此，信息科技革命本身的动态发展及其对金融全球化进程和国际金融体系的深刻影响，无疑会促进金融全球化治理改革和建立新一代金融全球化治理框架，从而更好地适应维护国际金融安全的需要。

（四）2008年全球金融危机后金融全球化治理改革的进展

针对当前金融全球化治理在金融全球化迅猛发展进程中所暴露出的问题，为构建新的国际金融公共秩序，更好地维护国际金融安全，以2008年全球金融危机爆发为契机，国际社会进行了金融全球化治理改革。

1. 改革国际金融监管机制

国际金融监管的重点从传统的“微观审慎监管”转向了“宏观审慎监管”。主要措施包括：

一是改革国际金融监管标准。针对现行的国际银行业监管框架——《巴塞尔协议Ⅱ》在宏观审慎监管方面存在的缺陷和不足，巴塞尔银行监管委员会于2010年12月正式发布《增强银行业抗风险能力的全球监管框架》和《流动性风险计量、标准与监测的国际框架》——《巴塞尔协议Ⅲ》，主要从五个方面对银行监管标准进行了改革：

(1) 统一银行资本定义，严格资本标准。

(2) 强化资本监管指标，提升资本充足率要求。

(3) 引入新的监管指标——杠杆率和流动性指标，作为资本监管指标的补充。

(4) 强化对系统重要性银行的监管，提出额外资本要求。

(5) 建立逆周期超额资本。

二是强化和改进国际金融机构的监管活动。全球金融危机后，国际金融机构对于其开展的监督活动重点进行了以下四个方面的改革：

(1) 推进国际货币基金组织监督工作的现代化。

(2) 强化对系统性经济体的监督。

(3) 对金融部门具有系统重要性的成员国强制实施“金融部门评估规划”。

(4) 提出对影子银行监管的原则、领域和举措。

2. 完善金融危机国际救助机制

针对金融全球化迅猛发展、国际金融资产交易规模急剧上升、资本流动速度快、国际金融形势变化快，从而导致国际金融救助需求可能显著上升的状况，在全球金融危机爆发后，IMF积极采取行动，对其资金来源、贷款机制进行改进和完善，以更好地满足国际社会对救助资金的需求。

一是拓展资金来源。全球金融危机爆发后，IMF采取了许多措施来增加其可用资源，满足成员国的潜在融资需求：

(1) 增加份额。

(2) 扩大新借款安排规模。

(3) 双边借款安排。

二是改革贷款工具，提高贷款灵活性。全球金融危机爆发后，IMF为了能更好地为成员国提供流动性和紧急援助，实施了一系列改革措施，以更好地满足国际社会的融资需求。

二、中国参与金融全球化治理

金融危机之后，金融全球化治理改革进入了加速推进的新时期，中国需要抓住历史机遇，在构建开放型经济金融新体制进程中，进一步提升参与金融全球化治理的水平。

(一) 中国参与金融全球化治理的路径

1. 在国际金融规则制定中发挥更重要的作用

2008年全球金融危机后，全球金融版图发生重大变化。在化解危机的巨大压力下，全球经济的核心治理机制实现了从七国集团和八国集团时代向二十国集团时代的突变。二十国集团峰会被认为是开启了全球治理改革的先河，中国首次进入全球经济和金融治理的核心圈。中国随之成为金融稳定理事会(FSB)、巴塞尔银行监管委员会(BCBS)等国际金融组织和俱乐部的新成员。在此背景下，中国参与全球金融治理的中心问题是，中国能否在全球金融治理规则的制定与调整中发挥与其经济、金融规模相适应的作用，并承担相应的责任。除去在已有国际金融多边组织中争取发挥更重要作用外，新成立的丝路基金、亚洲基础设施投资银行、金砖国家新开发银行，以及上海合作组织融资机构等安排已成为中国参与金融全球化治理，发挥相应作用的新平台。一方面，这些平台将成为中国构建支持"走出去"的金融支持体系的重要部分；另一方面，中国主导发起的这些多边机构也应通过其自身高标准的有效运作和良好治理，成为现有国际金融秩序的良好补充。

2. 推动人民币更深入地参与全球资产配置

人民币的国际化进程是21世纪继欧元诞生以来最为重要的国际货币事件。自2009年人民币国际化序幕正式拉开后，中国一方面通过改革国内制度，释放人民币走向海外的市场活力；另一方面也通过全球层面的外交努力与地区层面的机制建设，为人民币国际化提供制度保障。

为此，人民币争取成为SDR继美元、欧元、英镑和日元之后的第五种权重货币，可以为人民币作为国际货币提供合法性证明和信心保障。在地区层面，中国围绕新兴国家和周边国家，通过建立金砖机制货币合作、"10＋3"机制货币合作、上海合作组织货币合作等区域性平台，在未来有望实现人民币的区域化，进而推动人民币国际化进程。

当然，人民币国际化需要完善国内和跨境市场化金融体系，实现资本项目的可自由兑换，这是人民币国际化的重要步骤，也是风险最为集中的环节。

3. 对内对外双向开放金融市场和金融机构

中国目前金融业的开放水平总体上滞后于中国经贸对外开放的步伐，也落后于其他一些发展中国家或发达国家。随着中国经济整体实力的提升以及对外拓展的加速，中国金融业开放也应进入更具广度和深度的新阶段。提升金融业的开放质量，完善能够支持"走出去"和"引进来"的金融体系，可从以下两个层次着手。

第一个层次是金融机构的对内对外开放。

(1) 引入海外多元化的金融机构，丰富我国金融市场的参与者类型。

(2) 进一步为中资金融机构"走出去"提供便利。

第二个层次是金融市场的改革和开放。

(1) 要建立多层次的融资市场，发展和规范债券和股票市场，拓展资本市场，提高直接融资比重，形成更为合理的社会融资结构和金融资源配置能力。

(2) 要发展多维度的金融产品，发展外汇、黄金、商品和金融衍生产品市场，形成层次合理、功能互补的金融市场体系。

(3) 要特别吸引外资金融机构参与到高端和复杂金融市场的建设与发展中。

4. 坚持对外开放与对内改革的良性互动

对外开放是我国的基本国策，中国应从实现坚持对外开放与对内改革的良性互动角度出发，在审慎管控风险的前提下扩大金融业对外开放，在建立完善的市场化金融体系的前提下推进人民币国际化进程，在统筹国内改革发展的同时进一步参与金融全球化治理，在金融全球化治理的重要领域主动设置议题，在国际新规则的制定过程中更多体现包括中国在内的广大新兴市场国家的声音和主张。

（二）中国参与金融全球化治理面临的挑战

由于国家利益的关系，美国等发达国家并不愿意中国担当太多的责任。从中国自身来讲，也还存在许多的问题，很多方面还没有准备好。因此，中国在责任承担方面仍面临着诸多挑战。

1. 中国经济、金融实力有限

尽管中国非常愿意和国际社会一道共同为推进世界经济平稳、健康发展做出贡献。但中国毕竟是世界上最大的发展中国家，经济和金融实力有限。经济和金融实力与美国等发达国家相比还是有很大的差距。因此，中国还没有足够的能力单独提供全球公共产品，中国对国际责任的承担应建立在力所能及的基础之上。中国目前更多的是参与各种议题的讨论，停留在相对宏观的批评、建议等层面。要想将来在金融全球化治理领域发挥更大的作用，承担更大的责任，中国首要的任务仍是发展国内经济。

2. 发达国家仍掌握着金融全球化治理的主导权

2008 年全球金融危机后的改革虽然削弱了西方发达国家在金融全球化治理结构中的地位，但仍没有改变其掌握主导权的事实。发达国家仍保持着对 IMF、世界银行等机构的绝对控制权，重大国际事务的议题和国际规则的制定也仍由发达国家主导。发达国家希望中国能配合一道来解决一些棘手的问题，但并不愿意中国就此在治理结构中占据一席之位。因此，中国等新兴市场国家若想真正参与到金融全球化治理改革中来，承担更多的责任，并能获得相应的利益，是非常困难的。

3. 新兴市场国家群体仍是分散的

中国积极参与金融全球化治理改革，积极承担国际责任，需要团结新兴市场国家群体。而目前新兴市场国家群体的发展仍处于初级阶段，不够团结。虽然大多数新兴市场国家在金融全球化治理中的利益是一致的，但要将他们团结起来，组成有效的联盟仍是困难的。另外，虽然都属于新兴市场国家，但这些国家在价值观等文化方面仍有很大的差别。因此，如何将利益同盟转变为价值同盟仍面临多重困难。中国是新兴市场国家中的大国，要想在金融全球化治理改革中获得进展，离不开新兴市场国家群体的支持。而有效地团结这些新兴市场国家，仍面临很大的困难。

（三）中国参与金融全球化治理的主要方式

当前，金融全球化治理改革的核心内容主要体现在国际储备货币体系改革、国际金融机构改革、全球监管体系改革等方面。在新型金融治理模式的指导下，中国参与的主要方式有以下几种。

1. 应积极利用 G20 的国际协调平台

在国际组织中，G20 是当前国际经济、金融的核心协调平台，在治理结构中占有特殊的重要位置。因此，中国参与金融全球化治理改革要积极利用 G20 这个平台。一直以来，中国都在积极地倡导建立国际经济新秩序，但实际上中国一直处于金融全球化治理结构的外围。G20 的成立和运行改变了这一局面。在 G20 中，以中国为代表的新兴发展中国家与发达国家的地位是平等的，他们之间的力量对比也是均衡的。G20 是一个在机制上真正能实现发达国家和发展中国家平等对话的平台。

2. 国际储备货币体系改革的主要参与方式

国际储备货币体系的改革是金融全球化治理改革中的核心内容。新型的金融全球化治理模式是以多边主义为原则的，主张竞争和民主。该模式下，多元化国际储备货币体系将是较好的选择。建立多元化的国际储备货币体系，对于中国来讲，应积极推动人民币的国际化，使其成为重要的国际储备货币。推动人民币国际化应从以下几个方面入手：

(1) 推动人民币成为国际化的结算货币。

(2) 推动人民币成为国际化的投资货币。

(3) 建立相应的配套措施。包括利率市场化、成熟的债券市场、浮动的汇率制度、资本项目的开放等。

3. 国际金融机构改革的主要参与方式

在新型金融全球化治理模式之下，国际金融机构需要进行改革。中国通过以下方式参与国际金融机构的改革：

(1) 积极对 IMF 等机构进行资金方面的帮助。国际金融机构资金的缺乏是影响其治理业绩的一个重要因素，扩充资金来源成为国际金融改革的一个重要方面。中国掌握着巨额的外汇储备，完全有能力对 IMF 等机构进行注资，中国也应积极争取注资。虽然美国等发达国家并不愿意中国大规模地注资。在这种情况下，中国也应积极寻找其他途径，对 IMF 进行资金方面的帮助。

（2）新型金融全球化治理模式以多边主义为原则，这要求国际金融机构改革中尤其要提高新兴市场国家的话语权。这既符合全球的共同利益，也符合中国的自身利益。因此，中国应积极地推动 IMF 等机构在话语权方面的改革。

（3）国际金融改革中最难以攻克的就是美国的绝对控制权。要 IMF 等机构在短期内做出实质性改革是不可能的，改革将是困难和漫长的。中国应致力于自身在 IMF 等机构中话语权的逐步提升。

4. 全球金融监管体系改革的主要参与方式

中国作为新兴市场国家中的大国，应积极参与全球金融监管体系的改革，积极为新兴市场国家争取利益，并主动承担相应的责任。具体有以下几个方面：

（1）积极参与国际金融监管标准的制定。在当前的国际监管机构中，发达国家尤其是欧洲国家掌握着控制权，包括巴塞尔协议、国际证监会组织（IOSCO）标准等在内的国际金融监管标准都是为发达国家的利益而制定的，没有考虑发展中国家的利益诉求。因此，中国应积极参与国际金融监管标准的制定，维护新兴市场国家的利益。

（2）在国际监管合作中积极配合，共同承担全球金融稳定的责任。在国内银行中推进《巴塞尔协议Ⅲ》的实施，与国际监管标准接轨；积极参加各种国际和区域的多层次的金融监管组织，积极参加各项活动；加强与国际监管机构和其他国家在金融信息方面的沟通，积极配合国际监管机构在信息获取和处理方面的工作等。

（3）中国应积极推进国内的监管改革，向国际监管标准靠拢。①建立综合金融监管的框架，监管的范围应覆盖各金融市场、机构和产品，建立多层次、多机制、综合性的监管体系。②通过完善征信体系、清算体系等途径建立国内的金融信息平台。③加强国内各监管机构之间的协调。④加强对大型混业经营的金融机构的监督。⑤加强对资产负债表的监管。

（4）加快上海国际金融中心建设。通过上海国际金融中心的建设，可以使中国在全球金融监管体系中的话语权得到实质性的提升。上海国际金融中心如果取得成功，将在国际金融市场上分享已有的市场份额，形成与纽约、伦敦等金融中心抗衡的局面。中国也就可以成为国际金融市场中举足轻重的国家。

5. 重视区域金融合作

中国应加强区域层次的金融合作，这是短期内中国参与金融全球化治理改革的一个重要选择。当金融全球化治理工作难以推动时，区域金融治理便成为大家关注的对象，区域金融治理的成功将在很大程度上推动金融全球化治理工作的进行。因此，区域金融合作也是金融全球化治理改革的一个重要步骤或者是较为迂回的路径。中国参与金融全球化治理改革，应先积极参与到区域金融合作中来。

延伸阅读 8-1

“逆全球化”思潮

一、“逆全球化”趋势形成的根源

“逆全球化”趋势出现的根本原因，是近年来世界经济的持续低迷，部分地区经济不平等现象加剧，资源分配不公，社会上的被遗弃感和不安全感增强，从而让民心转向打“民粹牌”的政治人物，将他们视为救命稻草。

首先，公共政策失灵导致经济低迷态势无法缓解。2008年全球金融危机对世界经济的打击是巨大的，正是在其影响下，世界生产总值、贸易、投资均出现大幅度下滑。以美国和欧盟为代表的西方发达国家，由于市场开放程度更高，经济的波动也更为剧烈。主要表现在：技术进步带来就业相对减少；资本和劳动间的收益差距不断扩大；金融资本的全球化运作带来巨大风险。虽然公众舆论普遍认为各国应该在全球经济危机爆发后作出重大的政策调整，增强保护社会的措施，但许多国家在过去几十年经济全球化上升期形成的思维惯性，使他们关于政策的讨论仍沿着原有轨迹展开。受政策惯性影响，政府提出的解决方案不仅无法缓解经济衰退，还让社会中下阶层群体在种种无效措施的实施过程中利益再度受损。这引起了公众极大的不满，最终在发达国家中刺激了反自由贸易和反移民运动思潮的迅速发展。

其次，资源分配不公导致富者愈富，贫者愈贫。一方面，经济全球化进程中发达国家与发展中国家的贫富差距不断拉大，使发展中国家对经济全球化进程的态度较为消极。发达国家不仅在经济上占有绝对优势，而且在国际经贸规则的制定中具有主导地位。虽然现存的国际经济秩序和国际经贸规则体系在某种程度上照顾了发展中国家的利益要求，但根本上仍然体现着发达国家的利益。同时，发达国家依靠先发优势，获得超额垄断利润。发展中国家为获得相应的先进产品，则需要付出更多的经济代价，这从客观上造成了世界经济发展的红利分配不均。另一方面，发达国家内部各阶层在经济全球化进程中的利益分配难以均衡。在经济全球化进程中，发达国家的精英阶层在分配经济全球化所带来的红利时占据了更多优势，而人数占绝大部分的中产阶层和低收入阶层出现收入下降的趋势。随着经济全球化进程的深入，发达国家制造业不断向发展中国家转移，导致一些工人失业或从事更低收入的工作。同时，面对生产过程中不断增加的资本密集度，资本与劳动之间更高的替代弹性提高了国民收入中资本所有者的份额。富者愈富，贫者愈贫，马太效应的显现使贫富差距拉大，是发达国家中下阶层抵制经济全球化，并成为“逆全球化”推动力量的主因。

最后，移民问题使民众的被遗弃感和不安全感增强。移民问题是发达国家面临的一大挑战。以美国为例，移民对就业机会的影响主要集中在非技术工人群体。在2008年全球金融危机引发的大衰退中，美国实际GDP总值在当年第三季度开始下跌，但在2010年就已开始出现再次增长。与此相反，失业率一直到2016年5月才恢复到与2006—2007年度的4.6%相近的4.7%。脆弱的社会保障体系和失业型复苏的出现，决定了美国选民与其他发达国家的选民相比，更难以容忍经济的衰退。而对于欧洲来讲，在移民问题上面临的挑战，更集中体现在新移民由于宗教文化原因，无法融入主流社会所引发的一系列问题，如大规模社会冲突等。移民问题所带来的一系列政治、经济、社会安全隐患导致移民接纳国人民将矛头指向经济全球化，这也是“逆全球化”浪潮中民粹主义兴起的根源之一。

二、“逆全球化”现象及长期不利后果

英国公投脱欧是民粹主义的一次集体爆发。欧洲大陆过去几年的民粹主义源于大量

难民的涌入导致从民众到社区、从各个国家到整个欧洲层面面临的种种治理挑战。欧洲各国政府在为难民问题付出巨大代价的同时，也在不遗余力地寻找解决方案。新移民和东道国某些社会群体之间的关系日趋紧张，底层的社会群体面临着失去就业机会、收入不平等诸多问题，金融危机的爆发使他们的处境更为困难。虽然精英阶层作为西方社会的统治阶层，拥有规则的制定权，但作为交换条件，精英阶层需要为普通民众谋求一定的福利。当民众对现实生活产生不满时，民粹主义就会被激发，并以一种去制度化的方式来抵抗现有的精英政治。随着英国脱欧，欧洲各国民粹主义政治受到鼓舞，世界政治的民粹化趋势可能将加强。“逆全球化”趋势有可能在民粹主义影响下转变为现实。

贸易保护主义的再次抬头使自由贸易理念被边缘化。一是多边贸易体制短期内要实现实质性突破较难。进入21世纪，越来越多的国家和地区参与到经济全球化和贸易自由化的进程当中，发达国家与发展中国家的经济发展进程不同，核心诉求不同，这就决定了在世界贸易组织框架下全体成员达成共识的可能性越来越小。同时，贸易自由化标准更高，涵盖范围更广，排他性更强。当下，自由贸易理念受到的挑战已由降低关税的初级阶段向技术性和体制性问题转化，发达国家不断在多边贸易谈判中增加技术性保护条款，建立多边贸易体系变得更加困难。比如，世界贸易组织多哈回合谈判已进行了15年之久，随着时间的推移，达成共识的可能性越来越低。二是随着世界经济低迷以及“逆全球化”趋势的出现，自由贸易理念被更多的国家所抛弃，取而代之的是不断升级的贸易保护主义。国际货币基金组织的数据显示，2015年，全球实施的限制性贸易措施多达736个，同比增加50%，是促进自由贸易措施的3倍。

三、适应和引导好经济全球化

对所有国家而言，经济全球化都是一把双刃剑，利弊兼而有之。“逆全球化”趋势揭示的问题应该引起国内、国际和全球层面的高度重视，它提醒政府在推动经济全球化的同时，还应关注和矫正其他方面的失衡和偏差。正如习近平总书记在世界经济论坛2017年年会开幕式上演讲所提到的：“经济全球化确实带来了新问题，但我们不能就此把经济全球化一棍子打死，而是要适应和引导好经济全球化，消解经济全球化的负面影响，让它更好地惠及每个国家、每个民族”。“逆全球化”趋势至少让人们对今天的制度和政策进行反省，去努力解决已经出现和可能出现的种种矛盾和冲突，探索新的、更好的发展模式。

中国取得的经济成就得益于开放的经济模式，自由贸易、贸易便利化、对外投资、吸引外资、产能合作等措施始终是推动中国经济增长的重要因素。世界日益向多极化方向发展，正在进入西方收缩经济全球化步伐的调整时期，这也是经济全球化模式的转变时期。当代的经济全球化进程将逐渐由新兴市场国家和发展中国家提供主要动力。平抑经济全球化逆动，推动世界经济开放发展和强劲复苏，不仅是中国自身发展的需要，也是国际社会特别是发展中国家对中国的大国责任担当的期待。

资料来源：“理性看待和正确应对逆全球化现象”，作者范黎波、施屹舟，《光明日报》2017年4月2日7版。

延伸阅读 8-2

亚投行值得世界期待

亚洲基础设施投资银行从开业至今，仅仅走过了两个年头，就已经初步夯实了基础，迈出了稳健而扎实的步伐，登上了国际开发和合作的舞台，展示了其靓丽的风采。亚投行是中国领导人在新的国际历史时期提出的倡议，得到了国际社会的积极响应。这个具有21世纪治理架构的、新颖的国际多边开发机构，体现了中国的发展理念，融入了中国的发展经验，闪烁着中国的时代精神。同时，中国政府又始终恪守承诺，坚定不移地维护亚投行的国际机构的性质，赢得了国际社会的广泛认可和赞赏。

一、亚投行是在中国引领下国际合作的产物

亚投行之所以能够在短短的两年时间内，和其他国家一起完成章程以及重要政策文件的磋商和谈判，及时挂牌运营，是因为中国政府真诚友善、作风民主、善于倾听、长于协商、勇于担当、乐于奉献。在这个过程中，亲历者无不为中国的诚意所感动。中国传统的精神——“海纳百川，有容乃大”，在此得到了最好的体现。筹建初期，国际舆论和主流媒体不乏质疑之声，对中国的动机有颇多猜测。国际社会主要的担心是：中国有何地缘政治意图？亚投行是否会对现有的国际多边机构造成威胁，触发开发领域的恶性竞争？亚投行的投资是否会对环境造成破坏，加剧温室气体的排放，损害项目区民众的利益？在这样的背景下，国际社会普遍对亚投行予以特别的关注，时时刻刻在观察这家新开发机构的一举一动。面对种种疑问和忧虑，我们坚持耐心解释，即使有尖锐的抨击，我们也从不恶语相向，不打口水战。桃李不言，下自成蹊。亚投行两年的初创业绩，获得了国际上普遍的肯定，疑虑逐步化解，担忧悄然冰释。从57个创始成员，发展到84个成员，“朋友圈”不断扩大，并且仍有不少国家在认真考虑加入这个具有鲜明的新时代特色的国际多边开发机构。

总的来看，亚投行体现了中国政府的国际视野和全局观念，展示了恢宏的气度。中共十九大报告提出，从现在到2020年，是全面建成小康社会的决胜期。特别是要坚决打好防范化解重大风险、精准脱贫、污染防治的攻坚战。应该看到，中国尚在全面建成小康社会的过程中，自身并不富裕，脱贫攻坚战尚未拿下最后的堡垒。但是，中国政府出资30%，全国人大一致通过，及时核准亚投行章程。全国各界人士同声拥护政府的决定，热情支持亚投行，充分反映了中国人民的宽阔胸怀。

二、亚投行是体现中国发展理念的国际多边机构

亚投行的创建，是为了应对全球化进程中的新挑战，通过对其成员的基础设施的投资，加强互联互通，促进经济和社会的发展，改善生态环境，最终消除贫困。为此，必须适应新时代的要求。亚投行充分借鉴现有国际多边开发机构的成功经验，吸取他们的长处，避免或尽可能少走弯路。同时，在构思21世纪创建的多边开发机构时，我们认为绝不能去克隆现有的机构。在治理架构和运营模式上，绝不能照搬现有国际机构的做法，而是应该取其精华，习其经验，吸取教训，革故创新。在制度建设、运营模式和管理方式上，都要闯出一条新路子。亚投行的核心价值观是简洁、廉洁、清洁。我们从一开始就严格要求，坚持机构精简，杜绝冗员，严防官僚主义；坚持清正廉洁，对腐败坚持“零容忍”的态度；坚持绿色发展，应对气候变化，落实巴黎协定。亚投行要真正办成所有成员共同拥有的银行，要兼顾域内和域外成员的利益，要倾听发展中国家和发达国家的声音，要顺应时代的潮流，为促进地区和世界的和平与发展作出贡献。

作为一个国际机构，亚投行不仅要对所有的成员国政府负责，对各成员国的纳税人要有交代，也要经得起整个国际社会的考量。开放、包容、公开、透明是亚投行文化的基本精神。只有发扬这种企业文化精神，才能无愧于亚投行的名声，才有资格得到世界各国的信任。

作为由中国主导的国际多边开发机构，我们希望中国的优秀传统文化，能够充分体现在亚投行的企业文化中。我们弘扬中国的文化传承，不事张扬，润物细无声，让外籍员工体会生活在中国的美感。不少外籍员工努力学习汉语，讲普通话，阅读关于中国历史和文化的书籍，这些都使中国籍员工非常骄傲和自豪。

三、亚投行是“一带一路”倡议的积极推动者

“一带一路”和亚投行都是中国领导人倡导的国际合作举措。两者各有其宗旨，又有必然的联系。亚投行是国际机构，按照国际通行的规则运行；“一带一路”是国际合作的大平台，吸引着众多国家参与合作。习近平主席倡导的“共商、共建、共享”的全球治理理念，同样适用于亚投行的基础设施项目投资。我们和其他国际机构一道，同中国政府签署了《关于加强在“一带一路”倡议下相关领域合作的谅解备忘录》。国际社会对“一带一路”倡议的热烈响应，无形中扩大了这个合作大平台的地域概念和参与者的队伍。

截至目前，亚投行的投资项目全部落地“一带一路”沿线国家和地区，为这些地方人民带来了切实福祉。亚投行与“一带一路”所蕴含的人类命运共同体理念是一脉相承的。

亚投行始终致力于投资可持续基础设施项目。具体来看，投资决策主要遵循三项标准：第一，在财务上要有可持续性；第二，投资的项目要能够促进环境的改善；第三，无论是哪个国家和区域的项目，都必须得到当地人民的拥护，要能够为当地人谋福利。

两年来，我们在有关成员国的交通运输，包括公路、铁路和港口，输变电、城市发展等领域，批准了一批项目。与此同时，我们在今后几年的贷款规划中，也在加大力度，推动更多的“一带一路”项目的建设。

资料来源：“亚投行值得世界期待”，作者金立群，人民网——人民日报海外版 2018 年 1 月 30 日(内容经过删减整理)。

课后练习

1. 国际货币基金组织的宗旨和主要业务是什么？
2. 世界银行集团的主要构成有哪些？它们各自的业务重点是什么？
3. 亚洲基础设施投资银行创立的意义是什么？

4. 中国的金融全球化经历了哪些进程？
5. 国际金融危机的概念和特征是什么？
6. 金融全球化治理经历了哪些演化阶段？
7. 金融全球化治理的基本特征？
8. 中国参与金融全球化治理的路径、面临的挑战和主要方式？
9. 互联网金融发展对金融全球化治理改革带来哪些新挑战？
10. 简单论述“英国脱欧”事件对金融全球化的影响。

参考文献

[1] 杨胜刚,姚小义.国际金融[M].3版.北京:高等教育出版社,2013.
[2] 闫屹,赵雪燕.国际金融[M].北京:高等教育出版社,2013.
[3] 刘园.国际金融学[M].2版.北京:机械工业出版社,2016.
[4] 皮尔比姆.国际金融[M].汪洋主译.北京:机械工业出版社,2015.
[5] 姜波克.国际金融学[M].北京:高等教育出版社,1999.
[6] 贺瑛.国际金融学[M].2版.上海:复旦大学出版社,2012.
[7] 焦武.中国国际收支失衡问题研究[M].北京:中国金融出版社,2013.
[8] 蒋先玲,于瑾,吴青.国际金融教程[M].北京:北京大学出版社,2014.
[9] 石凯,刘力臻.中国外汇储备管理优化论[M].北京:中国社会科学出版社,2015.
[10] 吴念鲁.中国外汇储备研究——考量与决策[M].北京:中国金融出版社,2014.
[11] 李劲松.中国外汇储备适度规模与结构优化[M].北京:中国经济出版社,2014.
[12] 刘莉亚.我国外汇储备管理模式的转变研究[M].上海:上海财经大学出版社,2010.
[13] 石建勋.人民币的国际地位与作用[M].北京:北京大学出版社,2015.